文库

丛书主编 郑 毅

东北旗地研究

刁书仁 著

吉林文史出版社

图书在版编目（CIP）数据

东北旗地研究 / 刁书仁著. — 长春：吉林文史出版社，2021.1

（长白文库）

ISBN 978-7-5472-7578-8

Ⅰ. ①东… Ⅱ. ①刁… Ⅲ. ①八旗制度—封建土地所有制—研究—东北地区 Ⅳ. ①K329.3

中国版本图书馆CIP数据核字(2020)第252982号

东北旗地研究
DONGBEI QIDI YANJIU

出 品 人：张　强
著 作 者：刁书仁
丛书主编：郑　毅
本版校注：李贺来
责任编辑：程　明　吕　莹
装帧设计：尤　蕾
出版发行：吉林文史出版社有限责任公司
电　　话：0431—81629369
地　　址：长春市福祉大路出版集团A座
邮　　编：130117
网　　址：www.jlws.com.cn
印　　刷：吉林省优视印务有限公司
开　　本：170mm×240mm　1/16
印　　张：22
字　　数：310千字
版　　次：2021年1月第1版　2021年1月第1次印刷
书　　号：ISBN　978-7-5472-7578-8
定　　价：208.00元

《长白文库》总序

　　中华优秀传统文化是中华民族的"根"和"魂"，习近平总书记高度重视中华优秀传统文化，并将其作为治国理政的重要思想文化资源。"不忘本来才能开辟未来，善于继承才能更好创新。""优秀传统文化是一个国家、一个民族传承和发展的根本，如果丢掉了，就割断了精神命脉。"中华优秀传统文化具有多样性和地域性等特征，东北地域文化是多元一体的中华文化中的重要组成部分。吉林省地处东北地区中部，是中华民族世代生存融合的重要地区，素有"白山松水"之美誉，肃慎、扶余、东胡、高句丽、契丹、女真、汉族、满族、蒙古族等诸多族群自古繁衍生息于此，创造出多种极具地域特征的绚烂多姿的地方文化。为了"弘扬地方文化，开发乡邦文献"，自20世纪80年代起，原吉林师范学院李澍田先生积极响应陈云同志倡导古籍整理的号召，应东北地区方志编修之急，服务于东北地方史研究的热潮，遍访国内百余家图书馆寻书求籍，审慎筛选具有代表性的著述文典300余种，编撰校订出版以《长白丛书》（以下简称《丛书》）为名的大型东北地方文献丛书，迄今已近40载。历经李澍田先生、刁书仁和郑毅两位教授三任丛书主编，数十位古籍所前辈和同人青灯黄卷、兀兀穷年，诸多省内外专家学者的鼎力支持，《丛书》迄今已共计整理出版了110部5000余万字。《丛书》以"长白"为名，"在清代中叶以来，吉林省疆域迭有变迁，而长白山钟灵毓秀，蔚然耸立，为吉林名山，从历史上看，不咸山于《山海经·大荒北经》中也有明确记录，把长白山当作吉林的象征，这是合情合理的。"（《长白丛书》初版陈连庆先生序）

　　1983年吉林师范学院古籍研究所（室）成立，作为吉林省古籍整理与研究协作组常设机构和丛书的编务机构，李澍田先生出任所长。全国高校古籍整理工作委员会、吉林省教委和省财政厅都给予了该项目一定的支持。李澍田先生是《丛书》的创始人，他的学术生涯就是《丛书》的创业史。《丛书》能够在国内外学界有如此大的影响力，与李澍田先生的敬业精神和艰辛努力是分不开的。《丛书》创办之始，李澍田先生"邀集吉、长各地的中青年同志，乃至吉林的一些老同志，群策群力，分工合作"（初版陈序），寻访底本，夙兴夜寐逐字校勘，联络印刷单位、寻找合作方，因经常有生僻古字，先生不得不亲自到车间与排版工人拼字铸模；吉林文史出版社于永玉先生作为《丛书》的第一任责编，殚精竭虑地付出了很多努力，为《丛书》的完成出版做出了突出贡献；原古籍所衣兴国等诸位前辈同人在辅助李澍田先生编印《丛书》的过程中，一道解决了遇到的诸多问题、排除了诸多困难，是《丛书》草创时期的重要参与者。《丛书》自20世纪80年代出版发行以来，经历了铅字排版印刷、激光照排印刷、数字化出版等多个时期，《丛书》本身也称得上是改革开放以来中国印刷史的见证。由于《丛书》不同卷册在出版发行的不同历史时期，投入的人力、财力受当时的条件所限，每一种图书的质量都不同程度留有遗憾，且印数多则千册、少则数百册，历经数十年的流布与交换，有些图书可谓一册难求。

1994年，李澍田先生年逾花甲，功成身退，由刁书仁教授继任《丛书》主编。刁书仁教授"萧规曹随"，延续了《丛书》的出版生命，在经费拮据、古籍整理热潮消退、社会关注度降低的情况下，多方呼吁，破解困局，使得《丛书》得以继续出版，文化品牌得以保存，其功不可没。1999年原吉林师范学院、吉林医学院、吉林林学院和吉林电气化高等专科学校合并组建为北华大学，首任校长于庚蒲教授力主保留古籍所作为北华大学处级建制科研单位，使得《丛书》的学术研究成果得以延续保存。依托北华大学古籍所发展形成的专门史学科被学校确定为四个重点建设学科之一，在东北边疆史地研究、东北民族史研究方面形成了北华大学的特色与优势。

2002年，刁书仁教授调至扬州大学工作，笔者当时正担任北华大学图书馆馆长，在北华大学的委托和古籍所同人的希冀下，本人兼任古籍所所长、《丛书》主编。在北华大学的鼎力支持下，为了适应新时期形势的发展，出于拓展古籍研究所研究领域、繁荣学术文化、有利于学术交流以及人才培养工作的实际需要，原古籍研究所改建为东亚历史与文献研究中心，在保持原古籍整理与研究的学术专长的同时，中心将学术研究的视野和交流渠道拓展至东亚地域范围。同时，为努力保持《丛书》的出版规模，我们以出文献精品、重学术研究成果为工作方针，确保《丛书》学术研究成果的传承与延续。

在全方位、深层次挖掘和研究的基础上，整套《丛书》整理与研究成果斐然。《丛书》分为文献整理与东亚文化研究两大系列，内容包括史料、方志、档案、人物、诗词、满学、农学、边疆、民俗、金石、地理、专题论集12个子系列。《丛书》问世后得到学术界和出版界的好评，《丛书》初集中的《吉林通志》于1987年荣获全国古籍出版奖，三集中的《东三省政略》于1992年获国家新闻出版总署全国古籍整理图书奖，是当年全国地方文献中唯一获奖的图书。同年，在吉林省第二届社会科学成果评奖中，全套丛书获优秀成果二等奖，并被国家新闻出版总署列为"八五"计划重点图书。1995年《中国东北通史》获吉林省第三届社会科学优秀成果二等奖。2005年，《同文汇考中朝史料》获北方十五省（市、区）哲学社会科学优秀图书奖。

《丛书》的出版在社会各界引起很大反响，与当时广东出现的以岭南文献为主的《岭南丛书》并称国内两大地方文献丛书，有"北有长白，南有岭南"之誉。吉林大学金景芳教授认为"编辑《长白丛书》的贡献很大，从《辽海丛书》到《长白丛书》都证明东北并非没有文化"。著名明史学者、东北师范大学李洵教授认为："《长白丛书》把现在已经很难得的东西整理出来，说明东北文化有很高的水准，所以丛书的意义不只在于出了几本书，更在于开发了东北的文化，这是很有意义的，现在不能再说东北没有文化了。"美国学者杜赞奇认为"以往有关东北方面的材料，利用日文资料很多。而现在中文的《长白丛书》则很有利于提高中国东北史的研究"（《长白丛书》出版十周年纪念会上的发言）。中国社会科学院边疆史地研究中心主任厉声研究员认为："《长白丛书》已经成为一个品牌，与西北研究同列全国之首。"（1999年12月在《长白丛书》工作规划会议上的发言）目前，《长白丛书》已被收藏于日本、俄罗斯、美国、德国、英国、加拿大、澳大利亚、韩国及东南亚各国多所学府和研究机构，并深受海内外史学研究者的关注。

为了更好地传承和弘扬优秀地域文化，再现《丛书》在"面向吉林，服务桑梓"方面的传统与特色，2010年前后，我与时任吉林文史出版社社长的徐潜先生就曾多次动议启动出版《长白丛书精品集》，并做了相应的前期准备工作，后因出版资助经费落实有困难而一再拖延。2020年，以十年前的动议与前期工作为基础，在吉林省省级文化发展专项资金的资助下，北华大学东亚历史与文献研究中心与吉林文史出版社共同议定以《长白丛书》为文献基础，从《丛书》已出版的图书中优选数十种具有代表性的文献图书和研究著述合编为《长白文库》加以出版。

《长白文库》是在新的历史发展时期对《长白丛书》的一种文化传承和创新，《长白丛书》仍将以推出地方文化精华和学术研究精品为目标，延续东北地域文化的文脉。

《长白文库》以《长白丛书》刊印40年来广受社会各界关注的地方文化图书为入选标准，第一期选择约30部反映吉林地域传统文化精华的图书，充分展现白山松水孕育的地域传统文化之风貌，为当代传统文化传承提供丰厚的文化滋养，是一件功在当代、利在千秋的文化盛举。

盛世兴文，文以载道。保存和延续优秀传统文化的文脉，是人文社会科学研究者的社会责任和学术使命，《长白丛书》在创立之时，就得到省内外多所高校诸多学界前辈的关注和提携，"开发乡邦文献，弘扬地方文化"成为20世纪80年代一批志同道合的老一辈学者的共同奋斗目标，没有他们当初的默默耕耘和艰辛努力，就没有今天《长白丛书》这样一个存续40年的地方文化品牌的荣耀。"独行快，众行远"，这次在组建《长白文库》编委会的过程中，受邀的各位学者都表达了对这项工作的肯定和支持，慨然应允出任编委会委员，并对《长白文库》的编辑工作提出了诸多真知灼见，这是学界同道对《丛书》多年情感的流露，也是对即将问世的《长白文库》的期许。

感谢原吉林师范学院、现北华大学40年来对《丛书》的投入与支持，感谢吉林文史出版社历届领导的精诚合作，感谢学界同人对《丛书》的关心与帮助！

郑　毅

谨序于北华大学东亚历史与文献研究中心

2020年7月1日

长白丛书研究序言

研究以资料为先，理论以实践为源。旨在开发乡邦文献的《长白丛书》整理工程，已出五集近二千万字，为研究东北提供了基础资料，寓于地方文献之中的长白文化重放光华。东北区域文明的研究热潮悄然兴起，推动长白丛书向研究系列二期工程挺进。

我国东北犹如"东方雄鸡"的鸡首，囊括辽、吉、黑三省和内蒙古东部地区，地处边陲重地，广袤丰饶，是世界上著名的工业基地、能源基地和商品粮基地，以其独特的地理环境和历史进程形成一个相对稳定的地域单元和经济大区。白山黑水，地灵人杰，洋溢着浓郁的东疆特色，充满着绚丽的地方色彩，呈现出多姿的民族风貌和文化交融的学术风采。长白山钟灵毓秀，挺拔秀丽，万古长存，诚为东北象征。长白丛书研究系列，植根于关东大地，以面向东北服务桑梓为职志。20世纪九十年代，将在一期东北汉文文献整理基础上，聚集同道，横向联合，全面展开东北史地、经济、政治、社会、民族、文化诸方面研究，推出系统的学术成果，贡献于当今东北开发大业。

东北区域研究由来已久。清季咸同以来，俄日频侵，边疆危机，爱国志士群起救亡，"边疆学派"应运而兴。20世纪三四十年代"鸡首"[1]沦丧，

---

①按民国版图包括蒙古国，形状并不为"雄鸡"，此处叙述存在问题，但为保存文献旧貌用此说。

东北研究伴同救国大潮勃然而起，论著迭出。然而由于旧中国学术人自为战，势单力孤，研究成果相形见绌。而俄日列强为侵吞东北，豢养御用文人开展大规模"满蒙"研究，所谓"满蒙学"喧嚣一时，无孔不入。这段屈辱历史是晚清和军阀的罪孽，我们理应吸取历史教训，发愤图强，面向世界，走向未来，在国际学术界为东北学争一席之地，为我国东北争光。

长白丛书研究系列将继续弘扬鲜明的地方特色、多彩的民族风格，浓郁的边疆色彩、深远的多源特质、丰厚的交融风貌。丛书拟收入一批资料翔实，立论谨严，富有创见，具有较高学术水平的科学著作。丛书专著在纵深开掘既往的同时，还将全方位、多角度地面对现实和未来，推出一批富于时代气息的创新之作。

热爱东北，开发东北，建设东北，研究东北，是我们当代中国人的历史使命和光荣职责，东北地区的社会科学工作者应在本领域内奋发有为，无愧于哺育我们的肥田沃土，无愧于火热沸腾的改革时代。

奋斗、进取，待到公元二千年，一批充满时代气息的学术新著陆续面世，我们可以自豪地向世界宣告："东北学"已由中国人自己建立起来了，光荣和未来将永远属于辛勤耕耘的开拓者。

东北雄鸡昂首报晓，呼唤着美好的明天！

李澍田谨序

1990 年 7 月

序

　　八旗满洲、蒙古、汉军成员的生活来源所从出之旗地，是有清一代一种特有形式的土地制度。与其他事物一样，它也有其发生、发展和消亡的历史过程。一个世纪以来，国内外学术界对清代旗地的多年研究，成果累累，卓有建树。本世纪初，日本帝国设在辽东半岛的南满洲铁道株式会社财团大量搜集东北当地租佃契约，分皇产、王庄、一般旗地、内务府官庄、民地、蒙地、典当、租押等，刊成《满洲旧惯调查报告》九大册。其中所录旗地契约以清末民初为大宗，最早的只有乾隆十二年（1747 年）几张，是一部较集中的清朝中期以后的东北旗地契约文献资料汇编。后来撰写成书的代表作有日本周藤吉之氏所著《清代满洲土地政策の研究》（东京河出书房，1944 年）；近年新出版的又有我国韦庆远教授等合编的《清代的旗地》上、中、下三册（北京中华书局，1989 年），凡 120 万言。该书根据大量现存的档案材料，对旗地的形成、分配和管理，关外、口外皇庄官庄的建立和管理，一般旗庄和旗地的典卖与回赎，以及屯田、牧场等等，条分缕析，都作了详赡核实的叙述，视前两书有过之而无不及。

　　记得五六年前，长春东北师范大学明清史研究所的硕士研究生刁书仁同志因南下到北京第一历史档案馆访问学习，承枉过舍下相闻问，有一面之缘；1988 年夏刁同志毕业后分配到吉林师范学院历史系任教，今已升任副教授兼历史系主任，甚获李澍田教授所激赏，顷作一纸之介，附寄刁同志近著《东北旗地研究》一书稿本，逾 30 万言，嘱我审阅并为作序。我对旗地素乏深入探研，20 世纪 50 年代末 60 年代初在沈阳参加《满族简史》编纂工作时，略为涉猎及之，浅尝辄止。近些年来，因年事渐高，又忙于俗务，刁同志近著亦未克展诵卒卷，自不当妄加品评。然就综观此书总体而言：首先是选题好，东北旗地是一个填补空白的科研项目，正足以补上述诸书之缺；其次是刁同志身为吉林省怀德县人，生于斯长于斯，又长期学习、教学、科研于斯，以本地人谈本地历史，正发挥一己之长，为本乡本土历史文化事业作贡献；三则本人对本课题的钻研，历十余寒暑，发表论文十数篇，上溯清入关以前，下迄清末民初，时间跨度近 300 年，对旗地的产生、发展、消亡的过程不可不谓贯彻始终的了；最后，在前人研究成果的基础上，取长补短，概括性强，文笔畅达，可读性大，又其余事已。

　　既蒙不弃，刁同志又远道函催，仓卒间即书所知与所感以报之，是为序。

　　　　　　　　　　　　　　　　　　　　王锺翰

　　　　　　　　　　　　　　　1994 年 4 月于北京中央民族大学

目　录

东北旗地研究

东北
旗地研究

东北旗地研究

第一编　清入关前旗地的设置与发展

第一章　后金进入辽沈前的旗地

第一节　八旗土地制度的形成

一、十五六世纪建州女真的社会生产力

八旗土地制度的形成是满族社会历史发展的必然产物。明朝中叶，建州女真（满族的前身）南迁苏子河、浑河流域，与明朝抚顺城毗连。这里有适合农业生产发展的土壤和气候，又有便于接受汉族高度发展的封建经济文化的影响，其社会生产力因而得以迅速发展。

大量使用铁制农具与耕牛是女真社会生产力提高的一个重要标志。女真人对铁器并不陌生，早在辽金时期即开始使用铁制农具。据金代文献记载，阿骨打时"邻国有以甲胄来鬻者，倾资厚贾以与贸易，亦令昆弟族人皆售之。得铁既多，因之以修弓矢，备器械，兵势稍振"[1]说明此时铁制品已经输入女真。东北地区出土金代铸造的铁铧犁，足以证明

---

[1]《金史》卷1，《世纪·景祖》，中华书局1975年7月版。

女真人久已使用铁制农具。建州女真人使用铁制农具也是史学界公认的事。其铁器来源有二：一是自己制造，所谓"野人之地亦产铁，非尽无铁镞也"。①但是，建州女真族产铁少，则是事实。大部分铁器是从邻近各族，特别是从汉人那里购买的。明成化年间，太监汪直劾兵部侍郎马文升时说，女真人启衅是由于马文升"禁不与农器交易"。②说明女真人所需的铁器，大部分是从互市中得到的。据明代辽东档案记载，女真人购买铁器数量相当大。仅万历十二年（1584年）三月十八日一次交易，就从辽东"马市"购进"铧子壹仟（零）叁件"。③当时，除应用铁制农具外，牛耕也很普遍。十五世纪初，定居于斡木河一带的猛哥铁木儿的部众"率男女二百余，牛一百余头"④从事农耕。至十五世纪中叶以后，建州女真的农业生产发展迫切需要辽东的耕牛、铁器。正统七年（1442年）明朝特许建州女真所缺的耕牛、农器可以"如旧更易应用"。⑤我们从明代辽东档案中见到，建州女真人从辽东马市交换牛、铁器的记载，屡见不鲜。所以，明朝人认为"耕牛（是）边人（建州女真人）所恃以为生"⑥的重要生产手段。铁犁与牛耕，使建州女真的土地得以垦殖。婆猪江（今浑江）"两岸大野，率皆耕垦，农人与牛，布散于野"⑦。佟家河、苏子河一带，"无野不耕，至于山上，亦多开垦"。⑧并且"田地品膏，则粟一斗落种，可获八九石，瘠则仅收一石云"。⑨这里粟的产量可能有些夸大，但仍可证明当时建州女真族的农业发展水平是比较高的。万历四十七年（1619年），朝鲜李民目睹了这一情景，他在

①《朝鲜成宗实录》卷五十。
②明·严从简：《殊域周咨录》卷二十四，中华书局1993年版。
③《明代辽东残档选编》54页，辽宁大学历史系铅印本。
④《李朝世宗实录》卷二十。
⑤《明英实录》卷八十九。
⑥《明英宗实录》卷五十二。
⑦《李朝世宗实录》卷七十七。
⑧申忠一：《建州纪程图记》。
⑨申忠一：《建州纪程图记》。

《建州闻见录》中以"土地肥饶，禾谷丰茂，旱田诸种，无不有之"[1]的语句描绘了建州女真的农业生产。荒地辟为良田，种植品种齐全，有了剩余，于是"秋后掘窖以藏，渐次出食，日暖便有腐臭。其土产禽、兽、鱼、鳖之类，蔬菜瓜茄之属皆有之"[2]。粮食自给有余，甚至多次到辽东"马市"出售交换。有关建州女真出售粮食，明代辽东档案有很多记载。如万历六年（1578年）六月初三：夷人张乃奇肆拾名到市，与买卖人孙国臣等交易麻布、木耳、粮食等货[3]。反映建州女真当时农业生产力发展很快。

铁制农具的运用，促进了手工业的发展。建州女真人原来"不解炼铁"只能"贸大明铁自造"，即通过与明朝、朝鲜贸易"得正铁改造耳"[4]。明朝中叶后，冶锻铁器已很普遍，甚至女真村落中的冶匠，都可以"设风炉造箭镞，皆淬之"[5]。至万历二十七年（1599年）三月，"始炒铁，开金银矿"[6]。开始较大规模地采矿和冶炼。这时，手工业内部已有了行业分工："粮、铁、革、木，皆有其工。"[7]万历二十二年（1594年），朝鲜通事何世国在旧老城亲眼见到建州有"甲匠十六名，箭匠五十余名，弓匠三十余名，冶匠十五名"，并且这些工匠"皆是胡人（建州人）"[8]。万历四十七年（1619年），努尔哈赤征叶赫时，部众"盔甲鲜明，如三冬冰雪"[9]。它从侧面反映出后金手工业的发展水平。

与此同时，建州女真人的商品交换也有一定的发展。他们通过朝贡的方式或"马市"的贸易，同明朝、蒙古和朝鲜等邻近地域各族进行产

---

① 李民寏：《建州闻见录》。

② 李民寏：《建州闻见录》。

③《明代辽东残档选编》31页，辽宁大学历史系铅印本。

④《李朝成宗实录》卷五十二。

⑤《李朝成宗实录》卷二百五十三。

⑥《李朝成宗实录》卷二百五十三。

⑦《建州闻见录》。

⑧《李朝宣祖实录》卷六十九。

⑨《满洲实录》卷四。

品交换。他们也曾到乌拉等地低价收购"东珠、紫貂"，运往辽东"马市"以"厚利"①出售从中获利。他们"本地所产有明珠、人参、海獭、青鼠、黄鼠等皮，以备国用"，或至"抚顺、清河、宽奠、暖阳四处关口，互市贸易，照例取赏。因此，满洲民殷国富"②。

建州女真在社会生产力发展的基础上接受明朝、蒙古、朝鲜封建制的影响，在十六世纪左右，社会经济得以迅速发展。

二、八旗牛录制度的形成

八旗土地制度是八旗制度的基础，是八旗制度在经济关系中的反映。八旗制度是由女真人狩猎组织——"牛录"发展演变而来的，这种组织最初与女真人的经济生活有密切联系。当时，"凡遇行师出猎，不论人之多寡，照依族寨而行。满洲人出猎开围之际，各出箭一枝，十人中立一总领，属九人而行，各照方向，不许错乱。此总领呼为牛录（意为大箭）厄真（意为主也）"③。牛录厄真下设代子二人为副职，再设四名章京，四名拨什库，这是最初的牛录组织。万历二十九年（1601年），努尔哈赤将这种"牛录"组织加以改造，把每三百人编为一牛录。每牛录设牛录厄真（niru e jen）一人；五牛录为一甲喇，设甲喇厄真（ja lan e jen）一人；五甲喇为一固山（旗），每固山设一固山厄真（gū sai e jen），为一旗之主。最初设四旗，以黄、白、红、蓝四色为标志。万历四十三年（1615年），在原有四旗基础上，又增加了镶黄、镶红、镶蓝、镶白四旗，合为八旗。每旗主领有步骑七千五百名，八旗共有六万余人。努尔哈赤是八旗的最高统帅。其兄弟子侄分统各旗，各掌本旗军政、刑罚、生产大权。八旗之间是平行关系，"有人必八家分养之，地土必八家分据之，即一人尺土，贝勒不容于皇上，皇上亦不容贝勒"④，说明八旗制度具有军事、行政、生产的属

① 明·程开祐：《筹辽硕画》卷二。
②《清太祖武皇帝实录》卷一。
③《清太祖武皇帝实录》卷一。
④《天聪朝臣工奏议》，见罗振玉《史料丛刊初编》，1924年版。

性。这种属性使八旗制度具有"以旗统人，即以旗统兵"①，"出则为兵，入则为民"②的特征，而八旗土地制度则是构成这种特征的经济基础。正如福临帝在顺治四年（1647年）三月，给户部的上谕中所说："满洲从前在盛京时，原有田地耕种，凡赡养家口以及行军之需，皆从此出。"旗地制的推行，使八旗制度具备了兵农合一的属性，这首先由于封建国家初建，国家机器尚未完善，"公民缴纳费用——捐税"③的制度还未建立，国家无力供养一支专职的常备部队。其次是国家控制的人口尚少，兵丁来源不足，而旗地制的推行"凡隶乎旗者皆可以为兵"，避免了每遇征战，临时"金派召募之烦"④，保证了兵丁的来源。这种情形与欧洲日耳曼人灭罗马帝国后，建立起的国家相似。当时罗马的农业、商业，由于"日耳曼人的侵略几乎把它们（指罗马）全部摧毁"，这样"以国家经费和装备供养军队，在那个几乎没有货币和商业的自然经济时代，是无从谈起的"⑤。因此，为了战争，供养军队，就必须使兵丁平时在土地上生产自活，战时从土地的收入中自行置办装备，达到"无饷而富"⑥的目的。于是旗地即成为旗下兵丁日常生活和参加战斗的物质基础。

三、旗地与女真人村落制的关系

八旗土地制度的形成也同女真人的村落组织有密切关系。东北女真人的村落组织至少在金代已有之。金初的村落称为村或寨，由孛堇管辖之。其后猛安谋克制确立，孛堇被授予"猛安·谋克"的称号。猛安谋克下置寨使，掌管村寨的户口、赋役、纠察诸事。《金史》卷十六《食货志·户口》："猛安谋克部村寨五十户以上，设寨使一人"掌"按户口，催督赋

①《清朝通志》卷六十八，职官略。
②《清太宗实录》卷七。
③恩格斯：《家庭、私有制和国家的起源》《马克思恩格斯选集》第四卷，167页。
④《清朝通志》卷六十八，职官略。
⑤《马克思恩格斯全集》第十九卷，245页。
⑥林启龙：《更定八旗兵制疏》《皇清奏议》。

役，劝课农桑。"这与清入关前编旗之初各酋长、部长被委以牛录厄真（佐领）的职掌相同。可见清代的村落与金代的村落有继承关系。明代女真人的村落称 ga săn。明末努尔哈赤起兵时，女真的村落（ga săn）一般以三十户以下的为多数。这些村落（ga săn）是带有血缘色彩的地域集团。同时，还存在着比村落（ga săn）的血缘纽带更浓厚的 mu kūn，uksun，即同族集团。以努尔哈赤祖父觉昌安和他的兄弟为例，努尔哈赤的祖父觉昌安共有弟兄六人，即所谓宁古塔六贝勒。他们以赫图阿拉（兴京）为中心居住，"各主城池"，始分六处，后为十二处。当栋鄂部来进攻时，他们聚族相谋曰：

"我等同祖所生，今分居十二处，甚是涣散，何不聚居共相保守？"众议皆定。独武太不从，曰："我等同住一处，牧畜难以生息，吾今诣妻父哈达汗处，借兵报复。"①

当时宁古塔六贝勒居住在以赫图阿拉为中心的十二个小村落（ga săn），这些村落（ga săn）不是单纯的地域集团。另外，努尔哈赤祖父被害，尼堪外兰"迫太祖往附"而"五祖子孙""对神立誓，亦欲杀太祖以归之"②之事也可佐证，当时女真族社会的血缘色彩是很浓厚的。

女真族的这些ga săn、mukun 由酋长（ga săn da）及族长（mu kun da）管辖。一般情况下，几个ga săn、mkūn合并成部（ai man），由部长（ai manda）统辖。当时，东北地区的女真人存在许多部。松花江流域有海西四部，浑河流域有建州五部，东海方面有三部，长白山有二部③。女真各部处在军事割据战争时期。如《满洲实录》所载："各部蜂起，皆称王争长，互相战杀，甚至骨肉相残，强凌弱，众暴寡。"④万历十九年（1591年），努尔哈赤统一建州诸部，建国于二道河子旧老城。朝鲜申忠一记载

①《清太祖武皇帝实录》卷一。
②魏源：《圣武记》卷一。
③《清太祖武皇帝实录》卷一。
④《满洲实录》卷一。

建州情况：内城设木栅，努尔哈赤住在栅内，外城由其弟舒尔哈齐及诸将居住，外城外军人居住[①]。诸将是各部长，被统治者是诸申（ju sen）。他们居住在由几个村落（ga sǎn）组成的固定地域内，从事狩猎、采集、农耕。农业生产是屯田，土地由各部落的共有地转化而来。屯田的收获作为粮饷，由各部落长管理。即《建州闻见录》所说："奴酋于各处部落例置屯田，使其部落酋长掌治耕获。"此外诸申（ju sen）还有自己的经济，"家家皆畜鸡、猪、鹅、鸭、羊、犬、猫之属"[②]。诸申不仅承担各种差徭，还要传箭出征，并且"军器、军粮使之自备"[③]。伴随努尔哈赤统一战争的进行，以血缘关系建立起来的军事与生产组织形式，已不适应形势发展的需要。遂于万历二十九年（1601年），整编牛录，建立旗制。将原来的村（ga sǎn）、部（ai man）编入牛录，组成新的村落制，原ga sǎn之长、aiman之长成为八旗封建体制中的各级官吏；原村落中的诸申（ju sen）编入新的村落，成为旗下牛录旗丁。这样组成的八旗村落完全变成了地域集团。同时，把原各部落的土地转化为旗地。八旗村落内土地的分配、人口调查、徭役的赋课诸事，由牛录厄真及副手屯拨什库（gasǎnbosǒkū）管理。他们既是直接的军事首领，又是行政长官。如皇太极所说："田畴庐舍，民生攸赖；劝农讲武，国之大经。尔等（牛录厄真）宜各往该管屯地，详加体察。"[④]整编牛录，建立旗制，将分散的满族诸申（ju sen）组织起来，结合成一个以地域为准的军事性的牢固组合体，这就大大改变了原来满族的面貌，对满族社会的发展具有重要意义。

---

① 《建州纪程图记》。

② 《建州纪程图记》。

③ 《建州纪程图记》。

④ 《清太宗实录》卷十三。

第二节　后金进入辽沈前的旗地

一、八旗牛录屯田与驻防旗地的设置

如前所述，八旗牛录制度是从女真人狩猎生产组织的基础上发展起来的社会组织。未编牛录前的女真氏族成员受氏族首领指挥统辖，从事采集、渔猎活动。努尔哈赤编设固山牛录组织的过程中"按行军旗色，以定户籍，"①各女真成员皆归所属牛录厄真管理，其身份从氏族成员沦为固山贝勒的部下和隶民，把这种普通的身份变成隶民的女真人，满语写作 jusen，汉语对译诸申。编入八旗牛录组织中的诸申，随着努尔哈赤征服战争的经常化，家庭中的男丁全部是八旗军卒，其家庭成员必须为战争承担各种义务。朝鲜人申忠一于万历二十三年（1595年）冬访问努尔哈赤所居的佛阿拉，其属下诸申说："前则一任自由行止，亦且田猎资生，今则既束行止，又纳所猎。"②这句话具体地说明了女真氏族成员过去是自由的，田猎为生。今则丧失了自由，从承担氏族制度的狩猎的生产义务，变为对八旗贝勒承担兵役、赋贡，受八旗贝勒的统治和剥削。

为了战争的需要，诸申（牛录男丁）要自备弓矢军械、甲胄，善养战马，自备糇粮，这些虽说是诸申人丁的私有财产，但是必须在牛录厄真（后称牛录章京）的监督下准备好，不符合要求要受到惩罚；不仅如此还要向汗和贝勒、大臣供献粮食等。努尔哈赤统一建州诸部之后，粮食奇缺，仅靠抢掠明朝辽东沿边的粮食远不能满足需求。尤其后金与明朝关系破裂，停止朝贡与马市，不能再从市场以毛皮换取粮食。粮食问题成为极

---

①乾隆朝《大清会典》"八旗都统"条。
②《建州纪程图记》。

其严重的问题。努尔哈赤对积储粮食的重要性是有充分认识的。乙卯年（1615年）六月，诸贝勒、大臣建议"征讨明国"，努尔哈赤表示不同意的主要理由也是粮食问题。他说："如果现在我们征讨尼堪，……让获得的人畜吃什么呢？在我们这里又没有粮库。与其让征讨所得的人畜吃，岂不是我们原来的人都会死亡，因此要争取时间，我们先收揽国人，巩固国土，修建边关，种田积谷，充实库藏。"①问题就是如此尖锐，要发动战争，扩大势力，首先必须充实库藏，储备足够的粮食。为此，努尔哈赤于万历四十一年（1613年）从各牛录中签发人丁实行牛录开荒屯田，四十三年（1615年）重申"令每一牛录，出男丁十人，牛四头，耕种荒地，多获谷物，充实粮库"②。在此以前，申忠一在万历二十四年（1596年）去佛阿拉看到的是，"奴酋等各处，例置屯田，使其部酋长掌治耕获，因置其部，而临时取用，不于城中积置"③。这种从各部的女真家户征收粮食的办法，如《满文老档》所说："向国人征粮作贡赋，国人受苦。"④改签发牛录属下男丁屯田，置仓储粮，"国人不再困苦，粮食也多起来，粮库充实"⑤。实行牛录屯田，牛录属下的军丁既要披甲征战，又金派种田植谷，所谓"凡有杂物收合之用，战斗力役之事，奴酋令于八将，八将令于所属柳累（牛录）将，柳累将令于所属军卒，令出不少迟缓"⑥。八旗牛录屯田为以后驻防旗地的雏形，标志着八旗土地制度的初步形成。

随着统一女真各部战争的进行，努尔哈赤不断地编设牛录。"太祖初起兵，有挟人口来归者，籍为牛录，即使之为牛录额真，领其众"⑦。努尔哈赤统治时期编设的牛录，在《八旗通志》中概称为"国初"，共有242个。这

①《满文老档》卷四，辽宁大学历史系铅印本，1978年。

②《满文老档》卷四，辽宁大学历史系铅印本，1978年。

③《建州纪程图记》。

④《满文老档》卷三，辽宁大学历史系铅印本，1978年。

⑤《满文老档》卷三，辽宁大学历史系铅印本，1978年。

⑥《建州闻见录》。

⑦《清史稿》卷二百二十七，博尔晋传。

些牛录不仅包括了已征服的所有女真人，还编设了蒙古牛录、朝鲜牛录。这些牛录由固山额真（统兵的将领）统辖，驻防各地。所谓"国防按旗分处，各有定界"①。《满文老档》天命六年（1620年）二月二十日记载进入辽沈地区以前的八旗驻屯的分布是：

> 达尔汗虾（即扈尔汉）的旗，在尼雅木锥有七牛录，一珲坨和（Hun fo ho，即管领）。在费德哩有七牛录，在阿什喀、锡伯哩有五牛录。

> 阿敦阿哥的旗，在德立石有甲三百七十人。在呼勒路有二十八牛录。在坨兰、章京有十七牛录。

> 穆哈连的旗，在扎库穆有十牛录，在德特赫有六牛录，在鄂河有五牛录。

> 济尔哈朗阿哥的旗，在温德痕有一百二十五甲，在薄石有七牛录，在费阿拉有五十四牛录。

> 汤古岱的旗，在札克丹有二百五十甲，在札喀有九牛录，在呼湾塔、老哩、站野、呼兰有十六牛录。

> 博尔晋的旗，在范河有十牛录，在必音有六牛录，一珲坨和。在赫彻穆、杭嘉有十牛录。

> 东郭额附（何和里）的旗，在浑河、英额有五牛录，在贝欢山寨有五牛录，在雅尔古、苏完有八牛录，在尚间崖有甲二百五十。

> 阿巴泰的旗，在紫河有五牛录，在穆瑚觉罗有五牛录，在鄂尔多哈达有五牛录。

这段档案既反映驻防地区，也反映了天命六年二月以前，八旗驻防旗地的分布情况。我们知道努尔哈赤随着统一女真战争发展，占领地域不断扩大，占地守土的观念增强了，将人丁和土地结合起来（不再是只重丁，不重地），"按旗分处"，划各旗的定界，于此设立旗丁的土地。这不仅出于经济需要，旗丁从旗地收获承担兵役、贡赋，更具有政治军事的意图，只有

---

① 《八旗通志续集》卷六十六，《土田志》五。

占领收复的土地才能立于不败之地。

上述八旗驻防的旗及旗地分布的地区，据日本学者鸳渊一考证：

达尔汉为镶黄旗，所辖为辉发东南至南广大地区。

阿敦阿哥为正黄旗，所驻苏子河以西地区。

穆哈连为正蓝旗，所驻苏子河以东地区。

济尔哈朗为镶蓝旗，驻兴京以东地区。

汤古岱为镶红旗，驻以兴京为中心地区。

博尔晋为正红旗，驻铁岭以东至赫彻穆广大地区。

董鄂额附为正白旗，驻兴京以东至佟佳江广大地区。

阿巴泰为镶白旗，驻与正红旗方向偏北地区[①]。

上述这些地区均是万历四十四年（天命元年，1616年）努尔哈赤即汗位纳入势力范围的，是关于清初八旗驻防旗地的最早记录。

二、后金进入辽沈前的拖克索

据万历二十三年（1595年）朝鲜使臣申忠一访问费阿拉的报告，努尔哈赤统一建州以后其庄田制是很发达的。申忠一从朝鲜满浦镇（现平安北道江界郡管下）至努尔哈赤的驻地费阿拉城，沿途经过六十八处居民点，其中有六处"农幕"："蔓遮胡人童流水农幕"，"童时罗破农幕"，"小酋农幕"（两处），"阿斗农幕"，"奴酋农幕"[②]。申忠一所记的这种"农幕"，指的不是一般的居民村落，而是一种特设的农庄，满语称拖克索。

拖克索（tokso）一词，汉语庄园、田庄、农庄之意。《清文鉴》说："田耕的人所住的地方叫拖克索。"[③]可知拖克索不是一般的村庄，居民点，而是一种特设的农业生产的组织形式。那么，拖克索这种农业生产组织形式，出现在何时呢？

---

①（日）鸳渊一：《清初旗地考》，刊于《内陆アジア史论集》，昭和五十五年四月。

②《建州纪程图记》。

③《清文鉴》卷十九。

据清朝较早的原始档案记载，丁未年（1607年）五月，努尔哈赤派幼弟卓里克图贝勒、额亦都巴图鲁、费英东札尔固齐、扈尔汉虾率兵一千出征，"袭取赫席赫鄂谟和苏噜佛纳赫拖克索，俘虏二千而归"。[①]丁未年，明万历三十五年（1607年），努尔哈赤于是年派兵袭取二地的拖克索，说明拖克索设置在这之前无疑。可惜《满文老档》的记事始于万历三十五年，所以难以从中看到更早的关于拖克索的记载。

女真社会中出现拖克索，从朝鲜文献记载可以追溯到十五世纪三十年代。《李朝实录》记载：世宗十九年（明正统二年，1437年）十月，"（世宗）遂传旨曰：平安道都节制使李蕆入讨婆猪贼，令大臣议功。右议政卢闳启云：此不足赏也，蕆之所讨，不过一二农幕而已，何功之有？"[②]在关于这一件事的记载中，更有不称"农幕"而直书"田庄"者："（九月）十一日，左右军入古音闲地，夹攻贼田庄，贼各逃遁。"[③]这里所称的"贼"，均指女真人。两条材料不仅直接说明"农幕"即"田庄"，而且告诉我们，至迟在十五世纪三十年代，作为满族前身的女真人，就已建立起一些拖克索了。

不过拖克索在女真生活中大量出现，是在努尔哈赤兴起以后。前文所述，努尔哈赤兴起之初，建州的拖克索数量还不多。而且农幕的所有者都是比较高的八旗首领。如"奴酉农幕"就是努尔哈赤本人的，"小酉农幕"是舒尔哈齐的；"阿斗农幕"是努尔哈赤从弟的；"童时罗破农幕"是舒尔哈齐女婿的；"童流水农幕"是蔓遮地方首领的。但万历四十六年（1618年）以后，努尔哈赤陷明抚顺、东州、马根丹、抚安堡、花豹冲、三岔儿堡、清河、一堵墙、碱场等地区，翌年破明军及朝鲜援军，取开原、铁岭后，随着军事征服的胜利，俘获人口的增加，统治地区的扩展，拖克索急剧增加。据曾在萨尔浒之战被俘、在后金生活一年多的朝鲜官员李民寏说："自

①《满文老档》卷一。
②《李朝世宗实录》卷七十九、卷七十八。
③《李朝世宗实录》卷七十九、卷七十八。

奴酋及诸子，下至卒胡，皆有奴婢（互相卖买），农庄（将胡则多至五十所），奴婢耕种以输其主。"①从申忠一到李民寏相隔的十几年时间，上至努尔哈赤，下至八旗军卒都置拖克索，而且"将胡"所占之数量竟达五十余所。此后随着对明战争的不断发展，还不断设置拖克索。如天命六年（1621年）闰二月（尚未进沈阳），后金"在尼堪（即汉人）放弃的范河路""设置八贝勒拖克索"②。说明拖克索这种农业生产组织形式，在后金辖区已经相当普遍。

入辽东前的拖克索是一种奴隶制生产组织。这种奴隶，满文称aha，对译为阿哈。从明初起，女真家庭就蓄奴，奴隶的来源主要是抢掠汉人和朝鲜人。《明实录》和《李朝实录》中关于女真人掳掠汉人和朝鲜人为奴的记载，史不绝书。洪武十八年（1385年）就有女真人掠获汉人为奴隶达八百家的记载③。进入十五世纪以后，女真人掠获汉人（也有朝鲜人）为奴使唤的记载更是屡见不鲜。永乐二十年（1422年）时，女真人杨木答兀"攻破开阳（原）等城，掳男妇军丁数千余口"。④成化十三年（1477年），一个朝鲜官员说："臣闻海西达子寇辽东地面，出入横突，掳二千余人。"⑤足见沦为奴隶的人数是很多的，所以当时朝鲜官员说："野人（女真人）剽掠上国（指明朝）边氓，做奴使唤，乃其俗也。"⑥据文献资料记载，十五十六世纪女真的各家各户均占有人数不等的奴隶。李满住对朝鲜官员说："予之奴婢十口，曾逃入（朝鲜）江界。"⑦女真人林哈剌妻云："我家奴婢六口逃去。"⑧甚至有一次逃走二十一名奴婢⑨。这些奴婢除一部分供

---

① 《建州闻见录》。
② 《满文老档》卷十八。
③ 《明太祖实录》卷一百七十五。
④ 《李朝世宗实录》卷九十四。
⑤ 《李朝成宗实录》卷八十七。
⑥ 《李朝成宗实录》卷八十。
⑦ 《李朝世宗实录》卷三十九。
⑧ 《李朝世宗实录》卷五十九。
⑨ 《李朝实录·燕山君日记》卷十七。

家内使唤外，绝大部分都用于农业生产上。如"曾被掳（朝鲜）高山里田孝安者，役使于贼家，唐女二人亦被掳在其家，孝安与女，同在农田"①。正统八年（1443年）四月，锦衣卫指挥吴良奏言，奉命到女真地区，"见女真野人家，多中国人，驱使耕作"②。这种大量使用奴隶的情况，至努尔哈赤统一建州女真后，仍存在。《满文老档》中有这样的记载：天命三年（1618年）八月十三日，努尔哈赤派纳林、音德二人，率领"诸贝勒庄（拖克索）中的包衣八百人"，在距离边境二十里远的地方收割完后，进行打场。九月初四日被明军李如柏率兵偷袭，"杀七十人，三百三十人全部逃走"。对此努尔哈赤进行了报复，九月二十五日率八旗兵掠夺"抚西以北的会安堡……获得俘虏千人"，并送信给明朝当地的官吏说："大国的皇帝偷袭就杀死我方种地的阿哈百人，我杀你耕田的阿哈千人。"③

据文献记载，入辽东前的阿哈身份地位有如下的特点：

第一，社会地位十分低下。他们被"役使多端"④，与牛马并提。如《满文老档》载：努尔哈赤常谈到他的僚友，"使唤"的"阿哈、耕牛、乘马、穿的衣服，吃的粮食"⑤是否充足。这里阿哈与牛马处于同等的地位，说明阿哈的地位十分低下。

第二，阿哈可以自由买卖、赏赐。有关置买人口，赏赐阿哈的记载不绝于书。李民寏在建州亲眼所见"自奴酋及诸子，下至卒胡，皆有奴婢""互相卖买"。当时沈阳城外的"开城"地方，设有奴婢交易市场，在价格低时，"一人之价，不超过十余两银"⑥，与一头牛的价格差不多。

第三，没有个人财产，衣食由家主供给。阿哈没有自己的财产，劳动产

①《李朝成宗实录》卷二百五十六。
②明·孔方炤《全边略纪》卷十。
③《满文老档》卷七。
④《李朝世宗实录》卷八十七。
⑤《满文老档》卷四。
⑥《沈阳状启》。

品全部上交家主。所谓"奴婢耕种，以输其主"①，阿哈的吃穿全由家主供给。努尔哈赤在所下的汗谕中说：牛录额真应"爱养"阿哈，"辛勤地种棉花，织布，给包衣阿哈穿。发觉阿哈穿坏衣时，将没收（那阿哈），交给爱养的人"②。说明当时包衣阿哈的衣食由家主供给。

上述情况表明当时阿哈的身份十分低下，他们没有独立的经济，如同牛马一样遭受着家主的残酷剥削与奴役。他们没有人身自由，家主可以随意买卖和赏赐，这样一种身份地位的人具有奴隶性质，那么由阿哈组成的拖克索也具有奴隶主庄园性质。

①《建州闻见录》。
②《满文老档》卷十七。

第二章　进入辽东后旗地的发展

第一节　"计丁授田"与旗地的配置

一、"计丁授田"令的颁布

天命六年（1621年）三月，努尔哈赤率八旗军攻克明辽东重镇沈阳、辽阳，辽东大小七十余城"官民俱削发降"[①]。三月二十一日进入辽阳城，旋即决定将都城由萨尔浒迁往辽阳。二十四日，移辽阳汉官汉民于北城，腾出南城为努尔哈赤、诸贝勒、大臣和女真八旗驻防军居住。努尔哈赤占据辽东的广大地区，在清朝入关前的历史上进入了一个新的阶段。辽东地区为汉族农耕地区，封建租佃关系已相当发展，文化水平远高于女真民族。用什么样的方式，建立什么样的社会秩序，怎么安置八旗军户，怎样统治众多的汉族人民？这些都是摆在以努尔哈赤为首的后金统治集团面前的新课题。

七月十四日，努尔哈赤以金国汗的名义颁布了其在辽东地区实行的基本国策，所谓"计丁授田"的谕令：

　　为行分田事通知各村，圈地海州地方十万日、辽东地方二十万日，

---

①《清太祖武皇帝实录》卷三。

共计三十万日之田地，分与我军队之人马。凡我众白身者，可到我原居住之地播种。汝等辽东地方之诸贝勒、大臣^①、富户弃田很多，将其田没收，我必需之三十万日最好在其中圈占。如果不足，可到从松山起，铁岭、懿路、蒲河、和托和、沈阳、抚西（顺）、东州、马根单、清河，直到孤山等地播种。如仍不足，则可出境播种。……今年播种之收成，仍由各自收获。我今计田，平均分给，一男丁种粮之田五垧，种棉之田一垧，汝等不得隐瞒男丁，隐瞒则分不到田。今后乞讨者不许乞讨。乞丐、僧侣皆分给田地，应在自己田地上勤勉耕作。男丁三人共耕贡赋之田一垧，男丁二十征兵一人，出公差一人。^②

同年十月一日下达给汉民的命令再次重申此谕令：

征收明年士兵食口粮，马食草料，耕种之田。辽东五卫之人，应交出要耕种的无主田地二十万日。海州、盖州、复州、金州四卫之人，同样应交出要耕种的无主之田十万日。^③

根据上述二段引文，可知计丁授田的基本内容是：

1.八旗军户（包括进入辽东地区以前已编入八旗的蒙古人和汉人）和新征服的辽东地区的汉户对调，使八旗插花到辽东各地区驻防，在新占领区确立军事统治。

2.圈占辽东五卫和海州等四卫的土地，实际是最后圈占了整个辽东地区的土地。因为北部辽海卫、铁岭卫和沈阳中卫的土地，在这以前已入金国版图，八旗军户已经迁入。宽甸六堡等土地，在李成梁放弃后一直是女真与汉户杂居，归金国统治。计丁授田令没有提到的只是宁辽右卫（凤凰城）地方，从后来的实际情况看也被圈占。计丁授田令规定圈占的是无主荒地，其实不仅是无主荒地，几乎是全部辽东的耕地。例如，辽东五卫耕

①诸贝勒、大臣，指明在辽东的官员。

②《满文老档》卷二十四。

③《满文老档》卷二十七。

地共计376954亩，如按每五亩为一日计算①，不过75390日，远不够要圈占的二十万日。海州四卫耕地1436917亩，折合287383日，这个数目是超过要圈占的十万日。辽、海九卫共计1813871亩，折合362744日，也就是说，从数字上看，只有62774日是圈占数额的余数。辽东都司所辖二十五卫登录的耕地总面积为632400日，这次要圈占的30万日是接近其一半的数目，可以断定绝非限于无主荒田。

3.辽东五卫和海州四卫圈占的土地按丁分给"我军队的人马"即八旗士兵。计丁授田令没有明确规定每一男丁授田多少，但据以后文献记载，每丁授田五日。

住在辽、海九卫地方的"凡我众白身"，即汉户，迁徙到"我原居住的地方播种"，指的是沈阳以北，东抵辽东墙边，西到东辽河东岸，如果不足，可到边墙以东。规定每丁给田六垧，此外三丁共耕贡赋田一垧，取代明在辽东地区实行的军屯制。

计丁授田令执行时，授田是绝对不足数的，因为汉户并非全迁，女真户来后还要和汉户共住、共吃，这样土地只能按当地实有数额来计丁授田，"名虽五日，实在只有二三日"②。

努尔哈赤实行计丁授田是有其历史渊源的。在十二世纪金朝统治时期，曾在汉族集中的地区实行拘括土地，授给从原居地迁来的女真猛安谋克户，将当地的部分汉人别移，土地另行拨补。计丁授田又是女真在进入辽沈地区以前在辽东山地推行的牛录屯田制度的发展。计丁授田是狩猎的女真族在征服农业民族以后，将本族的生产全面过渡到农业生产上来，把本民族在内的各族人民都强制地附着在土地上，建立封建依附关系的必然产物。计丁授田制度所建立的生产关系，比明末在辽东地区的解体中军屯制及其基础上发展起来的封建租佃关系显然是大倒退。但就女真族自身来

①一日即一垧，一日的耕种量。熊廷弼《修复屯田疏》："辽俗五亩为一日"（明·程开祐《筹辽硕画》卷五）。《盛京通志》："一日可为五六亩。"
②《天聪朝臣工奏议·高士俊谨陈末议奏》。

说，走出辽东山地之前，农耕的拖克索（庄园）是奴隶制的，依靠战俘的汉人和掳掠来的朝鲜人耕作，牛录屯田收获只作为军马粮草的补充，农业生产还没有发展成为国民经济的主要部门。计丁授田在女真社会中确立封建土地占有制度，土地成为基本的生产资料，农业成为国民经济的主要部门，无疑是女真社会发展史上阶段性的飞跃。

二、八旗驻防旗地的配置

努尔哈赤攻取辽东地方以后，为了在新征服的地区建立巩固的军事统治，将女真八旗军户，迁来辽东各地驻防，以各旗为单位确定各旗的管辖区域，"计丁授田"也按各旗的位置来进行分配。第一批是天命六年（1621年）九月十六日，二百牛录，每一牛录分出一半，每牛录抽出五十名披甲，即一万军丁，迁至东起鞍山，西沿海州、牛庄一线，居住在各城堡，担任各城的城防，并在这一地区按丁授田[①]。现将天命六年以后八旗驻防旗地分配的具体位置，根据《满文老档》天命七年四月十八日条档案说明如下：

正黄旗：费阿拉[②]、尚间堡、博石、扎克丹、恒郭、抚西、西章间、德立石、奉集堡等八城[③]。

镶黄旗：柴河、抚安、范河、懿路、三岔儿、铁岭、（原档残缺）宋家泊、丁家洎、必音、嘉呼禅等十城。

正红旗：温德恨、扎库穆、清河、一堵墙、碱场、孤山、山羊峪、威宁营、东州、马根丹等十城。

镶红旗：沈阳、蒲河、平房堡、十方寺、上榆树、靖远堡、武靖营、长宁堡、会安堡、虎皮驿、长勇堡、长胜堡等十二城。

镶蓝旗：旅顺口、木场驿、金州、石河驿、黄骨岛堡、归服堡、望海埚、红咀等八城。

---

① 《满文老档》卷二十七。

② 费阿拉，此指赫图阿拉，因迁辽阳称其前都城为老城，满语为Feala。

③ 并非八城，为九城，但原文如此。

正蓝旗：岫岩、青苔峪、马库瓦勒寨、水场峪、伊兰博里库、镇东堡、镇夷堡、凤凰城、汤站、险山、甜水站等十一城。

正白旗：复州、栾古堡、杨官堡、永宁监、五十寨、盖州、盐场堡、天成堡、庆云堡等九城。

镶白旗：海州、东京堡①、耀州、穆家堡、析木城、古城堡、青城堡、鞍山等九城。②

这就是天聪时所说的"太祖时，守边驻防，原有定界"③。前此八旗军户是住在辽东山地的各村（嘎珊），牛录兵丁轮番到赫图阿拉集中，除沿辽东边墙筑城堡，置台派兵十日轮番戍守外④，并无分汛驻防旗地。进入辽东以后，领土扩大，占地守土的观念增强了，将人丁和土地结合起来。"各自旗分驻地方，任命该旗的人为官员"⑤管辖农耕与防守。入关后，在东北地方，设驻防某某地管理八旗兵丁副都统（或协领、城守尉）衙门便是由此发展而来。

八旗军户迁来辽东地区的主要任务是防守与农耕，"无事散堡务农，有事赴汛防守"⑥。大约三分之一驻防，三分之二耕作，即档案所说："各牛录住在辽东的男丁合并计算，其中三分之一驻防，三分之二的男丁在辽东耕田。"⑦此外，还有出征去攻掠明朝河西地方和镇压各地汉人的反抗，防御明军从海上来袭，修筑城堡，保护官员勘查土地，护送俘虏和汉人编户迁徙等等。凡被金发出兵、出差的，其土地则由同"牛录的人代耕"⑧。

如前所述，据《满文老档》天命七年（1622年）四月十八日条档案

①东京堡：为满文dongingpu之音译，地点不能确指。不是努尔哈赤在辽阳城东新筑的东京城，因东京城不称堡。

②《满文老档》卷四十一。

③《清太宗实录》卷七。

④《建州闻见录》。

⑤《满文老档》卷四十一。

⑥《天聪朝臣工奏议·马光远又请整饬总要奏》。

⑦《满文老档》卷三十五。

⑧《满文老档》卷三十五。

记载，八旗驻防旗地各旗的位置：正黄旗以兴京为中心，镶黄旗位于其西北，镶红旗以奉天、沈阳为中心，正红旗以辽阳为中心，镶白旗以海州为中心，正白旗以辽河下游为中心，正蓝旗以岫岩、凤凰城为中心，镶蓝旗南至辽东半岛的顶端。从上述各旗旗地的位置可以看出，旗地是以都城为中心，像扇子一样向四周围展开，反映总体设置旗地的战略意图，即考虑对明朝、朝鲜、蒙古的军事行动，也考虑到安置八旗军户的生计。清朝入关以后沿袭这种作法，为安置迁徙北京的禁旅八旗的生计，在北京周围设置畿辅旗地，在全国各要冲设驻防八旗，圈拨驻防八旗旗地。与各地驻防旗地比，畿辅旗地集中且数额多。

然而八旗驻防旗地并非固定不变，伴随新的驻防区的设置，配置新的旗地。天命八年（1623年）六月，于叶赫、哈达、辉发、佟家江方面也派置八旗驻防，拨给驻防旗户新的旗地。《满文老档》天命八年（1623年）六月十八日记载：

镶黄旗，从叶赫的尚间崖、色和里、雅哈穆克、哈达、乌鲁哩眜芬向那边勒克方向为一份。

正黄旗，从博屯的山肩向那边，从额赫鄂林阿巴延向北、马家河、伊兰穆哈连为一份。

正红旗，从哈占、绥哈、蒐登、富尔简齐达巴向东，从达扬阿向西，古城、托和罗一份。

镶红旗，从阿布里向西，从额赫苏瓦向东，从东向北，从马哈勒图宁古向那边，到尚间崖为一份。

镶蓝旗，从多巴库路、巴喀塔小河至那边，萨伦、锡勒西、瑚珠、苏瓦延济敦，（原档残缺）哈达、伊兰哈达为一份。

正蓝旗，从乌鲁哩眜芬向茂罗克济，乌鲁哩为一份。

正白旗，图们的（原档残缺）向北，从辽孤山之水向南，从博屯的那边的山肩向这边，向塔思哈穆哈连方向为一份。

镶白旗，从马哈勒图宁古向这边，至呼兰，从必音向南，从辽孤山的水向北，从雅奇济登、富尔哈向那边，从德佛向这边为一份。①

根据这段引文，可知天命八年六月十八日条所见新置旗地，大体从呼伦四部地区到佟佳江上游地区。各旗旗地的位置：镶黄旗以叶赫为中心，包括以东的哈达地区；正黄旗由辉发西北的伊兰穆哈连山及西北萨伦河以北的狭长地区；正红旗以吉林为中心，位于正黄旗东北地区；镶红旗以佟佳江上游为中心；镶蓝旗介于镶黄旗东南、镶蓝旗西南，近边墙地区；正白旗为辉发以西、英额边门东南，近镶红旗地区②。换言之，八旗旗地间的相对位置，大约镶黄旗旗地位于北部的西端，其东狭长地有镶蓝旗地，东南有正黄旗旗地，镶蓝旗旗地以东的狭长地有正黄旗，正黄旗以东有正红旗，正黄、镶蓝两旗东南有镶白旗，镶白旗旗地以西至西南有正红旗旗地，最南部为镶红旗旗地。

上述旗地的位置与前文所述天命七年（1622年）四月十八日条旗地的位置相比较特殊。可能是受土地状况、各旗情况的不同造成的。但无论如何，天命八年六月的旗地是天命七年四月旗地以外新分配的旗地，具有由先前旗地基础上向外围扩展的意义。尤其是将与建州抗争的扈伦四部，收归为八旗领有，设置旗地，进而占领南方佟佳江地区。即旗地的设定与扩充不仅具有政治军事意义，更具有安置八旗旗民生计的意义。

太宗朝初年驻防旗地基本沿袭太祖朝无大变化，天命十一年（1626年）九月皇太极即位，同年十一月上谕：各驻防区域"其屯庄田地，八旗移居已定，今后无事再移，可将各安其业。"③太宗朝中期以后，随着土地日渐开辟，各地区归服日众，一改初年不许移居的政令。天聪七年（1633年）正月皇太极在下给各牛录额真的上谕中说："宜令迁移，若惮于迁移，以致伤稼害畜，俱尔等牛录额真是问。方今疆土日辟，凡田地有不堪种者，尽可更换。"但是严禁牛录额真、章京借拨给之机"自占近便沃壤，将

①《满文老档》卷五十五。
②《清初旗地考》，《内陆アジア史论集》，昭和五十年四月。
③《皇清开国方略》卷十七。

远瘠之地，分给贫人"，否则"许贫人陈诉"①。而"遇各国投诚人至，拨给满洲现住屯堡、房屋，令满洲展界移居"②。说明太宗朝中期旗地的移动较为频繁。

太宗朝旗地的发展与蒙古、汉军两八旗的编设有关。天聪九年（1635年）编成蒙古八旗，崇德二年（1637年）成立汉军左翼、右翼二旗，四年（1639年）编成两黄、两红、两白、两蓝八旗，七年（1642年）增为八旗，此等八旗分遣各地，圈拨旗地。

太宗朝旗地仍以辽阳、沈阳为中心，崇德五年（1640年），据朝鲜在沈阳的译官郑命寿所见："辽沈农民，将一年所收之谷，尽入于八高山之家。"③说明这一地区旗地是很多的。

三、太祖的旗民合住与太宗的旗民分居政策

天命朝到各地驻防的八旗军户，首先将该地的部分汉户从土地上赶走，强行迁徙他处，金国规定迁入的八旗军户要和汉户插花住，由同一合住一起的汉户养活。努尔哈赤在天命六年（1621年）十一月二十二日下达的文书中说："诸申（八旗军户）、尼堪（汉户）要同住一村，粮一起吃，牲口的草料一起喂。"④翌年三月二十日又重申："辽东地方的尼堪房屋与诸申合住、粮食同吃、分田耕种。"⑤如汉户要实报存粮数，合住的女真人和汉人一个月按四升供给，在开窖取粮时"诸申、尼堪合开"，汉人"不要买卖，发现买卖时治罪。"⑥同时还强行征收没有同女真人合住的汉户粮食供女真人吃。女真人以胜利者的身份，向同住的汉户敲榨勒索，使汉族与女真军户的矛盾极度尖锐。因此，努尔哈赤不得不下令禁止女真军户索取汉人的

---

①《清太宗实录》卷十三。
②《清太宗实录》卷十七。
③《朝鲜仁祖实录》卷四十一。
④《满文老档》卷二十九。
⑤《满文老档》卷四十七。
⑥《满文老档》卷二十九。

粮食①，"今后诸申在尼堪的屋合住，仅按其人口数目合吃粮。诸申、尼堪各自用自己的牛，耕各自的田"②。

努尔哈赤为使女真军户与辽东地区的汉户同吃同住，达到由住在一起的汉户养活八旗军户的目的，努尔哈赤一进入辽沈，立即强迫汉人迁徙。首先迁徙的是辽阳城的汉人。天命六年（1621年）七月初六下达命令，"向东西南北搬家去住的尼堪……要称量自己家的粮，交给莽阿图，到搬去的地方取仓的粮吃，作为偿还"③，满文档案没有记载迁徙的起止地方，但从其迁徙的特点来看，可能是从城中迁往各村屯。大规模的迁徙汉人是出于圈占汉人土地，分给女真军户的需要。所以说，计丁授田和迁徙汉人是民族压迫政策的措施。可是计丁授田令并没有规定立刻迁徙，而是规定"今年播种之收成，仍由各自收获"，收获后才迁徙。这期间，金国还派八旗官员出去勘查土地，以便圈占和分配。同年十月一日才下达汉人必须交出辽海三十万日土地的命令。但是由于汉人的反抗，激发努尔哈赤提前推行大规模迁徙汉户。天命六年（1621年）八月至十二月，将辽东半岛东海岸沿海居民内迁六十里。十二月二日强迁鸭绿江下游西岸凤凰城、镇江、宽甸以及长甸、永甸、镇夷堡、镇东堡等地汉人，先集中就近堡中，然后北徙到萨尔浒、清河以北三岔儿以南和威远堡、奉集堡等女真人居住的地区。这次大迁徙的地区，西起辽河下流东岸的耀州和牛庄，东到鸭绿江西岸，南起旅顺、金州，北到海州，半个辽东的汉人都卷进了强制迁徙的行列，而沈阳南的奉集堡以北到铁岭，西起辽河沿岸到苏子河下流的辽东北部广大地区又都成为安插迁来汉户的地区。整个辽东在金军进入辽东的当年冬季，已处于沸腾的震荡之中。

努尔哈赤为首的八旗统治集团凭借着军事征服强制地实行大迁徙，使女真军户和汉族人同吃同住，一方面将女真八旗军户普遍地变成农奴，另

024

①《满文老档》卷三十二。
②《满文老档》卷三十九。
③《满文老档》卷二十四。

一方面又将辽东地区的汉族人民也变成农奴。这种民族高压和野蛮统治，造成了社会秩序极为混乱的局面。首先，辽东人民在民族压迫下以各种形式普遍地展开了抗金斗争。汉族人民或者逃往关内（或有就近逃往朝鲜者），或者往金军将领们吃的井水、肉类、瓜菜中投放毒药[①]，企图毒死女真人。或者焚烧统治者的房舍、粮栈。武装起义更是风起云涌。如天命六年七月镇江军民举行起义。"逮扑城额真游击佟养真，把游击的儿子、随从家丁们约六十人都杀了"[②]。其次是使辽东地区粮食奇缺。粮食问题一直是女真社会的严重问题。进入辽东以前，女真人的粮食主要靠辽东地方供应。占领辽东以后，当地的经济受到破坏，粮食严重不足，不仅努尔哈赤无法解决，就是到了皇太极时期，仍是"司农称匮，仓无积粟"[③]。当时辽东地区官粮售给无粮户，粮价"一升收银一两"[④]，而辽东粮价往平时一石粮一两，此时官价竟是平时粮价的十倍，可见粮食缺少到何等地步。再有，汉人的大逃亡加剧了社会动荡不安。为此经常派遣各旗牛录将领到汉人所居旗下村屯、城堡逐地逐堡逐村地清查，防止逃赋和避役。

长期的社会动荡不安，使金国无法立足辽东。努尔哈赤集团企图通过剥夺汉人的粮食来稳定社会秩序，并对女真军户宣布以有无粮食作为区别汉人为敌为友的标准，他说："应把没有粮食的汉人，视为仇敌，不是我们的僚友。"[⑤]根据这一原则，在天命九年第一次甄别汉人的有粮户和无粮户，对无粮户实行残酷的屠杀政策。努尔哈赤这样做在于消灭无粮户，保存有粮户[⑥]，以其余粮养活女真，结果适得其反，社会危机进一步加深。天命十年（1625年）十月，努尔哈赤再一次甄别汉人，实行大屠杀。在屠杀中指责汉民"不念收养之恩，仍思念尼堪方面"，"仍与尼堪一方合伙"，"不停

---

① 《满文老档》卷二十二、卷二十三。

② 《满文老档》，卷二十四。

③ 清·罗振玉编《天聪朝臣工奏议·佟养性谨陈末议奏》。

④ 《满文老档》卷五十二。

⑤ 《满文老档》卷六十一。

⑥ 《满文老档》卷六十，有粮户的标准，每口人有六升或七升，并有畜力者。

止准备棍棒（反抗武器）"。他派遣八旗官员对各地汉民"详加鉴别"，凡被认为"有罪恶的人"①统统杀掉。大屠杀留下来的人，又分到女真户下，实行编庄（拖克索），每十三丁、七牛，给田百垧，立为一庄，庄为汗、贝勒、女真大臣所有，汉总兵官以下，备御以上，备御一人编立一庄②。

这次的编庄是在计丁授田、汉人大迁徙的基础上进行的。计丁授田后，组织成农庄的形式进行生产。这次编庄与天命七年（1622年）二月，辽西迁徙辽东的汉户，派石廷柱、刘兴祚等对之迅速编庄分田的农庄大体相同，是农奴性质的。农庄上劳动者有自己的经济，耕种自己的份地，被固定在土地上，连同土地一同归庄的主人占有，耕种"公课"田，对国家纳贡赋。此外，还要对庄的主人缴纳各种实物和承应各种差徭。受国家和庄主的双重剥削，意味着汉族人民地位的下降，变成庄田主人私人占有的农奴。这种将汉人社会地位降低到近似农奴的编庄，更加激起了汉族人民的强烈反抗，逃亡相继，使金国的社会生产遭到了严重的破坏。

努尔哈赤一死，皇太极即位，立即废除这种编庄，将部分汉人地重新改为编民。《清太宗实录》对努尔哈赤的编庄的评价是："先是，汉人每十三壮丁编为一庄，按满官品级，分给为奴。于是同处一屯，汉人每被侵扰，多致逃亡。"为此，皇太极规定："按品级，每备御止给壮丁八、牛二，以备使令。其余汉人，分屯别居，编为民户，择汉官之清正者辖之。"③皇太极的政策是把这种庄园的每单位的壮丁数减少，把原来的十三名壮丁改为八名，并把减下来的汉族壮丁由与女真军户"同处一屯"改为女真军户与汉人"分屯别居"。这次调整的重要性不在于仅仅减少每庄的壮丁数，而在于解放其中约三分之二的农奴，使他们从八旗庄屯中脱离出来，恢复了独立的民户，身份地位上由农奴成为"编户齐民"。

① 《满文老档》卷六十六。
② 《满文老档》卷六十六。
③ 《清太宗实录》卷一。

第二节　八旗庄田制的发展

一、进入辽沈后庄田的发展

天命六年（明天启元年，1621年）三月，努尔哈赤攻陷辽阳、沈阳，于是辽河以东地区遂为金国所有，与此同时八旗庄田（拖克索）的设置有了更进一步发展。天命六年闰二月未入辽沈前，金国就曾在"尼堪（汉人）放弃的范河路""设置八贝勒拖克索"[①]。是年九月又在牛庄、海州以东，鞍山以西，"一贝勒各设三庄"[②]。在这一时期，更集中、大规模地设庄田主要有二次。

一次是通过"计丁授田"设置的。天命六年七月十四日，努尔哈赤下令实行"计丁授田"令：

> 收取海州地方十万日，辽东地方二十万日，总计收取田三十万日给在这里居住的我们的兵马……如果不足，从松山堡到这里，一直到铁岭、懿路、蒲河、范河、珲托和、沈阳、抚顺、东州、马根单、清河、孤山等处耕种。那里如果还不足可出境耕种。

"计丁授田"所涉及的地区范围很广，授田对象是满汉男丁（包括奴仆在内）。授田的原则是每丁六垧"公平地分给"。在是年九月秋收要结束的季节，二百牛录，每一牛录分出一半，每牛录抽出五十名披甲，迁至东起鞍山、西沿海州、牛庄一线，居住在各城堡，担任各城的城防，并在这一地区按丁授田为各贝勒置庄[③]。十一月初，以努尔哈赤为族长的第一穆

---

① 《满文老档》卷十八。

② 《满文老档》卷二十七。

③ 《满文老档》卷二十七。

昆从萨尔浒迁到辽阳①，以后接踵而来。为了安排这些军民，努尔哈赤命莽阿图、莽古、萨勒古里等官员"勘查田地，料理房屋"②。勘查土地的目的，是给迁来的八旗军户"计丁授田"。授田的真正受益者，实际上只是那些八旗诸王、贝勒、各级官员。因为一方面只有他们才能在实际分配中真正得到足够数额的土地；同时他们拥有数量众多的壮丁，从而能够得到大量的土地。按壮丁数额"给诸申都堂、总兵官男丁三千，给副将男各一千七百，给参将、游击男各一千，给备御男各五百"③。占有大量的壮丁就是占有大量土地。皇太极时就曾有人指出："上等肥饶之地，或被本管官占种，或被富豪占种。剩余薄地，分与贫民，名为五日，其实不过二三日。"④可见，"计丁授田"的结果，土地的大部分都为后金八旗贵族所占有。

当时被迁移的一些"汉户"，也以庄田的形式被组织起来。天命七年（1622年）二月十一日，金国都堂在下达给石副将、刘副将、陈游击的文书中说："你们迁来的编户，牲畜瘦了，你们快分庄（拖克索），让牲畜在庄上吃马料。要快分田，分田时不要互相争执，听候处理领取。耕田的人，快遣送到庄，准备好犁。"⑤这里所谈的就是汉民组成庄田的情况。

另一次大规模地编置庄田是天命十年（1625年）十月，努尔哈赤对辽东地区的反金活动残酷镇压后。是年十月，努尔哈赤下令八旗官员对各地汉民"详加鉴别"，凡认为"有罪恶的人"统统杀掉。"为我们筑城郭纳贡赋的人，要加以收养，并令编庄"。规定：男子十三人，牛七头编成一庄，其中庄头兄弟算十三人之中，庄头均住在沈阳，有什么役使，庄头可以轮流前往。将收养的人"全部编入汗、诸贝勒的庄中，一庄男十三人，牛七

①《满文老档》卷二十九。
②《满文老档》卷二十七。
③《满文老档》卷三十二。
④清·罗振玉《天聪朝臣工奏议·杨方兴条陈时政奏》。
⑤《满文老档》卷三十六。

头，田百日，其中二十日为贡赋的东西、八十日是你们自己吃的东西"①。
八旗总兵官以下，备御以上，一备御各编一庄。

这一次大规模的编庄，在金国庄田制的发展史上占有重要的地位。这
次编庄，从天命十年（1625年）十月起，金国大量屠杀汉人后，幸存者约
数十万人，被强迫没收其土地、房屋、牲畜，编入汗、诸贝勒和八旗各级
官员的庄田之中，先前的所有民地，都变成了八旗大大小小的庄田。这是
金国庄田制的一次大发展。它使庄田最终成为金国农业生产组织中的统治
形式。天命十一年（1626年）九月，皇太极继位后，为缓和民族、阶级矛
盾，恢复生产，被迫压缩了这些新置庄田的规模，将其中部分庄丁释放出
来，"分屯别居，编为民产"。②恢复了一部分辽东汉民独立民户的地位。

太宗朝庄田制进一步发展。天聪四年（1630年）六月，大贝勒阿敏
因放弃内地永平、滦州、迁安、遵化等四城而还，定十六条罪状，太宗不
忍加诛，从宽免死，幽禁之，夺所属人口奴仆财物牲畜，俱给贝勒济尔哈
朗，"止给阿敏庄六所、园三所，并其子之乳母等二十人，羊五百，乳牛
及食用牛二十；给洪科退庄二所、园一所，满洲、蒙古、汉人共二十名，
马二十匹"③。足以说明阿敏贝勒父子此前拥有相当多的庄园。天聪九年
（1635年）正月，太宗交给察哈尔蒙古来投降的祁他特台吉"庄屯四所，
每所人十名，牛四头"④。同年九月大贝勒代善第四子瓦尔达因罪受罚，
夺其"仆从满洲一百五十八人，蒙古二十人，并汉仆人一百九十六人，马
二百九十二、骆驼十三、牛二十、羊三百二十……其应入官银四千两，庄
田三十三处，所有汉人一百九十九人，各色匠役人等三百四十人，并其家
口，俱付户部"⑤。可见其庄田、奴仆之多。从上述引文中可知，旗人处
罪，财产没收，庄田归属户部，此等庄田为入关后盛京户部官庄的起源。

---

① 《满文老档》卷六十六。
② 《清太宗实录》卷七。
③ 《清太宗实录》卷七。
④ 《清太宗实录》卷二十二。
⑤ 《清太宗实录》卷二十五。

又据《沈阳日记》崇德辛巳年（1641年）十月的狩猎日记载：太宗是年十月乙卯（十三日）至己未（十七日）于懿路、蒲河、十方寺等地狩猎，朝鲜照显世子随行。据他们所见，该地有诸王庄田"相距或十里，或二十里，庄有大小，大不过数十家，小不满八九家，而多是汉人及吾东被虏者也……至十六、十七日所经则土地多辟，庄居颇稠，而亦皆汉人、东人或蒙种云"。上述史料均说明庄田数量之多。

二、庄田的规模

每所庄田都由一定数量的壮丁、耕牛和田地组成。因此考察庄田的规模，主要就看在一所庄田中，这三者各拥有多大数量。

对金国农业生产组织开始有明确记载的是万历四十一年（1613年）努尔哈赤实行屯田积谷时的情况。当时"令一牛录各出男丁十人，牛四头，开始在空地种田"①。这里关于人丁、牛都有明确的数字记载，但田数没有具体的规定，恐怕是尽力开垦荒地吧。所以，据此不能推断庄田的规模。朝鲜人申忠一在万历二十三年（1595年）底出使建州，沿途见到一些农幕（庄田）。其中"童流水农幕，起耕仅二十余日"②。一日六亩，约一百二十亩。但没说有多少壮丁和耕牛。据《满文老档》记载，天命九年（1624年）正月，努尔哈赤"赏给恩格德尔额附、莽果尔代各七男丁的诸申庄各二、各十男丁的尼堪庄各二，在手下使唤的诸申（男女）各五对，运水砍柴的尼堪（男女）各五对。赏给囊努克、满珠实哩、代青、巴特马各四男丁的诸申庄一，各十男丁的尼堪庄一。赏给门都达甘各三男丁的诸申庄一，各十男丁的尼堪庄一"③。从上述引文可以得出如下结论：一是每所庄田中的壮丁数目不同，三个男丁、四个男丁、七个男丁、十个男丁不等。有"诸申（女真）庄"与"尼堪（汉人）庄"二种。二是女真庄一般比尼堪庄规模小。女真庄多者七丁，最少者只有三丁，而尼堪庄全部都是

---

① 《满文老档》卷三。
② 《建州纪程图记》。
③ 《满文老档》卷六十一。

十丁。当然我们很难仅就这一条资料得出女真庄比尼堪庄小的结论，但联系到女真本身的人数少，沦为庄头奴仆的人数更少，而当时被俘被掠的汉人则数量众多，女真庄一般比尼堪庄的规模小的推测，则不成问题。

努尔哈赤赏赐给恩格德尔等人的庄田中的壮丁情况如此，但这些拖克索中各有多少耕牛、庄田还不得而知。这可能是当时各种庄田中的耕牛、耕地的数量还没有定规，所以只以壮丁的多少来表示其规模之大小。也可能是因为当时每一壮丁所耕种的田地数量有一定的规定—按天命六年（1621年）"计丁授田"时的规定，每一男丁"种粮的田五垧，种棉的田一垧"，所以不言自明。果若如此，那么一个三男丁的庄田应有耕地十八垧，一个十男丁的庄田应有六十垧。至于耕牛，天聪九年（1635年）皇太极赐给蒙古归服的祁他特台吉的四所庄田，"每所人十名，牛四头"[①]，也许上述十男丁的庄田，也是二头牛。

对庄田的壮丁、耕牛、耕地的数额都有确切记载的，是在天命十年（1625年）设置的那一大批庄田。《满文老档》明确记载："一庄男子十三人，牛七头，田百日。"这一规定同前面的情况比较，可以看出庄田规模较前已有所扩大。尽管翌年（天命十一年）九月太宗即位对这批新建庄田的规模进行了压缩，规定每一所只能保留"壮丁八、牛二"，其余丁、牛全部拨出，"编为民户"[②]。但总的来说，拖克索的规模仍不断呈扩大的趋势。崇德六年（1641年），据被作为人质软禁沈阳的朝鲜世子李所见沈阳附近的庄田情况是："八旗诸王皆有庄田，这些庄田相距或十里，或二十里"，庄田的规模"大不过数十家，小不满八九家"[③]。这种拥有壮丁"数十家"的庄田，显然比上述"男子十三人"的规模扩大了。还有"不满八九家的"，但没有四丁、三丁的了。沈阳是当时清朝的政治中心，其附近庄田的规模，应该说具有一定的代表性。

---

① 《清太宗实录》卷二十二。

② 《清太宗实录》卷一。

③ 《沈馆录》卷三。

上文所说的庄田所耕田地几何？耕牛多少？我们从李洼自己在崇德七年（1642年）所设置的四处"农所"中可见其梗概。四处农庄的具体田数是，"沙河堡近处一百五十日耕""士乙古近处一百五十日耕""王富村及鲁哥村两处，各一百五十日耕"。[①]总共六百日耕农田。农庄的劳动者"男丁一百四十五名，女人四十五名"[②]，平均每农庄四十七人。若只计男丁则每所农庄合三十六人多一点儿，"农牛十六只"[③]，平均每所四头。

综上所述，可知入关前所设置的庄田，大者壮丁"数十家"，或三四十人，小者只有三丁。耕牛最多的达到七头，一般是二三头。但总的说来，十丁以下的仍居多数，一般规模仍然较小。

庄田之所以不太大，恐怕与八旗制度的八旗旗主八家均分制度有关。当时规定：凡征战所得人口，财物都是八家均分，所谓"有人必八家分养之，土地必八家分据之"[④]。如果要在某一地区设庄田，八和硕贝勒必须同等设置，"一齐安排"，否则，当事者就要受到处分。如天命六年（1621年）闰二月，在新占领区范河路设庄田时，办事者诺木齐违背了努尔哈赤的"为设置八贝勒庄要一齐安排"的谕令，"先派一牛具"被"定罪，在划的牢中，不给吃的，监禁五天"[⑤]。这种一切"均分"的制度，自然使获得的人畜、土地、化整为零。八和硕贝勒以下各级官将的庄田中的壮丁、田地，乃至耕牛，都是由国家的最高统治者逐次赐予的，这就决定了每一所庄田在设置时的规模不会太大。而且便于庄主对直接生产者进行严密的控制。入关后旗地庄田基本为十壮丁的规模。《清朝文献通考》卷五载："每庄设壮丁十名，金一人为庄头，领地七百二十亩至七百八十亩。壮丁繁衍留于本庄，缺则补足。各庄给牛六至八头，量给房屋、器皿、田种、衣服等。"

①《沈阳状启》崇德七年。
②《沈阳状启》崇德七年。
③《沈阳状启》崇德七年。
④《天聪朝臣工奏议·胡贡明五进狂瞽奏》。
⑤《满文老档》卷十八。

三、庄田的性质

女真族进入农业经济高度发达的辽沈地区以后，如前所述，八旗庄田急剧发展。而庄田内部结构与先前比也开始发生变化。努尔哈赤入辽东后庄田的性质变化如下：

第一，庄主平时不得任意杀害庄丁。《满文老档》天命八年（1623年）二月记载这样一件事：色勒阿哥打瞎了牛录章京郎善妻子的眼睛，当郎善替自己的妻子告状时，将色勒阿哥从前在费阿拉时曾打死自己的"包衣女子一人，牛录的女子一人"之事，也一并揭发。审理的结果为"革色勒阿哥的备御职，出二女赔偿打死的二女，按常规定十五两的罪"[①]。这条材料说明，如果当时在法律上不禁止家主任意杀害阿哈，那么郎善绝不会将这件事作为一种罪行揭发出来，金国政府也决不会对此作出如上处理。不仅如此，虐待阿哈也要处罚。天命七年（1622年）六月，阿讷的妻子"竟无先例地烙家婢的阴部"被"定以死罪"，后虽得以免死，但被"刺了耳鼻"[②]。

第二，庄丁有告庄主的权力，且经审实后可以"离主"。天命八年（1623年）五月初三，"苏尔马包衣女子告发苏尔马"有杀害纳米达哈里的重大嫌疑。经审理后属实，"令告发的女子离苏尔马"[③]。是年六月，叶赫的锡林备御的阿哈告发他，在南方戍守时"杀逃走的尼堪，隐藏那人的衣服"，结果锡林被依法审理定罪，"收回从辽东以来的赏赐"，革备御职，"令告发的阿哈离主。"[④]

第三，有贡献的任以官职。天命六年（1621年）六月，努尔哈赤在下达给都堂的文书中说："归顺我们的人，在他的国受敌视，我们若不任用收养，他们还怎样地生存呢？还有谁归顺我们呢？谁还贡献聪明才智

---

①《满文老档》卷四十六。

②《满文老档》卷四十二。

③《满文老档》卷五十一。

④《满文老档》卷五十六。

呢？……归顺我方，如能贡献出有限的力量，贡献出有限的智慧，那就不论是阿哈、小人，立刻任用给与官职，成为大人。"[1]同年九月，因"汗的包衣伊拉秦好，任用为备御职"[2]。

从上述材料中可以看出，庄丁的身份已不是严格意义上的奴隶，是一种由奴隶身份向农奴身份转化的过渡形态。

最能反映庄田具有封建农奴制生产性质的是天命十年（1625年）十月设置的那一大批庄田。如前所述，这种庄田由"一庄男子十三人，牛七头，田百日"组成，其中一人为庄头，十二人为庄丁。"庄头之名，庄十二男子之名，牛、驴的毛色都写上交给村的章京，去的大臣书写带来"[3]登记入册。庄丁没有人身自由，子孙世代被束缚在汗、诸贝勒、八旗各级官员所有的庄田的土地上。庄丁使用家主备置的耕牛、农具、种子等，耕种庄田"百日"，产品的分配方式，"二十日为贡赋的东西，八十日是你们自己吃的东西"。这种将耕地划分为上缴的贡赋和直接生产者自食的截然分开的两部分，是劳役地租的形态。由此可见庄田具有封建农奴制生产的性质。

皇太极时期庄田进一步向封建农奴制的性质转化。首先，庄田庄丁具有一定的个人财产。崇德七年（1642年）正月丙子，皇太极谕户部："凡有粮贷人及无粮求贷者，家长许互相称贷，勿得私向奴仆称贷及私贷与奴仆。"[4]这里所说的"奴仆"即指庄田中的生产者。《太宗实录》云："勿得私向奴仆称贷及私贷与奴仆。"说明"奴仆"有粮可贷，也有能力还贷，即有一定的财产。皇帝在上谕中特地谈到这类事务，说明不是个别现象。这种具有一定的个人财产的奴仆，已不同于一无所有的奴隶，已转化为早期封建庄园制下的农奴了。其次，皇太极时期从法律上明确规定庄主不允许任意杀害奴仆。天聪五年（1631年），皇太极重新制定和颁布了《离主条

①《满文老档》卷二十三。
②《满文老档》卷二十七。
③《满文老档》卷六十六。
④《清太宗实录》卷五十九。

东北旗地研究

例》，计有六条，其中一条规定："擅杀人命者，原告准其离主，被害人近支兄弟并准离主，仍罪银千两。"[①]这条规定至少从法律上剥夺了八旗贵族可以任意杀害奴仆的权力。人身是否可以任意杀害，是区分奴隶和农奴的重要标志。再次，允许满、汉、蒙古家奴考试。天聪三年（1629年）九月壬午，皇太极下诏："凡在皇上包衣下，八贝勒等包衣下，及满州、蒙古家为奴者，尽皆拨出"，参加考试。"各家主勿得阻挠，有考中者，仍以别丁偿之。"[②]这些儒生不仅摆脱了奴仆地位，而且参与了金国政权，这项措施有利于金国封建化的过程。

庄田内被束缚在土地上进行生产的，大多是战争中掠夺来的汉人。这些汉人被强行沦为庄主的奴仆，处于封建农奴的地位，其生产积极性很低。每年收获除留用翌年种子、口粮、牲畜草料外所余无几。兹以赐给朝鲜世子李淐的几所庄田为例，将崇德七年、八年的收获作对比分析。据《沈阳状启》，崇德七年闰十一月，李淐的四所庄田收获如下：

老家寨屯所：各谷落种二十五石十三斗零，所出各谷九百三十二石四斗二升。屯监禁军等私赁田自备种子所出各谷数，各谷落种十斗零，所出各谷三十二石。以上原屯田及屯监等私田并各谷落种二十六石八斗零。

士乙古屯所：各谷落种二十三石九斗零，所出各谷八百五十七石。

王富村屯所：各谷落种二十三石二斗零，所出各谷七百六十一石十二斗六升。

沙河堡屯所：各谷落种二十四石十三斗零，所出各谷七百三十六石。

都以上各谷落种九十八石二斗。

所出各谷三千三百十九石一斗八升。内各处明年种子及农军粮、农

①《清太宗实录》卷九。
②《清太宗实录》卷五。

牛太计除后，馆中应用皮杂谷一千四百七十八石。①

从上面这段引文知道，老家寨屯所庄田及屯监、禁军私借田共用种子三十六石八斗，收获九百六十四石四斗二升。那么各庄屯种子一石的收获分别为，老家寨二十二石弱，王富村三十三石强，沙河堡三十石弱、士乙古三十六石弱。又这四所庄屯总收获为"三千三百十九石一斗八升"，扣除翌年种子、农耕人员的米粮、耕农的大豆等费一千八百四十一石一斗八升，纯收获一千四百七十八石。而崇德七年称为"极其丰稔"之年，纯收获仅占总收获的 44%。沈阳为政治经济中心，其庄田带有典型性，所以说其庄田的收获也具有代表性。

如果说以上情况是较好年成的收获，那么较差年成的情况怎样呢？我们再看一下崇德八年几所农庄的情况：

柳千户屯所：田二百一日半耕，落种四十八石九斗八升，所出各谷一千四百五石二斗五升。

铁岭屯所：田一百九十四日耕，落种四十七石十四斗八升，所出各谷九百四十石十三斗三升，木花六百二十斤。

士乙古屯所：伐木并田一百三十四日半耕，落种三十三石八斗九升，所出各谷八百十五石六斗二升。

王富村屯所：田一百四十九日耕，落种三十八石七斗八升，所出各谷六百三十五石十四斗。

老家寨屯所：田一百三十六日半耕，落种三十四石十二斗五升，所出各谷六百二十五石六斗。

沙河堡屯所：田一百二十日耕，落种二十九石十斗九升，所出各谷六百一石六斗。

都以上，田九百三十九日半耕，落种二百三十三石四斗七升，所出各谷二十四石二斗九升，木花六百二十斤。②

---

① 《沈阳状启》壬午年闰十一月初二承政院开拆。
② 《沈阳状启》癸未年十二月十四日承政院开拆。

根据以上引文资料，我们可以作出如下分析：一日耕的种子为三斗六升至三斗九升。每日耕地的收获柳千户所六石十四斗，沙河堡四石十三斗，老家寨四石九斗，王富村为四石四斗，士乙古六石九斗。那么一石种子的收获柳千户屯所二十九石弱，沙河堡二十石强，老家寨十八石弱，王富村十七石弱，士乙古二十四石强，与崇德七年收获比，老家寨、王富村为二分之一，沙河堡、士乙古为三分之一，故《沈阳状启》云："今年沈中农事，比年前颇不实，莫明其妙。"[①]

应提醒注意的是《沈阳状启》所说的"石"数，均用朝鲜的平石计算，中国的一石相当朝鲜平石的二石[②]。因此崇德八年沈阳附近沙河堡、老家寨、王富村一日的收获换算中国石数分别为二石四斗强、二石三斗、二石一斗强。崇德七年沙河堡、老家寨、王富村分别为三石六斗、四石、四石二斗。

上述庄田的产量如和明末辽东汉人屯田的产量比较更说明问题。关于辽东屯田的产量，明末熊廷弼在《修复屯田疏》中曾云："此地种一日，可收子粒八九石，辽俗五亩为一日，市斗六斗，抵仓斗一石，是五亩地，而可收十三四石也。"[③]据此可知明末辽东地区汉人一日地收获为十三四石，崇德时期庄田与之比较，庄田的收获不及明末辽东汉人收获的一半。由此足以说明努尔哈赤、皇太极在辽东设置大量的庄田，将无数汉族人民没为庄田的奴仆，从事农奴式的耕种，从满族本身来看完成由奴隶生产方式向封建社会生产方式的转化，但对辽东地区的高度发展的汉族经济是一种破坏。

---

①《沈阳状启》癸未年十二月十四日承政院开拆。

②《沈阳状启》壬午年（崇德七年）三月三日启："唐斗二十石为我国斗平四十石。"

③《筹辽硕画》卷一，熊廷弼修复屯田疏。

第三节　以丁为准的旗地分拨制

一、旗下壮丁及来源

旗下壮丁一般指年龄十八至六十者。天聪九年（1635年）二月，皇太极在编审壮丁时曾说："此次编审壮丁时，谕令凡年六十以下，十八以上……每家所有壮丁若干名，俱照例编审。其目不能视，足不能行，手不能持者，不入编审内。"[1]金德纯在其所著的《旗军志》中具体记载了选壮丁的情况："凡选卒伍之法，一佐领壮丁二百名，以五尺之表，度人如表，能堪骑射，充壮丁籍，至六十而免籍，有甲卒缺出，即以充选，其余为余丁，不任征伐，国有大役，即以役之。"[2]

根据以上引文可知如下问题：第一，壮丁有旗籍，一般年龄以十八[3]到六十入籍，六十以后免籍。第二，充壮丁籍条件，需身长五尺擅长骑射者。第三，八旗甲兵（披甲）有缺即可充选，否则为余丁，主要从事农[4]耕。

旗下壮丁来源于俘获、赐给、买得、投充等。

努尔哈赤、皇太极时期每次战争都得到多数的俘获。皇太极曾说："财帛虽多不足喜，惟多得人为可喜。"因为旧式生产方式，无论农耕还是狩猎，都以人力为主，壮丁是人力的精华，壮丁的多寡可以决定农业生产盈

---

[1]《清太宗实录》卷二十二。

[2]金德纯：《旗军志》（辽海丛书本）。

[3] 雍正朝《大清会典》卷三十，户部，编审八旗壮丁条云："定旗员子侄，俟十八岁，登记部册后，方许分居，如未及岁数擅分居者，议罪。"此为从十八岁成为壮丁之佐证。

[4]《清太宗实录》卷七。

细，壮丁的问题直接影响满族社会的经济生活。为此，每有征战，论功行赏，分赐俘获是少不了的。下举几例以资证明。癸丑年（1613年），努尔哈赤征乌拉，乌拉败亡：

> 大赉有功将士，乌拉败兵来归者，悉还其妻子仆从，编户万家。其余俘获，分给众军。①

到了天命时期，对明战争，俘虏人口，愈见增多。天命三年（1618年），金国攻下抚顺、东州、马根丹及台堡寨等五百余村寨，"论诸将士行赏，以俘获人口三十万分给之"②。三十万之数，姑且不论确否，俘获人口之多，可想而知。进入辽东后的军事行动最大的莫过于越长城深入明之内地。这几次俘获的数量，颇为可观。尤以崇德期间为最。崇德七年（1642年）清太宗命阿巴泰等入边征明。翌年五月阿巴泰自军营奏报：

> 大军直抵明境，至衮州府，莫能拒守……计攻克三府、十八州、六十七县，共八十八城，归顺者六城，击败敌兵三十九处……俘获人民三十六万九千名口，驼、马、骡、牛、驴、羊共三十二万一千有奇。外有发窖所得银两，剖为三分，以一分给赏将士，其众兵私获财物，莫可算数。③

上述所列俘获人口数字一般按，"牛录派数上献，至于兵士所获，不计多寡，听其自取"④。

壮丁的另一个来源是赐给。据《弘毅公额宜都家传》载：当初努尔哈赤编佐领（牛录）时，"诏以公所俘获者，益给赏给户口，分三佐领，隶公家，俾无预上役"⑤。努尔哈赤因五大臣中的额宜都骁勇善战，赏给户口编成三佐领。这三佐领免徭役，为其私属。清初功臣、宗室受赏赐的颇多，称为专管牛录。据《太宗实录》载：天聪八年（1634年）十二月丙申定功

① 《清太祖实录》卷四。
② 《清太祖实录》卷五。
③ 《清太宗实录》卷六十四。
④ 《清太宗实录》卷十四。
⑤ 《碑传集》卷三。

臣、宗室的专管牛录，分别为三个半牛录、两个牛录、一个半牛录、一个牛录、半个牛录①。赐给壮丁的事例最典型的是天命十年（1625年）十月，努尔哈赤对汉人实行大屠杀，留下的实行编庄，庄为汗、贝勒、八旗大臣所有，按官品级，每十三男编为一庄，到太宗时有所更张，规定"按品级，每备御赏给壮丁八"。其他各官家赏赐多少不清楚。然而皇太极在天聪八年（1634年）的上谕中曾说："从前分拨辽东人民时，满汉一等功臣，占丁百名，其余俱照功以次散给。"②又云："汉官或有千丁者，或有八九百丁者。"③入关前包括太祖、太宗、八旗诸王都有包衣牛录。Booi即家里的，家内奴隶的意思，主要从事农耕，或是听从家主使唤，有的有家室。崇德二年（1637年）四月，太宗在上谕中云："嗣后有将新分给之虎尔哈、瓦尔喀，使之逃亡饿死，致牛录中缺额者，朕即以不能养育之王、贝勒下食口粮家人，补足其数。"④这里所说的"食口粮的家人"，满语为sinjeku（辛者库），为汗、八旗诸王属下。此外诸贝勒大臣可以置买包衣牛录充壮丁。天聪四年（1630年）十月皇太极上谕所云："凡诸贝勒包衣牛录，或系置买人口，及新成丁者，准与增入，勿得以在外牛录下人人云。"⑤至于投充旗下为此丁者也不少。顺治二年（1645年）三月，多尔衮给户部的申谕中谈及。他说："近闻出征所获人民，有祖父、父母及伯叔兄弟亲子伯叔之子，并元配妻未经改适在籍者甚多，尔等如情愿入满洲家与兄弟同处，可赴部禀明，如实同胞兄弟，即令与同处，若系远支兄弟，则勿令同处。又闻贫民无衣无食，饥寒切身者甚多。如因不能资生，欲投入满洲为奴者，本主禀明该部，果系不能资生，即准投充。"⑥

综上所述，入关前太祖、太宗自身及王、贝勒、功臣、官员通过俘获、

①《清太宗实录》卷二十二。
②《清太宗实录》卷十七。
③《清太宗实录》卷十七。
④《清太宗实录》卷三十四。
⑤《清太宗实录》卷七。
⑥清·王先谦《十朝东华录》顺治四。

东北旗地研究

赐给、买得、投充等拥有很多壮丁。这些壮丁出征打仗，或从事旗下农耕及承担其他徭役，甚至任官。崇德元年（1636年）七月，吏部承政李延庚，"俱用家人充骁骑校，小拨什库"①。

二、旗地的分配与官粮、徭役制

入关前的旗地以壮丁为准，分拨旗地，并征收官粮、课徭役。太宗朝为减轻旗人的负担，依旗人官职免一定壮丁的官粮、徭役。

旗地的分拨 如前所述，入辽东前八旗庄田（拖克索）经济颇发展，努尔哈赤及贝勒拥有大量庄田。天命六年（1621年）闰三月，于汉人弃的白豹堡遣人备农耕用具、耕牛，设置八贝勒庄田②，而对一般旗人如何分配旗地未见直接材料。入辽东前采用牛录屯田的形式，即李民所云："奴酋等各处部落，例置屯田，使其部酋长，掌治耕获。"这里在屯田土地上的劳动者是牛录下的壮丁。其后万历四十一年（1613年），每牛录各出男丁十人、牛四头，于空地种田③，采取牛录下的壮丁协同耕种的形式。由此可以断定，入辽东前旗地以壮丁为基础，进行农耕。入辽东后，取辽阳海州附近的三十万日土地，分拨贝勒、大臣为庄田，分给驻防旗人为旗地。天命六年九月，"在牛庄、海州以东，鞍山以西，将二百牛录分成两半。每一牛录的各五十甲住下。一贝勒各设三庄"④。这条材料明确记载每贝勒支给三所庄田。而对驻防牛庄、海州、鞍山的甲兵（八旗披甲）如何分拨，从这条材料看不出来。天聪八年（1634年）正月太宗在上谕中云："所获之地土，亦照官职功次，给以壮丁。"⑤即以丁为准分拨旗地。每壮丁分拨旗地的数量。从天命六年（1621年）六月计丁授田令看，分拨汉人壮丁每丁六垧，

① 《清太宗实录》卷三十。
② 《满文老档》卷十八。
③ 《满文老档》卷三。
④ 《满文老档》卷二十七。
⑤ 《满文老档》卷十七。

第一编 清入关前旗地的设置与发展

其中有一垧为三男丁共种官田①。既然汉人壮丁每丁分拨六垧，那么旗人壮丁也应拨授六垧。太宗朝旗地也以壮丁为准拨授。天聪八年（1634年）十一月，"正蓝旗戴噶尔，拨给同旗宗室塞勒二庄屯、敖塔一庄屯、席白图一庄屯"，因"田地浮于人丁"，"令所拨给之人离本牛录别住"②。崇德二年（1637年）五月，"赛本哈多占壮丁地五百垧"被处罪③。这二条材料都在于说明旗地以丁为准分拨。崇德三年（1638年）五月，"以内院官石岱、塞冷、扈蓝代、塞棱、琐诺木、毕礼克等家贫，各赏人十二名，牛二头，地六十日"④。每人赏给人丁十二名，地六十日。每个壮丁分拨五日。可见入关前，太祖、太宗时以丁为准授拨旗地，每丁授田五日至六日。此种制度清朝入关后沿袭，据康熙二十三年版的《盛京通志》卷十八，《田赋·官庄八旗田亩》载："本朝定例，每丁给地五日，其人丁增添，照所具呈，准其开垦。"

官粮、徭役制　清入关前分配旗下壮丁旗地是以授地旗丁服役、纳粮为前提的。天命八年（1623年），金国始向旗下壮丁征收官粮。正月二十六日，努尔哈赤在下达的文书中说："向每一男丁征收粮一斛。运送迁出地方的粮交出。受命工作的巴克什、工匠、台的哨探、养猪的人，驻在广宁的二十甲，驻在南面的二十五甲，每牛录的各五名骑马的摆牙喇，牛录的五名拴马人，去勘查田的二个骑马人，这些人仅限自身免于纳粮。其他一律从每一男丁征收粮一斛。"⑤从这条材料上看，受命的巴克什、工匠、卡伦哨探、养猪者，驻广宁和南疆等地的旗人免贡，其他的旗丁壮丁一律征收官粮。同年二月十六日，努尔哈赤在下达给都堂的书中又说："从各牛录的男丁三百人，征收粮二百斛。其中一百斛送沈阳，另一百斛海州的人送海

①《满文老档》卷二十四。
②《清太宗实录》卷二十一。
③《清太宗实录》卷三十五。
④《清太宗实录》卷四十一。
⑤《满文老档》卷四十四。

州仓，辽东的人送辽东仓。"①从牛录下三百男丁征粮二百斛，这样三男丁征收二斛，可能是一男丁征收粮一斛负担太重，改为三男丁征收粮二斛。又据康熙朝《大清会典》卷二十一《户部五·田上二》、顺治元年（1644年）定："各旗壮丁差徭、粮草、布疋永停输纳。"说明入关前各旗壮丁不仅纳官粮，而且负担草料及布疋。

八旗制本身是初级封建制下的一种军事化的社会组织，旗下壮丁要当兵打仗，他们的家口和奴仆要从事采集或农业生产，并负担封建徭役。天聪八年（1634年）正月，皇太极因汉官控诉他们生活窘迫，要求照顾时，曾派礼部贝勒萨哈廉代表他向汉官训示，其中提到了旗下壮丁的徭役负担，其差徭名目如下：

①兵役。按三丁抽一，抽取旗下壮丁为兵。

②每牛录下，有守台、淘铁、工匠、牧马人、旗下听事人等差役、所出不下三十人。

③每年耕种以给新附之人。

④每牛录出妇人三口供役。

⑤至耀州烧盐。

⑥猎取禽兽交纳。

⑦供应朝鲜使臣的驿马。

⑧修筑边境城池。

⑨出征行猎后，巡视边墙。

⑩守贝勒门。

⑪派人防守巨流河。

⑫摊买补倒毙哨马、馈马从征。

⑬加工粮米，酿酒解纳。

⑭猎取兽肉，供给新附人之需。

⑮去朝鲜贸易布匹，由旗下壮丁负载运送。

---

① 《满文老档》卷四十五。

⑯边城旗丁有窖冰之役。

⑰每年迎接新附之虎尔哈，于教场看守皮张，运送薪水。

⑱遇朝鲜、蒙古使者至，驻沈阳护军甲喇额真各出一人，运送水草，若夏月至，更有采给青草之役。

⑲每年采参并负往朝鲜货卖。

⑳每旗以一户驻英格地方巡缉踪迹。

㉑每旗以一户驻沈阳渡口，看守船支。①

以上这二十一项徭役，如再加细分，多至三十余项。

上述各种不同的差徭，以牛录为单位征收，是典型的初级封建制下的徭役制度。在这种制度下旗下壮丁的负担是十分苛重的。

旗下壮丁负担官粮、徭役，太宗朝依据官职，不同程度给以免除。崇德元年（1636年）五月，太宗上谕都察院诸臣云：

> 先是昂邦章京以下，拨什库以上，俱照品级，免其壮丁官粮。至修筑城池及杂差，仍令应役。兹以上受尊号覃恩，自公昂邦章京以下，小拨什库及一应在官人役并兵丁以上，俱照品级，免其壮丁差役。②

从这段引文分析可知如下问题：第一，在崇德元年以前旗下壮丁的官粮，昂邦章京以下拨什库以上依官职品级给以免除。第二，依官职免官粮的壮丁数不明，不过天聪八年（1634年）正月众汉官向户部贝勒德格类诉称他们生活窘迫的奏文中提到："每一备御免丁八名，止免其应输官粮。"③其他官员壮丁的免粮数还是不清楚。第三，先前昂邦章京以下，拨什库以上，照品级免壮丁官粮，但其余杂差，仍令应役。第四，规定崇德元年以后，从公、昂邦章京以下至兵丁，照品级，免其壮丁差徭。

当时壮丁免差役数，据《满文老档》卷十二，崇德元年（1636年）五月十四日条记载：一等公四十八男丁，三等公四十男丁，昂邦章京三十二

①《清太宗实录》卷十七。
②《清太宗实录》卷二十九。
③《清太宗实录》卷十七。

男丁，梅勒章京二十四男丁，甲喇章京十六男丁，牛录章京八男丁。牛录章京可免八男丁差徭。牛录章京为满语，汉语为备御。前此备御免八壮丁官粮，因此可以断定免除官粮壮丁数与免除差役的壮丁数应是相同的。这样依官职品级免粮数，一等公四十八男丁，三等公四十男丁，昂邦章京三十二男丁，梅勒章京二十四男丁，甲喇章京十六男丁，牛录章京八男丁。崇德三年（1638年）九月载："无世职固山额真、承政，准免十丁。梅勒章京内大臣、参政，准免十丁。甲喇章京、一等侍卫、理事官，准免五丁。牛录章京二等侍卫、副理事官，准免四丁。三等侍卫准免三丁，多罗贝勒三等侍卫准免二丁。"[①]又崇德六年（1641年）七月太宗又命免董鄂固伦公主差役五十丁，和硕公主各四十丁，和硕格格各三十丁，多罗格格各二十丁、十丁有差[②]。

综上所述，满汉一等大臣、功臣、高官，包括公主，均以官职免除壮丁官粮、徭役。其数多五十丁以下，这样拥有千丁至百丁者，除免除丁数以外，还必须负担官粮、徭役，因此他们往往采取隐匿人丁，逃避官粮、徭役。

①《清太宗实录》卷一百四十三。
②《清太宗实录》卷五十六。

第二编　顺治康熙时期的东北旗地

第一章　八旗驻防旗地及特征

第一节　八旗驻防旗地的圈拨

一、奉省八旗驻防旗地的圈拨

东北八旗驻防旗地随着八旗驻防之派置而有所发展。顺治元年（1644年），福临皇帝迁都北京，八旗兵丁随龙入关。清廷为加强龙兴之地的驻防力量，委派正黄旗内大臣何洛会为盛京总管，留守东北。并于辽东、辽西各城邑要冲，分派八旗驻防。顺治三年（1646年），改驻防内大臣为昂邦章京。康熙四年（1665年），又改称镇守奉天等处将军。将军所属有兴京、辽阳、牛庄、开原、广宁、熊岳、锦州、义州诸城及各边门。各地建置旗署，设城守尉、佐领、骁骑校、防御诸员[①]，统辖八旗驻防兵。盛京八旗驻防，顺治初年仅千余人，以后渐次增额：

《世祖实录》，顺治元年一千六百零三人

---

①乾隆四十八年版《盛京通志》卷三十九，职官一。

康熙朝《会典》，顺治末年一千六百二十一人

乾隆元年版《盛京通志》，康熙年间二万零六百五十八人①

顺治末年比顺治初年增加三倍半，康熙朝比顺治末年增加三倍多。随着八旗驻防的派置，清廷对旗兵，按旗分拨土地，作为旗地。顺治五年（1648年），拨给沙河以外，锦州以内八旗官兵土地，每名六垧②。另有官员旗地，"两黄旗设于沙河所，两白旗设于宁远，两红旗设于塔山，两蓝旗设于锦州"③。康熙初年，屡次颁布奖励开垦奉天旗地的诏令，以充实东北的留守力量。康熙十二年（1673年）规定，在京旗人"若将在京所受地亩退出，准拨给盛京熟地。不退者，以荒地拨给"④。十八年（1679年），丈量出奉天地亩三十二万九千四十九顷三十亩，内定为旗地二十七万六千二十二顷八十亩⑤。康熙二十五年（1686年）又准"锦州、凤凰城等八处荒地"⑥分拨旗丁耕种。可见，康熙朝奉天各地八旗驻防一般旗地有所发展。康熙中叶以前，奉天驻防旗地分布更广，数量大增⑦。

兴京旗地	62784日2亩
奉天旗地	217448日4亩
开原旗地	80418日
凤凰城旗地	18285日
盖平旗地	28667日
南金州旗地	16026日3亩
牛庄旗地	58804日2亩
广宁旗地	163567日1亩
义州旗地	86740日1亩
锦州旗地	113154日3亩

①周藤吉之：《关于清朝驻防特殊性的考察》，见《东方学报》第十七册。

②《八旗通志初集》卷十八，土田志一。

③《八旗通志初集》卷十八，土田志一。

④《八旗通志初集》卷十八，土田志一。

⑤光绪朝《大清会典事例》卷一千一百一十九。

⑥《八旗通志初集》卷十八，土田志一。

⑦乾隆元年版《盛京通志》卷二十四，田赋，八旗田亩

辽阳旗地	146801日
熊岳旗地	21971日3亩
复州旗地	14026日3亩
岫岩旗地	12223日
宁远旗地	126451日1亩
合计	1167544日5亩

比入关前增加三倍多。

二、吉黑二省八旗驻防旗地的圈拨

清兵入关前，吉林只有宁古塔设有驻防八旗。顺治九年（1652年），命梅勒章京沙尔虎达、甲喇章京海塔、尼噶礼等统兵驻防宁古塔①。这是入关后，吉林八旗驻防的开始。顺治十年（1653年）五月，升梅勒章京沙尔虎达为昂邦章京镇守宁古塔。顺治十五年（1658年），朝鲜派援军与清军反击俄军。朝鲜援军见"宁古塔城高池深，人民繁庶，畜产遍野，耕农之地，在城外十里"②。可见，宁古塔渐次开发。康熙元年（1662年）升宁古塔昂邦章京为镇守宁古塔等处将军。吉林乌拉于顺治朝已有旗人居住，十四年（1657年）设翼长，十八年（1661年）设置水师营。康熙十年（1671年）于吉林乌拉设副都统。十五年（1676年）移宁古塔将军驻吉林乌拉，留副都统镇守宁古塔③。据高士奇的《扈从东巡日录》记载，康熙十五年，移宁古塔将军于吉林，"建木为城，倚江而居，所统新旧满洲兵二千名"，驻防于此。吉林乌拉地肥土沃，"土地喜谷、稷、稗，不施粪溉，不加耕耨，终岁用足……虞村有二千余户，皆八旗壮丁……男女耕作，终岁勤作"④。康熙中叶后，宁古塔将军所属伯都讷（扶余）、三姓（依兰）、阿勒楚喀（阿城）等地也陆续派驻防八旗，设置旗地。

①《清世祖实录》卷九。

②安鼎福：《星湖僿说类选》卷九下。

③乾隆四十八年版《盛京通志》卷二十三，《建置沿革》。

④清·高士奇：《扈从东巡日录》。

吉林驻防八旗数量[1]：

康熙朝《会典》 乾隆元年版《盛京通志》	顺治末年 康熙中叶	3172人 11255人

可见，康熙朝比顺治朝增加三倍多。

黑龙江旗地设置较晚，始设于康熙二十三年（1684年）。诏令出征罗刹（俄军），官兵同汉军披甲在瑷珲永戍，筑城屯田。二十五年（1686年），特遣户部大臣、督领盛京官兵至黑龙江，分给牛种，垦地九十顷余；墨尔根令索伦、打虎尔官兵耕种，地二千余垧[2]。二十九年（1690年），黑龙江将军移驻墨尔根，以此项熟田给与驻防八旗，始有驻防旗地。

黑龙江驻防八旗数量[3]：

康熙朝《会典》 乾隆元年版《盛京通志》	顺治末年 康熙朝中叶前	2000人 5954人

康熙朝比顺治朝增加近三倍。

第二节　八旗驻防旗地生产关系的特征

一、旗地所有权属国家

旗地由国家授拨，旗民不能随意挑选。康熙五年（1666年）三月，辅臣鳌拜、索尼等谈到入关前旗地的授拨时说："太祖、太宗时，原将八旗分左右翼。庄田、房屋，俱从头挨次分给。"[4]入关后发展了这一政策。康熙十八年（1679年）至十九年（1680年）规定，奉天旗界，"东自抚顺起，

---

①周藤吉之：《清代满洲粮米的漕运》，见《清代东亚史研究》440页。

②《八旗通志初集》卷十八，《土田志一》。

③《清代满洲粮米的漕运》，见《清代东亚史研究》440页。

④《清圣祖实录》卷十八。

西至宁远州老君屯止。南自盖平县阑石起，北至开原止……分定旗界内地二十七万六千三百二十二顷八十亩，余系民界内地"①。旗地必须在旗界内拨授，"奉天新来之民，（也）界内安插，缘边次第垦种"②。"旗丁不许在民界内垦种"③。"若不论疆界，挑选膏腴，徇情派者，佐领、领催分别罚责"④。即使是在旗界内，也必须按八旗左右翼的次序分拨。所谓"分定地界居住，不许移居"⑤。违者系官议处，系兵责惩。据乾隆元年版《盛京通志》记载，锦县旗地，完全按八旗左右翼的顺序分配。

吉黑两省也划分旗界民界。旗地只能在旗界内按左右翼分拨。《黑龙江外纪》记载，黑龙江、齐齐哈尔、墨尔根三城，八旗旗地按左右翼分配。两黄旗于城北，两红旗于城东，两蓝旗于城南，两白旗于城西⑥。上述旗地在各城由城守尉管辖。这是封建国家采取政治强力，把国有土地分给八旗兵丁，旗丁被限定在固定的范围内进行耕种，不许随便迁徙。目的在于巩固八旗防地，同时也体现出国家的土地所有权。

授拨的旗地按等级分配。清前期旗地除皇室王公挑选设庄外，是按八旗官兵的等级进行分配，即以官员兵丁的品级及占有壮丁多寡为准。八旗官员分给园地和壮丁地。兵丁只分给壮丁地。官员"所获地土（多寡），亦照职功次，给以壮丁"⑦。规定每壮丁授田五日至六日。壮丁与土地结合，占有大量的人丁就能获得大量的土地。当时有"满汉一等功臣，占丁百名"⑧的规定，当然这种规定并不具有绝对的约束力。官员中占有"千丁者或八九百丁者"⑨大有人在。而一般旗丁并没有壮丁、奴仆，每丁授田

---

①嘉庆朝《大清会典事例》卷二百八十九，《盛京户部》。

②《八旗通志》续集卷六十六，《土田志》。

③光绪朝《大清会典事例》卷二百三十二。

④《八旗通志初集》卷十八，土田志一。

⑤《户部则例》卷二，《户口》。

⑥西清：《黑龙江外纪》卷二。

⑦《清太宗实录》卷十七。

⑧《清太宗实录》卷十七。

⑨《清太宗实录》卷十七。

东北旗地研究

050

六日。入关后，官员占有人丁土地数额以官、爵、勋等为依据。顺治三年（1646年）定："副都统以上官员，各拨给园地三十坰，并二名壮丁地。"[①] 翌年，补充规定："参领以下官员，各给二名壮丁地。"[②] 六年（1649）又定："拨给官员园地，公、侯、伯、精奇尼哈番（子）各三十坰；阿思哈尼哈番（男）各二十坰；阿达哈哈番（轻车都尉）各十五坰；拜他喇布勒哈番（骑都尉）各十坰。"以后又有所增加，相反，一般八旗兵丁没有壮丁、奴仆，按规定每丁仅授田六日。至皇太极时已减为"每丁给田五日"，并"一家衣食凡百差徭皆从此出"[③]。而实际情况"上等肥饶之地，或被本管占种，或被豪家占种，余剩薄地，分与贫民，名曰五日，其实不过二三日"[④]。甚至新添壮丁，"一陇未得"，出现贫富极端悬殊的现象。

被分拨的旗地，旗丁只有使用权，没有支配土地的权力。清初国有土地上，旗丁分得的份地允许置换，无力耕种，国家资助，但严禁旗地买卖与转让。天聪七年（1633年）太宗谕："方今疆土日辟，旧所给地，若有不耕种者，察明换给沃壤，即于附近建造房屋，俾迁居之。"[⑤] 可见，旗丁对所耕田无所有权，随时可以移动。太宗曾说："其屯庄田地，八旗移居已定，今后尤事再移，可将各安其业。"[⑥] 但特殊时仍要移动。如"遇各国投诚人至，拨给屯堡房屋，令现居者，展界移居"[⑦]。国家可以随时更换旗丁的土地，说明旗丁并不具有土地所有权。因此，即使旗丁贫困，缺乏籽种、牛具，"无力耕种，坐使土地荒芜"的情况，也不得卖掉旗地。对此，清廷令"该管章京宜加体察，令有力者助之"[⑧]。或由国家资助口粮、农器。这类事例，入关后也屡见不鲜。康熙十七年（1678年）居住吉林乌拉新满洲

① 《八旗通志初集》卷十八，《土田志一》。
② 《八旗通志初集》卷十八，《土田志一》。
③ 《天聪朝臣工奏议》，《史料丛刊初编》。
④ 《天聪朝臣工奏议》，《史料丛刊初编》。
⑤ 《皇清开国方略》卷十七。
⑥ 《皇清开国方略》卷九。
⑦ 《皇清开国方略》卷十八。
⑧ 《皇清开国方略》卷二十四。

副都统布克头等三十一佐领管下，一千三百三十户，壮丁三千五百三十一名，眷属共一万一千一百八十口移住奉天，官支给房屋、田地、粮食[①]。康熙二十五年（1686年）准："锦州、凤凰城等八处荒地分拨旗丁民丁，给牛屯垦。每十六丁内，二丁承种，余十四丁，助给口粮，农器。"[②]这表明封建国家有权授拨，也有权置换土地。八旗兵丁只能"世守"[③]，但"不准典卖与民"[④]。旗兵对旗地仅有简单的使用权。财产继承权是私有制的象征。清前期封建国家对旗产的继承权加以限制。规定："旗人身故无子孙者，其家产惟旗人同旗者，始准承受，若别旗有一族之人，不准承受。"后来限制逐渐放松。康熙二十四年（1685年）四月，议政王大臣会议决定，"嗣后同祖子孙无论在别旗别属，视其近者，令承受家产，著为例"[⑤]。总之，清前期国家按等级分拨的旗地，旗地所有权归国家，旗丁只有使用权。

这种封建国有土地制度，是与满族社会不发达的封建制密切相关。实际上是满族原始氏族公有制的残余。加之土地辽阔，人口稀少，畜牧业经济还占相当的地位。畜牧业需要的牧场并不像农业所需要的土地那样固定，往往需要更换。这就为国有土地提供了客观条件。随着封建国家政权的建立，权力不断集中，正如马克思所说，东方专制君主"以最高的所有者或唯一的所有者的资格而出现"[⑥]。所以大量国有土地的存在，也是当时封建君主专制政治的反映。

二、旗丁是束缚旗地上的依附农

马克思在阐述封建生产方式所具有的基本特征和由此而形成的各种封建关系时指出：所谓封建生产方式，就是封建主以劳动的自然形态来剥削农

---

① 《盛京通鉴》卷三。
② 《八旗通志初集》卷十八，《土地志一》。
③ 光绪朝《大清会典事例》卷八十四。
④ 光绪朝《大清会典事例》卷一百五十九。
⑤ 《清圣祖实录》卷一百二十。
⑥ 马克思：《资本主义生产以前各形态》，人民出版社1965年版，第5页。

奴的剩余劳动，即封建主在占有一定的土地的基础上进行农奴制剥削。在这里，直接生产者是"自给自足的农奴"，这时"财产关系必然同时表现为直接的统治和从属的关系，因而直接生产者是作为不自由的人出现的"，"所以这里必须有人身的依附关系……必须有真正的依附农制度"①。马克思的这一论述，同样适合清前期旗地上的生产关系。清前期的旗地以丁为本，计丁授田。丁与田紧密结合，从而确立了封建国家对八旗兵丁的统治、支配和剥削的关系。

清前期兵丁对旗主有严格隶属关系。清初旗下兵丁不是直接隶属国家，而是隶属于八旗旗主，国家通过八旗旗主控制剥削旗丁。旗主也称八和硕贝勒、和硕亲王，或称八家，各旗主置有官属，共议国政，同商国事。所谓"但得一物，令八家均分之，毋得私取"②。八家承担封建国家的各项义务，"各量所有均出之"③。旗丁兵丁与本旗旗主间存在着强烈的人身隶属关系。兵丁不许随意转移牛录，改隶别旗。法律规定："凡旗下人远离本佐领居住者，人口财产入官。"④平时，"令牛录人丁，每晚集于牛录额真衙门，查点人数"⑤，倘有违误则责打五鞭。战时，牛录人丁"自出兵日至班师日，各军勿得离本牛录旗，违者执之"⑥。甚至盛京旗人到吉林地方种地，也被视为逃旗，"拿解本处，照例办理"⑦。清代对于逃旗者处罚很重，"凡旗人初次逃走者，左面刺字，枷号一月，鞭一百。三次逃走者，右面刺所发地名，咨送兵部，发宁古塔、乌拉等处，给披甲人为奴"⑧。最能体现这种隶属关系的是旗丁编审制度。清初法律规定："各旗人丁三年编审一次，凡编审各旗壮丁令各佐领稽查已成丁者增入丁册，其老弱幼丁不应入册，

---

① 马克思：《资本论》第三卷，889—891页。
② 《清太祖武皇帝实录》卷四。
③ 《清太宗实录》卷十七。
④ 康熙朝《大清会典》卷二十三。
⑤ 《满文老档》卷七十四。
⑥ 《满文老档》卷七十四。
⑦ 光绪朝《大清会典事例》卷一百五十五，《户部》。
⑧ 光绪朝《大清会典事例》卷八百五十七，《刑部》。

有隐匿者罪。"①后来逐渐固定制度化。壮丁以年十六岁为准。官员和披甲以至户下人，皆一一列入册内，按正户、开户、户下顺序分别造册，各备三代履历。"每户书某氏某官，未仕者，书闲散某，上书父兄官职名字，旁书子弟，兄弟之子及户下家奴名字。比较旧册事故者，声明裁除，新增者，声明注入。"②每三年由佐领开造清册二本，一咨部，一存本旗。"该佐领及骁骑校、领催并于册内列名，联名画押，由该管都统钤印……如有隐冒，查实题参。"③通过旗丁编审制将兵丁束缚在八旗牛录所管的土地上，形成封建的依附关系。

清初分配给每个旗丁的份地，是以受地旗丁服兵役、徭役为前提的。规定每旗丁给田五日至六日。入关前，八旗兵丁"不过一身一骑"，无壮丁、奴仆，帮贴耕作，"整器械、治家业、课耕田地"④的繁重负担，使他们贫困不堪。入关后"计丁授田""满洲披甲人或止父子，或止兄弟，或止一身，得田不过数垧，"⑤境遇并未好转。相反，八旗官员，将佐"不下十壮丁，大将则壮丁数十，连田数顷"⑥。设置庄田，役使壮丁"耕种收获，供送本主"⑦。他们自己则居家"弹筝击筑，衣文绣策肥，日从宾客子弟饮"⑧，与一般旗丁生活形成鲜明地对照。清初八旗兵丁是隶属于牛录下，进行生产自活、服兵役、徭役的。有人把"牛录"（佐领）比作"县"。"每一佐领下所辖不下数十家，每家约计自数口以至数十口人丁不等。"⑨"其居址虽不尽毗连里巷，而散处较远者亦止在数十里内。"⑩这种比喻未免失当，但

①《清朝通志》卷八十五。
②《户部则例》卷一，《户口》。
③《户部则例》卷一，《户口》。
④《清太宗实录》卷四十七。
⑤《清世祖实录》卷一百二十七。
⑥金德纯：《旗军志》（辽海丛书本）。
⑦《皇清奏议》卷八，李裀：《安抚流移疏》。
⑧金德纯：《旗军志》（辽海丛书本）。
⑨《清经世文编》卷三十五，赫泰：《复原产筹新垦疏》。
⑩光绪朝《大清会典事例》卷一千一百四十七，嘉庆上谕。

东北旗地研究

这说明"牛录"组织在八旗系统中所处的重要地位。牛录下旗丁有披甲、余丁之分。披甲主要征战，余丁专恃农事。披甲与余丁的比例视征兵额而采取抽丁的办法。入关前后大致三丁抽一。三人中一名披甲、二名余丁。如果把披甲和余丁落实到每家每户，据雍正皇帝的上谕："一佐领下，满洲多不及二百人，少或七八十人，计户不过四五十家"①的数字统计，每户至少一名披甲，二名余丁。披甲充缺，年老始换。所以农作主要由旗下余丁从事，披甲平时整器具，战时出征打仗，耕种之事，"即令在家之人，经理收获"②。所以《建州闻见录》有"军卒则砺刀剑，无事于农田者"的记载。天聪二年（1628年），盖州守将李思忠奏称："前据工部咨称，盖州城工，可令满、汉、蒙古余丁，自烧砖修砌，查盖州地处边陲……防守靡宁，余丁仅堪耕种，若令烧砖，恐失农业。"③一般兵丁由于兵役负担繁重，只能由家内余丁耕种经理。可见，八旗兵丁有披甲、余丁之分。余丁专事农耕，用他们所经理收获养活出征披甲。二个余丁加妇子老幼，两个以上劳动力经营耕种，维持一家六七口人的生计，恐怕可勉强度日，而披甲常常由于连年战争"远涉数千里，长征一二年。出兵之时，买马置械，措费甚难，凯旋之日，马倒器坏，又需买补"④，余丁常常承担各种差徭，加之旱涝频仍，"地瘠难耕"，常遇灾荒。清室规定"拨给兵丁地亩，有告称不能耕种者，不准"⑤，生活陷入绝境。顺康年间，大规模的军事战争结束，东北旗丁仅为驻防，旗丁"全恃南亩耕获"⑥。"以种地为生计者多。"⑦"其各处散居旗丁从事农业耕凿，相安者已不乏人"。至于披甲旗丁也"官差余暇，俱力田躬耕，以资生计。"⑧

---

①《上谕八旗》，雍正五年。

②《清太宗实录》卷七。

③《皇清开国方略》卷二十四。

④《清经世文编》卷三十五。

⑤《八旗通志初集》卷十八。

⑥《八旗通志初集》卷十八。

⑦《清高宗实录》卷一千三百二十六。

⑧《东三省政略》卷八，《旗务》。

清廷通过八旗统属机构牛录组织，使兵丁束缚于土地上，兵丁"在政治上成为地域的简单附属物"①。而"依附农民拥有份地"，"生产者同生产资料的这种联系乃是中世纪剥削的根源和条件"②。

三、旗地的产品分配形式

清初八旗兵丁向封建国家服役贡赋，实际上是一种"徭役劳动农奴制"。在这里，地租和赋税是合一的，并以劳役地租的形式缴纳。未入辽东以前，曾实行牛录屯田。按"三十税一"的封建剥削率，缴纳劳役地租。当时，服役贡赋是以户计丁摊派，"每一户计其男丁之数，分番赴役，每名输十条云"③。这说明实行牛录屯田的目的不在于给旗丁土地，而是为向旗丁分摊劳役地租。入辽东后，实行"计丁授田"，并确立了旗丁的纳赋制度。为维持劳动力的再生产，每男丁授予五至六日份地。此外"三男种一日贡赋田"④，其收获物作为劳役地租，缴纳国家。马克思在分析西欧封建社会直接生产者被剥削的形态时曾指出"直接生产者以每周一部分，用实际上或法律上属于他所有的劳动工具（犁、家畜），用在实际上属于他的土地上面，并以每周的别的几日，在地主的土地上，无代价地为地主劳动……直接生产者为自己作为劳动和他为地主做的劳动在空间上和时间上，都还是分开的"⑤。正是这样，这里采用的是"最简单最原始"的剥削形式。所不同的是，对于旗丁来说："却像亚西亚一样，是那种对于他们是地主同时又是主权者的国家，地租和课税就会合并在一起。"⑥

此外，清廷还根据需要，向各牛录下摊征官粮和杂徭。天命八年（1623年）正月，"每一男征收粮一斛。"⑦二月"从各牛录的男丁三百人，

---

① 《马克思恩格斯文选》第二卷，269页。

② 列宁：《俄国资本主义的发展》，《列宁全集》卷三，178页。

③ 《建州纪程图记》。

④ 《满文老档》卷二十四。

⑤ 马克思：《资本论》第三卷，891—894页。

⑥ 马克思：《资本论》第三卷，891—894页。

⑦ 《满文老档》卷四十四。

东北旗地研究

征粮二百斛。其中一百斛送沈阳，另一百斛海州的人运置海州仓中；辽东的人则运置辽东仓中"①。由上述情况可见，旗丁以牛录为单位派差粮，无固定数额，视需要而定数量。关于旗地上的产量，史书缺乏记载，我们可用明代屯田的产量加以间接地推算。明辽东经略熊廷弼在《修复屯田疏》中说："此地（辽东地亩）种一日，可收子粒八九石，辽俗五亩为一日。"②辽东汉民屯田产量，每日可收八九石（斛）。若以此数为标准，清廷摊派的临时性差徭，约占兵丁收获物的三十分之一以上。我们知道，清代八旗兵丁不谙农耕，而且授田"名虽五日，实在止有二三日"③。这样八旗兵丁的份地收获量绝对达不到明代辽东汉民屯田的水平。由此可见，八旗兵丁负担是很重的，至于差徭就更重了。天聪八年正月，皇太极命萨哈连对汉官训话中，提到的八旗兵丁差役竟达三十几项。诸如兵役、驻台哨、工匠、牧马、修筑边城、防守渡口……仅守台、淘铁、牧马等项"每一牛录计出三十人"④。甚至由于兵丁出征，只好奴役妇女。此种不堪忍受的负担，如汉臣扈应元所说："自古今未长十五岁不当差，年至六十岁者亦不当差……但众大人不问老者力衰头白，亦不问老者生子多少，一概混编。至于生三四儿子都是壮丁当差，而老子差事不去，民心不服。儿子当差，孙子又当差，至于爷爷差事还不去，民情苦不苦……庄稼误失，民不聊生。"⑤相反，八旗将佐，俱照品级免官粮、差徭。据《太宗实录》崇德元年载："先是昂帮章京以下拨什库以上，俱照品级免其壮丁官粮。至修筑城池及杂差，仍应令役，兹以上受尊恩。自公昂邦章京以下，小拨什库兵丁以上，俱照品级免其壮丁差徭。"⑥具体办法是："每备御帮丁八名，止免官

---

①《满文老档》卷四十五。

②《满文老档》卷二十四。

③《天聪朝臣工奏议》。

④《满文老档》卷二十四。

⑤《天聪朝臣工奏议》。

⑥《清太宗实录》卷二十九。

粮。"①官员虽然得到依品级免官粮徭役的优待，但仍有隐匿壮丁，与封建国家争劳动人手者。太宗时，就"以额附苏纳隐匿壮丁，革三等甲喇章京职"②。

旗丁繁重赋税差徭一度得以免除，入关以后，清廷成为统治全中国的封建王朝，剥削对象大增，同时"中原平定"，战事减少，故"免盛京满洲、汉人额输粮草、布匹"③。王庆云的《石渠余记》也记载了这一情况。他说："先是旗民徭役颇多，至是并粮草、布匹，亦永停输纳。"④这里所说的"盛京满洲、汉人"，康熙朝《会典》指为"各旗壮丁"。这是清室借此讨好八旗兵丁，使其效力清廷，借以维护在全国的民族统治。所以，东北旗丁一度无官粮、差徭之累。披甲者主要任务是驻防守边，余丁则专事耕种。故《盛京通志》云，八旗兵丁"并无粟米之征，凡所以优恤辽海者，皆复丰沛意也"⑤，说的就是这种情况。

清初按人丁服役贡赋，反映直接生产者对土地所有者国家，具有一种强制性的封建人身依附关系。他们不同于租佃农民，在实物地租或货币地租形态下，有着较多的人身自由。所以以人丁为本强制生产者服役贡赋的赋税合一制，是清初旗地生产关系的又一重要特征。

综上所述，清前期旗地的特征，有其历史的必然性，也可以说是由满族本身社会发展特点所决定的。满族入关前后，虽已进入封建社会，但仍处于早期封建制阶段，社会经济形态具有多元性。它既受明朝、蒙古、朝鲜等先进民族影响，封建经济发展迅速，同时又保留着浓厚的旧制度残余。努尔哈赤在统一女真部落的战争中，创立了八旗制度，是女真封建主的军事联盟。"有人必八家分养之，地土必八家分据之。即一人尺土，贝勒不容

①《清太宗实录》卷十七。
②《清太宗实录》卷二十二。
③《清世祖实录》卷六。
④王庆云：《石渠余纪》卷一，23页，北京古籍出版社，1985年。
⑤乾隆元年版《盛京通志》卷二十四，田赋志序。

于皇上，皇上亦不容贝勒"①。这是八旗制度政治属性的极鲜明的写照，旗地正是这种体制的经济基础。清前期旗地上的直接生产者八旗兵丁，就其生产地位及其产品分配形式诸特征来说，又是八旗政治体制在经济关系上的必然反映。这种情形与欧洲日耳曼民族灭罗马帝国后，建立起的封建领主制国家相似。当时，罗马的农业、商业，由于"日耳曼人的侵略几乎把它们（指罗马）全部摧毁"②，这样"以国家经费装备和供养军队，在那个几乎没有货币和商业的自然经济时代，是无从谈起的"③。因此为了战争，供养军队，就必须把土地分赐给下属，使其承担相应的军事义务。所以也可以像马恩分析日尔曼人的社会经济时所指出的，这种封建经济形态，"起源于蛮人在进行侵略时的军事组织之中"④。

①《天聪朝臣工奏议》。
②《马克思恩格斯全集》第十九卷，245页。
③《马克思恩格斯全集》第十九卷，245页。
④《马克思恩格斯全集》第三卷，83页。

第二章　顺治康熙时期的皇庄官庄

第一节　内务府皇庄

一、皇庄的设立及土地来源

内务府皇庄由盛京粮庄、锦州粮庄、打牲乌拉粮庄和盛京等棉花庄、盐庄、蓝（靛）庄、果园庄等组成。内务府皇庄渊源于入关前的拖克索。最早的皇庄设立于天命年间。文献记载："太祖高皇帝驻兵奉天建极时，有土著庄户报效粮石，上嘉以报粮多的庄户派当头目，封为皇粮庄头，编入旗籍。"[①]天聪六年（1632年），皇太极命设置内务府，将盛京皇庄交内务府管辖。清入关后，盛京内务府皇庄进一步发展。顺治初年盛京仅有10处粮庄[②]，康熙初年，粮庄达27处，果园120处，盐庄3处。顺治、康熙初年的皇庄与入关前庄田（拖克索）略有不同。每庄一般给丁十人，牛六头，田一百二十垧，纳粮额一百二十石。顺治、康熙初年清政府为充实龙兴之地，迅速改变"沃野千里，有土无人"[③]的局面，大规模编置庄田。至康熙三十年（1691年），内务府在盛京的粮庄达84处[④]。锦州内务府粮庄顺治年间设立。据乾隆初年锦州粮庄庄头沈某回忆说："窃奴才等祖父从龙，于顺治二年（1645年）蒙皇恩拨为大凌河等处庄头，彼时地广人稀，祖父率领

①《盛京时报》，光绪三十三年三月一日。
②《盛京内务府顺治年间档》，《清史资料》2辑，中华书局，1981年版。
③《清圣祖实录》卷二。
④康熙四年至十年《黑图档》，《清史资料》5辑，中华书局，1984年版。

壮丁效力开垦。"①锦州粮庄发展很快，至康熙中叶达159处。

内务府皇庄土地来源，有如下途径：

第一，汉人带地投充的土地。《盛京时报》光绪三十三年三月一日载："太祖高皇帝驻兵奉天建极时，有土著庄户报效粮石，上嘉以报粮多的庄户派当头目，封为皇粮庄头……其土人带地报粮之始也。"所谓土著之人是指辽沈地区的汉人，他们大多在洪武初年或明末清初从直隶、山东、山西等省移住辽东地区。据当时投充户讲："窃庄壮等系明末辽东携家口垦田实边，成熟未久即值清太祖占据辽东，令满兵屯田，圈占熟地，在其凶威，所属恐被夺去垦地，慌迫无奈，聚以三五名或六七名为一起，凑集军粮百余石，赴清太祖帐前报效军粮，请发执照。"②如锦州绥中县汉军旗人杨家和范家的祖先，就是明末由山东移来的，清初迫于清兵的威逼，带地投充为粮庄壮丁③。《清朝文献通考》卷五载锦州官庄云："带地纳粮庄头一名，报地六十四石。"清末民初清理庄田时，庄头与佃户争执，庄头则称"庄则为带地投充，照应自领"，而佃户则谓"承种有年宜领执据"。④说明庄地来源于带地投充。带地投充地主要出现在清初。民国元年三月二十六日《泰东日报》在揭示带地投充之原因时指出："当清朝初入关中，关外所有膏腴，非满族领名，汉人无敢私占，即有汉人开垦者，亦须与满族联络，非投旗即结亲，非认主即假名。此满汉强弱之势与地土开垦之原因也"。尽管顺治二年（1645年）以后清廷屡下禁令："内务府管领等私收投充汉人冒占田宅，违者论死。"⑤三年题准："自次年为始，汉人投充旗下，永行禁止。"⑥但仍有带地投充的情况发生。

①《内务府奏案》，乾隆元年八月二十日。

②《奉天公署档》第四千三百二十七号。

③中国社院民族研究所，辽宁少数民族社会历史调查组：《满族社会历史调查报告》，第31页，1963年版。

④《东三省公报》民国二年十二月十日。

⑤《十朝东华录》顺治四。

⑥光绪朝《大清会典事例》卷一千一百九十六。

第二，圈拨官荒。明末清初，因长期战争的破坏，整个辽沈地区"荒城废堡，败瓦颓垣，沃野千里，有土无人。"[①]清廷利用无主荒地，圈拨官荒，招民承领。《奉天通志》载："清初招发庄头，领地垦种，多者千余绳[②]，少者数百绳，名为官圈。"[③]康熙二年（1663年），盛京徐廷奇蒙放广宁县北团台子圈地一千二百绳。康熙中叶，打牲乌拉设立五所粮庄，每庄额定十四人，每丁圈拨荒地十五垧，都属于官拨圈荒。

第三，民地编庄。清初由于明清间战争破坏，人口锐减，清朝定鼎北京后，积极鼓励关内人民到东北垦地。顺治六年（1649年）规定："是岁以山海关外荒地甚多，民人愿出关垦地者，令山海关道造册报部，分地居住。"[④]顺治十年（1653年），以辽阳为府，辖海城、辽阳二县，设官管理汉民，并颁布著名的辽东招民开垦令："是年定例，辽东招民至百名者，文授知县，武授守备。六十名以上文授州同、州判，武授千总。五十名以上文授县丞主簿，武授百总。招民数多者，每百名加一级。所招民每名口给月粮一斗，每地一垧给种六升，每百名给牛二十支。"[⑤]于是山东、直隶、山西等地汉族人民纷纷移往东北就食求生，开垦田数十万亩。康熙十年（1671年）以后，清廷在盛京附近大规模地将移民垦熟之田编为皇庄。设内务府庄头八十四缺，将开垦的土地均变为内务府皇粮官地，按年交陵寝祭祀牛羊豆石并内廷皇仓谷粮及宫殿等处贡款各项差徭[⑥]。此后，内务府皇庄迅速发展。

第四，缘罪籍没官宦的土地。清初八旗贵族王公在东北有很多的田庄，这些田庄或由皇帝赏赐，或自行圈占。但一经犯罪，其土地便没收为官，多充内务府皇庄。顺治八年（1651年），多尔衮、阿济格等因罪被籍没家

① 《清圣祖实录》卷二。
② 据光绪朝《大清会典事例》卷一千一百九十六载："四十二亩为一绳。"
③ 《奉天通志》卷一百零七。
④ 《清朝文献通考》卷一。
⑤ 乾隆元年版《盛京通志》卷二十三。
⑥ 《奉天公署档》第四千二百一十二号。

产，他们在盛京的二十二所田庄，全部归入内务府。康熙六年（1667年）玄烨四大辅臣之一苏克萨哈被处以绞刑，籍没家产。同时被查抄家产的还有其侄海兰、吐尔特依，将他们在四方台、宁远、界藩等地的人丁、牛马、房屋、土地全部编入盛京内务府[①]。康熙八年（1669年），查抄鳌拜、班布尔善、马尔塞、阿思哈等在盛京的家下人畜地亩编了三处皇庄[②]。康熙二十六年（1687年）又将孔有德的家下人畜籍没编了六处粮庄。上述"有罪之家所籍入之奴仆，均拨给各庄，以充壮丁"，"如有逃走该管官即行呈报"[③]。

二、皇庄的分布及经营特点

内务府皇庄由盛京内务府、锦州庄粮衙门、打牲乌拉粮庄衙门三部分组成。盛京内务府主要分布兴京、辽阳、铁岭、金州、盖州等地；锦州庄粮衙门主要分布锦州、义州、宁远、广宁诸地；打牲乌拉粮庄分布在五官庄，即凉水泉、三道、喀萨哩诸地。清初各种皇庄具体分布何处？面积多少？据乾隆四十八年版《盛京通志》卷三十八，制成下表：

内务府主要皇庄分布及面积

皇庄类型	所属	地区	面积（亩）	备注
粮庄	盛京内务府	兴京府	7843	
粮庄	盛京内务府	奉天府	24644	
粮庄	盛京内务府	辽阳州	120718	含辽中县
粮庄	盛京内务府	盖平县	8866	
粮庄	盛京内务府	铁岭	129266	含法库县
粮庄	盛京内务府	金州厅	648	
粮庄	盛京内务府	熊岳	10995	
粮庄	盛京内务府	牛庄	84132	
粮庄	盛京内务府	岫岩州	3035	含庄问厅
粮庄	盛京内务府	凤凰厅	84	
粮庄	盛京内务府	广宁	330338	

---

①《黑图档》康熙六年十二月，见《清史资料》五辑，中华书局，1984年版。
②《黑图档》康熙八年九月，见《清史资料》五辑，中华书局，1984年版。
③光绪朝《大清会典事例》卷一千二百一十九。

皇庄类型	所属	地区	面积（亩）	备注
粮庄	锦州庄粮衙门	锦州	243545	
粮庄	锦州庄粮衙门	宁远	353447	
粮庄	锦州庄粮衙门	义州	249232	
粮庄	打牲乌拉庄		32420	凉水泉 三道喀萨里
果园	盛京内务府	开原辽阳海城义州	每园平均140亩，总计29740亩	
盐庄	盛京内务府	营口附近	584副	副：盐田计算单位

据上表，得知如下问题：

第一，粮庄主要分布在兴京、奉天、铁岭、锦州、宁远、广宁义州等地，皇庄总额约150万余亩。康熙以来，由于分赐给王公贵族，从而使粮庄面积逐渐减少。第二，果园约241处，分布盛京、辽阳、开原、铁岭、海城、广宁、义州等地，总面积29700余亩。如文献记载："海城、辽阳、牛庄等处，向有内务府之官果园，原领闲荒甚钜。"①第三，盐庄三处，厢黄旗盐滩256座，正黄旗盐滩258座，正白旗盐滩70座，计584座，每座征盐一百五斗，设庄头3名，计丁167名，经理盐产②。

还有横榫林，河口等。横榫林，分布在辽阳州与辽中交界的蛤蜊坑子地方，原额55处，设林头管理，每处约占地三四百亩左右。河口即泡数与山林同样有额数。"原设有一百零二处，分隶三旗渔丁经理，捕鱼备贡"③。主要分布在吊水楼子（辽阳西南三岔河附近）、捣木沟（营口以北约40里）间的辽河沿岸，其两岸还特设三丈六尺左右的晒网用地，一般旗民不许侵占。此外，盛京蜜丁也有庄地，如《东三省日报》所云："蜂蜜一项，为奉省封纳贡差，出产应进之贡品，每年由内务府管领处蜜差丁头由东山采办，并有封差地。"④

上述的几种土地均系皇庄的正额土地。此外，盛京内务府及两个庄粮衙

东北旗地研究

①《东三省日报》，宣统二年十一月三日。
②《东三省盐法志》卷四。
③《东三省日报》，宣统二年三月二十二日。
④《东三省日报》，宣统二年十一月十二日。

门，还掌握不少正额以外的地亩，如粮庄余地、草甸地、养赡地等。

上述各皇庄散布各地与各地旗民地交错在一起。盛京内务府粮庄"散处各城，与各项旗民地段鳞次毗连"；锦州粮庄亦是"散处于锦属七厅州县，与旗民业地处处犬牙相错"①。往往一庄的土地也并非集中在一州县，而是零星散布在几个州县。如文献所载："每庄代理官田不下数千亩，坐落非一处，如南城之庄经理北城之地，北城之庄经理南城之租，两间相隔数百里。"②即便某些庄坐落在某一州县，其地亩也是零星分散数处。

皇庄土地的分散性决定了皇庄土地分散经营的特点，即皇庄并非一个完整、集中的生产单位，而是一个管理汇交地租的机构。无论壮丁、佃户的生产活动都是以个体家庭为基本单位进行的。

皇庄分散经营的另一个原因，是壮丁领种庄地具有世袭性。伴随壮丁家庭人口的增加，同姓之间不断分种庄地，使庄地越分越细，越分越少。如盛京内务府庄头董永修的粮庄，当年"领名册地一千二百七十八亩，当年按六丁分种，董姓五丁，李姓一丁，以十二亩为一日，每丁分得十八日，并无别户分种。后因族大支繁，地已按支分种"③。又据宁远路记衙门的征粮册，看一下宁远州元台子等地方养马庄头佟和尚的庄地分种情况：

佟和尚庄地分种表④

庄地位置	壮丁、姓名及领种面积	庄地位置	壮丁姓名及领种面积
宁远州	李永和155.8亩 李凤仓35亩 李凤梧25.7亩	宁远州 元台子	李凤林21亩 李凤义13.6亩 李昆58.7亩
宁远州	魏有福50亩 李莪26.5亩 吴永程70亩	宁远州 汤家屯	魏自亮50亩 李琴31亩

① 《奉天公署档》四千一百九十七号。
② 《奉天公署档》四千一百九十七号。
③ 《盛京时报》，光绪三十四年七月十五日。
④ 《满洲旧惯调查报告书·内务府官庄》179页，大同印书馆。

庄地位置	壮丁、姓名及领种面积	庄地位置	壮丁姓名及领种面积
宁远州 红崖子	陆锐58.5亩 陆佩131.5亩 陆炳25亩 陆廷甲56亩 陆秀44.5亩 陆廷润12.5亩	宁远州 红崖子	陆俊8亩 郭明8亩 韩成玉15.5亩 陆朝良7亩 郭三38.5亩 张君散8亩
宁远州 三官庙	李三29.3亩 郑大4亩	宁远州 三官庙	谭祥11亩
宁远州 二道边	李自兴43亩		

由上表所示，佟和尚庄地总计1037.6亩，分别由27个壮丁领种。领种最多者155.8亩，一般多在二三十亩上下，最少者3.1亩。

而且壮丁李三将自己领种29亩3分地，转租分给同姓壮丁分种。详见下表[1]：

姓名	亩数	租额	租额	亩数	租额
李玉彩	0.5亩	750文	李曹有	3.6亩	4吊500文
李福仁	2.6亩	3吊	李福喜	2.6亩	3吊
李福元	2.6亩	3吊	李德臣	1.2亩	1吊500文
李福合	5.6亩	7吊500文	李玉殊	5.6亩	7吊500文
李福贵	0.5亩	750文	李福存	4.5亩	6吊500文

上述无论列举盛京内务府庄头董永修的粮庄，还是宁远州佟和尚的养马庄，都在于说明，皇庄是以个体家庭为基本单位，分散经营，年终向庄头处汇交地租。

三、皇庄的管理及内部结构

（一）清廷管理皇庄的体制

清初管理皇庄事务的最高机关是总管内务府。总管内务府下设广储司、都虞司、掌礼司、会计司、营造司、庆丰司、慎刑司等机构，其中会计司负责庄田地亩之事。会计司初名"内官监"。顺治十七年（1660年）改为宣

---

①《满洲旧惯调查报告·内务府官庄》180页，大同印书馆。

政院，康熙十六年（1677年）改为会计司①。其职官有郎中二人，员外郎六人，主事一人，委署主事一人，笔帖式二十五人，书吏三人，分掌会计司各项事务。会计司所管庄园共有七百八十一庄。除对畿辅等庄直接管理外，还负责东北皇庄的一些事务。

管理东北皇庄具体事务分别由盛京内务府，锦州内务府庄粮衙门，打牲乌拉总管衙门管理。盛京内务府负责管理盛京皇庄一切事务，设总管大臣一人（盛京将军兼任），协同管理大臣一人（由盛京五部侍郎中奏派兼摄），佐领三人，堂主事一人，委署主事一人。其组织机构如下：②

1.广储司，设司库二人，库使十六人，催长三人（三旗织造库催长兼任），笔帖式三人，领催十五人。掌六库所藏的列圣御用弓矢、军器、鞍辔、御书、冠服、朝珠及金玉铜瓷名器并墨刻书籍、绸缎、银两等事务。

2.会计司，设催长二人，笔帖式二人，领催九名，掌关于粮庄的一切事务。

3.掌礼司，设催长三人（内盛京二人，广宁一人），笔帖式三人，领催十二人（内盛京九人，广宁三人），掌关于果园一切事务。

4.营造司，设催长二人，笔帖式一人，领催六人，匠役四十四人，扫院丁二十七人，掌关于宫殿的陈设、修缮及太庙的祭器的遵藏，列圣圣容、册宝、圣训、实录、玉牒等的守护。

5.都虞司，设催长二人，笔帖式二人，牧掌（牧长）三人，领催九人，采蜜领催三人，掌关于牲丁及官马牧养事务。

6.文溯阁，设催长二人，掌关于四库全书事务。

7.三旗织造库，设催长三人（广储司催长兼任），笔帖式三人，领催十五人，掌关于绵、靛庄一切事务，有其他匠役一百五十六名任纺织。

8.黑牛馆，设厩长（顶戴馆达）六人。

9.乳牛馆，设厩长（无顶戴馆达）二人，领催一人。与黑牛馆同掌三陵

---

① 光绪朝《大清会典事例》卷一千一百七十。

② 《满洲旧惯调查报告·内务府官庄》139页，大同印书馆。

祭祀之用。

10. 内管领处，设内管领一人，仓领长一人，仓长三人，笔帖式二人，管所属丁口即辛者库的粮饷及掌果品的蜜饯、槽盆、枪杆、箭杆的斫伐制造等。

11. 三旗（镶黄、正黄、正白），设骁骑校三人，顶戴领催三人，领催十五人，甲兵六百七十八名（每旗各二百三十六人）。每日分班任内务府的巡逻宿值外，每年派甲兵二百名，随往盛京将军行围（狩猎）。

锦州庄粮衙门设于康熙八年（1669年），附设于锦州副都统衙门，因其只管锦州官庄，不涉及皇族的其他事务，与盛京内务府比规模小。内设委署主事一人，笔帖式三人，催长三人，拜唐阿六人，掌锦州官庄征租诸事①。

打牲乌拉皇庄五所，由打牲乌拉总管衙门兼理。设三品总管一人，四品衔翼长二人，五品衔委署翼长四人，六品骁骑校七人，六品衔委署骁骑校四人，同章京四人，七品衔委署章京四人，七品衔委署骁骑校七人，委官十四人，笔帖式六人，仓官一人，委署笔帖式三人，领催二十七人。掌采取东珠、松子、蜂蜜、贡鱼等及同地粮庄、官牛的饲养事务。其中直接分掌粮庄事务者骁骑校、章京、仓官及官庄领催，以骁骑校总辖之，章京以下分路（官庄分成四路），任其管理催收②。

上述为内务府皇庄的管理机构，其具体职责如下：

第一，编审庄丁。皇庄人丁的编审称为比查壮丁，简称"比丁"，由内务府催长、领催定期编审，上报总管内务府。清廷规定内务府皇庄的壮丁，必须编入旗籍，定期检查。康熙十二年（1673年）奏准："凡拨置他处壮丁，仍归原庄册内编审。"③具体做法："每三年由府委会计司官一人，前往屯庄编审丁册，新丁年十六以上者增入，旧丁年七十以上者开除，逃亡

---

①《满洲旧惯调查报告·内务府官庄》140页，大同印书馆。
②《吉林通志》卷三十八。
③光绪朝《大清会典事例》卷一千一百九十八。

者注册，送会计司备案。"①据《黑图档》记载：内务府皇庄的"比丁册"顺治年间解送内官监，康熙初年解往宣征院，即"当地各庄园之丁，三年一次比丁之时，将男丁、妇孺俱查明记录在案，藏于宣征院"②，后改送盛京户部。

第二，催征庄粮。内务府与庄粮衙门最重要的职责是协助庄头催征庄粮、庄银，包括果子、人参、松子等。每年夏秋两季催征，在催征过程中对按规定完征的庄田有权奖励、未完征的庄田有权惩罚。康熙三年（1664年），总管内务府咨盛京管理内务府事务掌关防佐领辛达里等，所属二十七庄纳粮，多交之庄头则赏，欠交之庄头则罚，这样"每庄额定纳粮一百二十仓石，多交者，每一仓石掌银五钱；欠交者，每一仓石拟鞭二"③。

盛京内务府对各庄的帐目、银两、农副产品，年年清查，定期将每年收支，库存上报总管内务府。如康熙五年十二月，列各庄纳粮数目如下："盛京二十七庄中交一百三十仓石之庄二，交一百二十五仓石之庄二，交一百二十仓石之庄一，交一百零五仓石之庄一，交一百仓石之庄一，交九十五仓石之庄三，交九十仓石之庄五，交八十五仓石之庄二，交八十二仓石之庄一，交八十仓石之庄六，交七十五仓石之庄二，交七十仓石之庄一。"④同时对呈报情况有权提出质问。康熙八年（1669年），据盛京管理内务府事务掌关防佐领辛达里等呈文内开："己酉（八年）二十四庄已纳新粮一千五百六十仓石，旧有粮五千七百二十四仓石八金斗四升，共计七千二百八十四仓石八金斗四升。其中拨给各项口粮后，尚余粮五千零七十八仓石四金斗七升"，而同去年奏档核对，"原记五千六百四十三仓石五金斗四升，多出八十一仓石三金斗"，认为同去年余粮数目不符，请咨复辛

①光绪朝《大清会典事例》卷一千一百九十八。
②《黑图档》康熙六年，《清史资料》5辑。
③《黑图档》康熙四年三月，《清史资料》5辑。
④《黑图档》康熙五年十二月，《清史资料》5辑。

达里，"将此多出粮食缘由具明呈报后，再行奏闻"①。

第三，选拨庄头。凡遇庄头因死亡、年迈、多病、欠差等情况而出缺，需要庄头子弟及亲丁顶补时，都应由盛京内务府佐领把详细情况呈报总管内务府，由总管内务府批准。如康熙五年（1666年），关于改补庄头事。档案记载如下：

> 总管内务府咨盛京管理内务府事务掌关防佐领辛达里等，为改补庄头事。据宣征院郎中哈西等呈称，据辛达里等呈文内开：沙三等四名庄头声称年迈患病，不能任事，请准各自之子补缺。经辛达里等查视此等庄头体迈患病属实，观其子则可补放庄头，请准诸子补放各缺。故请照佐领辛达里等所呈补放之，等因，呈准。为此，知会②。

这是一件北京总管内务府给盛京内务府档案，简称京来档，庄头沙三等年迈患病，请求出缺，由各自之子补缺，经盛京内务府佐领辛达里查视属实，上报总管内务府批准后，总管内务府通知盛京内务府佐领辛达里照"所呈补放之"。并且新设之庄头，必须由佐领同该族人共同保结，以便皇室追究、稽查。

（二）皇庄的内部结构

皇庄既是土地的基层单位，又是结构复杂的社会组织。在皇庄内部有庄头、壮丁。壮丁又分为亲丁、异姓壮丁。庄头户下壮丁、寄养人丁。佃户又有原佃户和现佃户之别。因其出现的时间不同，社会地位迥然不同。

1.庄头，庄头为一庄之首，负责管理壮丁、佃户，又定期征收庄租，纳粮当差。清初庄头仅是壮丁的代表。每年将壮丁所交地租汇总一起，向上交纳，而自身也承种地租和差徭。随着皇庄由农奴制向封建租佃制的过渡，庄头日益有利可图，地位日渐提高。

庄头的来源主要通过谕派、世袭、选充、补款等途径。

---

①《黑图档》康熙九年，《清史资料》5辑，中华书局，1984年版。
②《黑图档》康熙五年十二月，《清史资料》5辑，中华书局，1984年版。

谕派是由皇帝或内务府官员直接指派。文献记载:"太祖高皇帝驻兵奉天建极时,有土著庄户报效粮石,上嘉以报粮多的庄户,派当头目,封为皇粮庄头,编入旗籍。"①后来凡是投充均"以大户地多定名庄头"。不仅如此,对圈拨荒地所设的庄也于"殷实壮丁内选充庄头"②。

世袭是庄头的主要来源。在清代除"欠粮或缘事革退及新设之庄"外,"各庄头缺均于其子弟内选充"③。如康熙四年(1665年)三月档案记载:"伊图管领下庄头沈硕僧年已六十三,且患病在身,业已辞退,遗缺已补放其子沈朋。喀伊吉利管领下庄头何阔远年已六十岁,因年迈不堪,将其辞退,遗缺已补放其子何天保。"④即所谓"凡遇庄头年迈辞退以及病故出缺,向准其呈请与长子、长孙、长曾孙袭替"⑤。

选充是产生庄头的第三种方式。从有资格的庄头子弟或异姓壮丁中选补。采取这种方式通常是原庄头"欠粮或缘事革退及新设之庄"的情况下,方"于本庄及别属壮丁内选补"⑥。

庄头产生第四种方式是包款接充。庄头的主要任务是征纳皇庄租。清初规定,庄头务必按期催交地租,如所管之庄交纳拖欠六成以上,即将庄头革退,"其子弟亲丁及异姓壮丁内,有情愿代完者,皆准其顶补"⑦。

庄头在内务府的监督下,实行管理庄园的职责。其职责不仅仅是负责租差的收纳,而且负责官庄的日常行政事务。具体职责如下⑧:

(1)承领庄园。经营官庄的土地,赋予行政上的管理权。所谓"内务府庄头官地,均系庄头领名,粮由庄头汇交"⑨。官庄土地原则上不允许个

---

①《盛京时报》,光绪三十三年三月一日。

②光绪朝《大清会典事例》卷一千一百九十六。

③光绪朝《大清会典事例》卷一千一百九十六。

④《黑图档》康熙四年三月,《清史资料》5辑,中华书局,1984年版。

⑤《会计司簿册》第1400号。

⑥光绪朝《大清会典》卷九十四。

⑦光绪朝《大清会典事例》卷一千一百九十六。

⑧《满洲旧惯调查报告·内务府官庄》第170—171页,大同印书馆。

⑨《奉天公报》191号。

人私有，庄头领名并非有所有权，而是具有租权或领种权。

（2）监督壮丁。庄头对庄园和壮丁具有监督的权限。如在户口调查，庄头在比丁之际，调查所辖壮丁的户口，作成簿册，呈报内务府。还掌壮丁的任免权。庄头据事实呈请罢免壮丁，同时对后任者有推荐权。

（3）征纳租差。庄头为官庄租的征纳机关。即内务府设庄头最主要理由就是征纳租差。所以租的征纳是管理庄园的主要事务。庄头按租帐征租，而棉花庄头及盐庄头按照发下的征租督促状督征租差，若有抗违，解送官署处罚。

2.壮丁，壮丁分为亲丁、异姓壮丁、庄头户下壮丁、寄养人丁四种。与庄头同姓同族为亲丁，否则为异姓壮丁。亲丁包括庄头子及子孙和同姓亲属；异姓壮丁是指与庄头不同姓氏的壮丁及子孙。无论亲丁、异姓壮丁都同庄头一样，编入旗籍载入正册，为正身旗人。他们的主要职责是经理所分领的庄地，届时向庄头交纳庄租。庄头、亲丁、异姓壮丁都是粮庄土地的占有者，他们世代使用土地，不断分予子孙，从而使粮庄内部逐渐形成了若干具有血缘关系的大家族。如庄头董朝富领名册地一千二百七十八亩，"后因族大支繁，地已按支分种"[1]。

庄头户下壮丁和寄养人丁是官庄内部载入另册，不入旗籍的壮丁。他们多是发遣罪犯、契买奴仆、俘获人口等，是壮丁中地位最低下者。

庄头户下壮丁、寄养人丁的来源如下：第一，带地投充。盛京内务府皇庄大多是天命以后，顺治元年前后明清战争时汉民带地来投编设的，对此前文已述。第二，犯罪。据《大清律》犯有谋反大逆罪或谋叛罪者，除正犯及其父子兄弟等处以死刑外，十五岁以下的男子及妇女妻妾皆没为官奴，或拨给官庄耕种。即如《会典事例》所云："有罪之家所籍入之奴仆，均拨给各庄，以充壮丁。"[2]又官庄有许多流遣罪犯，供庄头使役，刑满可以回原籍。故《大清会典》云："应发各庄屯安置者移会计司，其安置庄屯

---

[1]《盛京时报》，光绪三十四年十月十五日。
[2]光绪朝《大清会典事例》卷一千二百一十九。

之犯，妻子不愿随往者听，如妻子随往者，遇该犯身故，亦听其回京。如该犯遇有父母及切近亲属在京身故者，准禀明该管庄头给予执照来京。"①

第三，买卖。盛京各官庄有庄头契买的壮丁，他们同旗下壮丁同样，从事官庄的耕种。然而这些契买壮丁是庄头的奴仆，为户下人，不能单独构成一户，附在家长户籍册上，比丁时不能列入正册，称为另册。故文献记载："内务府查得会计司所管人丁四项，庄头为一项。壮丁为一项，庄头户下壮丁即仆人为一项，阿尔吉善寄养人丁为一项。查庄头及此项壮丁均载正册。"②庄头户下壮丁、寄养人丁在康熙初年盛行。如盛京铁岭棉庄庄头崔利必原有十丁，因感人手不足，"另行买置丁妇十八人"③。伴随官庄农奴制的瓦解，大批庄头户下仆人、寄养人丁释放为民，乾隆以后逐渐消失。

亲丁、异姓壮丁主要来源是招垦流民。顺康时期官庄大量的壮丁为招垦的汉族流民。据文献记载：官庄汉人"则籍隶直隶、山东者为多，言顺治三年（1646年）移民实边迁徙以至此者"④。又载其官庄"汉人土著者甚少，顺治十年（1653年）招民，由山东、直隶陆续迁来者"⑤。这些汉民开垦的土地后均编为内务府皇庄。《奉天省公署》档记载："奉天内务府庄头等，亦系山东民人，顺治八年来奉天刨荒地……康熙十年起至三十年止，清皇庄编设内务府庄头八十四缺，将身等自力开垦民地，均变成内务府皇粮官地"。

3.佃户，佃户是指租种粮庄土地的民人，分刨山户和现租户。刨山户系建庄时期的民人或因刨种内务府皇庄荒地而被纳入皇庄的民户。现租户系皇庄陆续代招的民户，租耕庄地，交纳地租。

刨山户即"原垦佃户"，从顺治年间就存在，但为数不多。民国初年佃户代表王九峰等说："民等先人由顺治初年，奉命移实居此。彼时四无居

①光绪朝《大清会典》卷九十五。
②《谕折汇存》，光绪十七年十月十八日。
③《黑图档》康熙八年，《清史资料》5辑，中华书局，1984年版。
④《新民府志》13页。
⑤《海城县志》25页。

人，一片荒野，先民等结草为庐，群力分垦，始得名为熟田。后因清廷划圈拨归皇产。"①刨山户一般是刨垦在先，后划归内务府皇庄，定期纳租，对庄地有永久的使用权，即"不欠租即不撤佃"②。刨山户（原佃户）"有名册，地租有租帐，不立合同者，居其多数"③。刨山户具有世袭的永佃权，并非一种纯粹的种佃关系。

现佃户以契约或口头的形式与庄头或壮丁订立租佃合同，如《奉天省公署档》所载："其租种年数或十年八年，或三四五年，限满退地，或接续再种，临时再议。"这种现租户康熙年间就已产生，乾隆以后迅速发展。现租户对庄地使用具有临时性，所以对皇庄的隶属关系不大，受皇室限制亦小，所以身份较自由，但常受庄主增租夺佃之苦。

佃户既是促成皇庄由农奴制向封建制转变的重要因素，也是促使皇庄瓦解的有生力量。

四、皇庄的剥削制度

1.地租剥削。顺治、康熙年间，粮庄地租非常苛重。清廷规定："凡庄赋皆准其地以为额。"④即"以领地之多寡，定交粮之差等"⑤。当时，盛京皇庄每庄耕地一百二十垧（720亩），额征一百二十石，合仓石四百三十二石⑥。亩折六仓斗。同期奉天民地田赋，每亩征银三分。按清初粮价，每仓石折银二钱计，六仓斗合银一钱二分。盛京皇庄的正额租粮三倍于民地田赋。比康熙五十五年（1716年）以后租额高出三倍、四倍⑦。这样高的正额租粮迫使壮丁难以交纳。据《盛京内务府顺治年间档》记载，曾为盛京德

---

① 《奉天省公署档》四千一百九十七号。
② 《东三省公报》，民国元年六月二十四日。
③ 《盛京时报》，民国二年四月二十六日。
④ 光绪朝《大清会典》卷九十四。
⑤ 《奉天财政沿革利弊说明书》三章二节。
⑥ 《清朝文献通考》，卷五。
⑦ 康熙五十五年定粮庄按等纳粮。雍正三年规定锦州一等庄占地九百垧，报粮三百三十二仓石，每垧比前期少征三到四倍。

登喇嘛的拖克索，也是每庄一百二十石，"倘不足一百二十斛（石），则照例杖之"①。从康熙四年至十年的《黑图档》记载看，当时盛京二十七庄所交之地租没有一年足额。康熙四年的二十七庄中，足额者三庄，八年足额者八庄，九、十年没有一庄足额②。我们具体看一下康熙十五年各庄交地租情况。据佐领辛达里等具呈：

　　　　除盛京二十四庄中庄头张麻子、武朝文之庄稼因遭雹打不纳粮外，另二十二庄中各庄六十仓石之庄二，交五十五仓石之庄一，各交五十仓石之庄二，交四十七仓石之庄一，交四十六仓石之庄一，交四十五仓石之庄三，交四十四仓石之庄一，交四十二仓石之庄一，交四十一仓石之庄四，各交三十七仓石之庄二，各交三十六仓石之庄二，交三十仓石之庄一，交二十六仓石之庄一。总计所纳新粮九百五十五仓石③。

由上引文可知，康熙十年这年上交地租的50%仅二庄，其余二十庄连50%也交不上，个别的仅交20%左右。皇庄剥削之重，令人吃惊。不仅如此，租粮常运到离皇庄二三百里不等之仓，这样"往返拉运、守候、待收盘费等项，通共合计较比额米数糜费数倍"，使壮丁"徒费盘缠，而误农事，人夫车马均属劳瘁"。④

正额地租外，附加租名目繁多。如猪鸭鹅每年要定期贡纳。猪鸭出自盛京，鹅由盛京、锦州共出，一二等庄每年各纳猪四口，三等三口⑤。又据《黑图档》载，每年各庄头要交纳"茜草五十斤，小根菜十辫，黄花菜十斤，蕾蒿菜九斤，线麻十九斤，鹰尾飘翎一支"等。此外皇帝巡幸的费用也由各皇庄开销。康熙十年（1671年），玄烨往谒二陵，出山海关直至盛京所用及回銮至大凌河一月所需，皆由各庄领用。应备项目如下：

第二编　顺治康熙时期的东北旗地

---

① 《盛京内务府顺治年间档》顺治五年八月二十八日，《清史资料》2辑，中华书局，1981年版。

② 《黑图档》康熙四年至十年，《清史资料》5辑，中华书局，1984年版。

③ 《黑图档》康熙十年，《清史资料》5辑，中华书局，1984年版。

④ 《内务府奏案》乾隆元年八月二十日。

⑤ 《总管内务府现行则例》会计司卷二。

小黄米二金斗，白小豆一金斗，红小豆二金斗半，绿豆一金斗半，高粱二金斗，黄小米一金斗半，芝麻油一瓶，烧酒一瓶。早晚在各地食用之米及尖盘众大臣食用之米一日一金斗二升，众人之茶面四升。又太监三十口一日食米一板斗另五升。所有供应之米倘有粳米则供应粳米，若无粳米则将稗子米连同油麦子米一并供应。①

上述各种附加租物繁量多，是壮丁永远填不满的无底洞。

不仅如此，皇庄的杂泛差派繁重。内务府常令壮丁修治马圈，采集料草，喂养马群。壮丁常被调往深山僻野，采蜜伐木，捕捉水獭②。列为正项差徭的是喂养马群，锦州粮庄每年冬季有饲养大凌河牧场官马的责任。各庄头饲养官马的时间，每年立冬至翌年立夏。群马入庄喂养前各庄须先行修缮马厩，每间长六丈，宽四丈，墙夯筑五板高，上搭棚子，并备马槽、铡刀、煮料锅等。立冬日，大凌河牧场牧丁移所管官马分赴各庄头所在地称为入圈或入庄，立夏后再归牧场放牧，将之称为出圈或出青。从入圈到出圈饲养期间称在圈，在圈日期，据庄级与马种而定③。一等庄骒马（牝马）48天，骟马26天；二等庄骒马42天，骟马22天；三等庄骒马36天，骟马18天；四等庄骒马28天，骟马14天。官马的饲料从正额折色中扣除，黑豆持由庄粮衙门发给凭证到锦州、宁远、广宁、义州等民仓领取④。其差役之重不言而喻。

上述所列，无论正额地租、附加租，还是各种杂泛差役，清廷将地租谷粮，各项差徭核计作为十成，规定："其拖欠五成以上至十成者，始革退庄头，其拖欠一成至五成者，例不革退庄头，仅按所欠成数分别鞭责、枷号治罪，仍勒限催追完交。"⑤

2.皇庄生产关系的特点。上述皇庄由清廷所有，耕垦者与经营者主要

①《黑图档》康熙十年，《清史资料》5辑，中华书局，1984年版。
②《盛京内务府顺治年间档》。
③《满洲旧惯调查报告·内务府官庄》，209页，大同印书馆。
④《满洲旧惯调查报告·内务府官庄》，209页，大同印书馆。
⑤《会计司呈稿》。

是汉人，内设庄头、壮丁等。清朝初年皇庄沿袭了入关前农奴制的奴役方式，生产关系是严格的农奴制。兹着重对皇庄壮丁情况进行分析。

清初皇庄，每庄以十丁为限，一人为庄头，领地七百二十亩至七百八十亩。壮丁繁衍则留于本庄，缺则补足。各庄给牛六至八头，量给房屋，器皿、田种、口粮及衣服，免第一年钱粮①。壮丁基本没有什么生产资料，"家中所有，悉为官物"②。

第一，壮丁身份世袭制。为了维持官庄生产与人丁再生产，规定壮丁世代充当，即所谓"系皇上世代奴才"。并对壮丁的婚姻也加以限制，"壮丁女子则惟准与庄头壮丁结亲"③，凡有违禁将女子寡妇私嫁于旗民人等，"则将女子父母及娶者一并治罪，并将已嫁之女子，寡妇抽回为内奴"④。由于官庄对壮丁婚姻的严格限制，致使许多壮丁难以成家。档案记载"山海关外（即锦州皇庄）各庄额丁中无妻者甚多"⑤。针对这种情况，清室只好用钱置买女子配给壮丁加以补救。康熙九年（1670年），总管内务府责成管理盛京皇庄事务佐领安塔木"酌情动用盛京卖粮税司银两买给女人"，配与壮丁。

第二，庄丁没有迁徙外出的自由。官庄中庄丁受各种限制，行动极不自由，不得随意离开耕作的土地。所谓"因在官庄万无出身之日。"⑥对庄丁逃跑者处罚极严。清初法令规定："凡奉天府居住旗下人逃走者，盛京刑部审理，分别次数，照例治罪。"⑦所以壮丁踏入官庄，犹"久沉渊底，无升天之望"⑧。

第三，壮丁可以随意买卖。清廷规定"其人丁地亩典卖悉由本主自

---

①《皇朝文献通考》卷五。

②吴桭臣：《宁古塔纪略》。

③《内务府奏案》乾隆二年二月二十九日。

④《黑图档》，《清史资料》第5辑，中华书局，1984年版。

⑤《黑图档》，《清史资料》第5辑，中华书局，1984年版。

⑥吴桭臣：《宁古塔纪略》。

⑦《黑图档》，《清史资料》第5辑，中华书局，1984年版。

⑧《宁古塔纪略》。

便"①。方拱乾的《绝域纪略》也说，宁古塔地区一般不使用银钱，"银则买仆妇田庐"。而且壮丁也作为皇室私产，可由皇帝任意支配，分赐给皇子皇孙庄田时，连同该庄壮丁一起分赐。分赐而外，皇庄也根据各庄丁额情况在各庄之间调整②。康熙八年（1669年），土尔特依家壮丁五十七"拨给宁远新放庄头刘三为额丁"③。

第四，壮丁本身及子女没有进仕的权力。吴振臣所记其同窗好友陈昭令，"精通满汉文理"，受振臣文吴兆骞父推荐为官庄拨什库，尽管他"办事勤能"，但终因"流人无选内地之事"④而没能进仕。

第五，壮丁不仅没有人身自由，而且还受地租与各种差役的盘剥。当时每庄给地一百二十垧，"一夫种二十垧，垧收谷一石至二石，以土之厚薄为等"⑤。如以每垧平均一石半计算，一庄收入一八〇石，除了纳租一二〇石以外，尚余六〇石，很难维持十人一年的生活。这样高额的地租迫使壮丁无力交纳。从康熙四年至十年的《黑图档》来看，当时盛京各庄所交地租没有一年足额。此外，正额地租还应由壮丁运到指定地点交纳，使壮丁受往返之劳。除此而外，附加租繁多，吉林官庄每人名下要交"粮二十石草三百束，猪一百斤，炭一百斤，石灰三百斤，芦一百束"⑥。锦州官庄每年每庄必交茜草、线麻、小根菜、柳蒿菜、黄花菜等。不仅如此，还要承担各种差役，庄丁常常被征派采蜜伐木，捕捉水产，包括皇帝东巡所需人力物力也由官庄壮丁负担。康熙十年，玄烨皇帝"往谒二陵，出山海关直至盛京，沿途行在御用及诸臣尖盘食品，除令宣征院所属各庄预备外，皇上驾临盛京所用及回銮至大凌河一月所需，皆自盛京各庄领用"⑦。

---

①《户部则例》卷十。

②《黑图档》，《清史资料》第5辑，中华书局，1984年版。

③《黑图档》，《清史资料》第5辑，中华书局，1984年版。

④吴振臣：《宁古塔纪略》。

⑤杨宾：《柳边纪略》。

⑥吴振臣：《宁古塔纪略》。

⑦《黑图档》，《清史资料》5辑，中华书局，1984年版。

综上所述，皇庄的壮丁领种庄地，缴纳高额地租，负担繁重徭役，世代束缚在官庄的土地上，虽不是奴隶，却是典型农奴。这种制度正如马克思所说："有人身当作附属物而固定在土地上的制度，有严格意义上的隶属制度。"[1]这种隶属制度就是"农奴制的基本特征，就是农民被束缚在土地上"[2]。这种超经济的强制在清前期的皇庄得到充分的反映。

第二节　盛京户部礼部官庄

一、盛京户部官庄

盛京户部官庄，在东北所设官庄中，仅次于内务府皇庄。官庄分为粮庄、盐庄、棉花庄三种，约有126处。归盛京户部管辖，其收益主要供永陵、福陵、昭陵三陵的祭祀。户部官庄有专属壮丁即所谓户部镶黄旗旗丁，分庄头、壮丁，承担官庄庄地的承种管理。

（一）户部官庄的土地来源

户部官庄的土地来源于顺治元年前后投充庄和康熙年间的屯垦庄。

1.顺治元年前后的投充庄　户部官庄中盐庄，最迟设于入关前，为以后增设的户部官庄的嚆矢。顺治元年（1644年）定例："奉锦各属盐场岁办供应陵寝、长白山祭祀所需白盐，上用白银，皇庄官庄盐六万六千斤。"[3]据此可知，在顺治元年东三省已在内务府皇庄之外，有专为三陵祭祀的户部盐庄。又据文献记载，盛京户部盐庄原额岁征盐三万六千斤[4]，内务府盐庄

①马克思：《资本论》第三卷，1032页。
②《列宁全集》第二十九卷，439页。
③光绪朝《大清会典事例》卷二百二十一。
④光绪朝《大清会典事例》卷二百八十九。

原额岁征盐三万斤①。"皇庄"与"官庄"合计盐六万六千斤，与上面的定例吻合。盛京户部盐庄大都为顺治以前明代的投充盐场。据明代文献记载，明朝在辽河两岸设置盐场百户所（官设制盐场），其所在地在辽河以东的海州卫、梁房口、盖州卫、平山、八角湖、金州卫，在辽河以西的广宁小河口、右屯卫、板桥、三叉河、锦州天桥、燕子湖、宁远及塔山等地方②。努尔哈赤占领辽东以后，这些盐场煎盐军丁相继投充归服。至少到顺治元年与官庄设立同时归属户部管理。清初奉省户部所辖的制盐场，多处明代海州、盖平两卫故地的盖平、营口间的海滨，从中可见明清盐场的承袭关系。

2.康熙年间的屯垦庄 明末清初的东北，由于明清战争的破坏，到处是"荒城废堡，败瓦颓垣，沃野千里，有土无人"③。为充实根本重地，清廷积极鼓励招民开垦。顺治八年（1651年）规定："山海关外荒地甚多，有愿出关垦地者，令山海道造册报部。"④十年（1653年）发布了招民开垦令⑤，以政府法令的形式，对移民者给予奖励。当时奉天省荒地荒田竟达34808526亩。东起抚顺，西至宁远老君屯，南起盖平，北至开原，旗界内荒地27632280亩，民界内荒地5272650亩，打草甸、马厂甸、羊草甸等地193596亩⑥，说明当时荒地颇多，招垦移民不多。针对当时"悬爵招民，权宜鼓舞，究竟所招不多，生聚无几，开垦未广"的现状，辽阳知府张尚贤在《招徕不继》一疏中云："臣愚以为与其悬爵招民，应之者少，不如仿明初之制，将辽阳等处田地酌量分给功臣之家。令其委托家人庄头，耕种收获，供送本主。"⑦康熙二十六年（1687年）定例："奉天旷土甚多，令府尹

---

①乾隆元年版《盛京通志》卷九。
②《全辽志》卷二、《辽东志》卷二。
③《清圣祖实录》卷二。
④光绪朝《大清会典事例》卷三十五。
⑤乾隆四十八年版《盛京通志》卷三十五。
⑥《清圣祖实录》卷九十一。
⑦《皇朝政典类纂》卷十三。

广置官庄，多买牛种，酌量发遣之人足应差使外，余尽令其屯种，所收米谷，依时丰歉照例输纳，设立官仓收储。"①据此引文参照其他文献得知如下问题：第一，康熙二十六年前，奉省未垦荒地很多，清廷为充实根本重地，"广置官庄"，给予牛具、籽种，使人开垦。第二，此等官庄最初由奉天府尹督办，后因便于征收租赋，让与户部管辖。第三，户部官庄旗丁有相当部分为"发遣之人"（此问题容后详叙）。

此后，辽河两岸，设置不少屯庄，所谓"盛京官屯五十所，沿边丁壮设为屯二十五所"②。康熙二十八年（1689年）户部官庄因旱灾，请求免纳租赋。同年清廷议准："盛京、辽阳、兴京屯庄所种田地，因亢旱及霜陨米谷不收，应免其纳租……与盛京各部大臣共同察明，量其度岁需用，令内务官往取庄上所有米粮散给，俾得均沾实惠。"③户部官庄凶歉，以内务府官庄存储的积谷赈恤。

盛京官庄有粮庄、棉花庄、盐庄之别。粮庄118所，盐庄3所，棉花庄5所，计126所④。据乾隆元年版《盛京通志》卷二十四，清初户部官庄分布在奉天城东至黄泥坎官庄一处、抚顺城官庄三处、洼瑚木官庄五处、谷勒官庄三处、木起里官庄二处、黑木里官庄二处、大劳里官庄一处、阴墩官庄四处、府城南至浑河堡官庄一处、马宗屯官庄一处、夏四堡官庄一处、火烧桥官庄一处、韩城堡官庄一处、三块石官庄一处、十里河官庄一处、鱼宗堡官庄一处、光山屯官庄二处、东山堡官庄四处、杨家湾官庄一处、古城子官庄二处、长滩里官庄一处、河功堡官庄二处、东家堡官庄一处、高雁墙官庄三处、康家堡官庄二处、迎永寺官庄二处、夹河官庄一处、纸房官庄二处、营盘官庄三处、萧堡官庄二处、小屯子官庄三处、平州官庄一处、蛾眉官庄一处、徐公堡官庄二处、海州乾葛堡官庄三处、散水沱

①光绪朝《大清会典事例》卷一千零九十三。
②《八旗通志》卷二十二。
③《八旗通志》卷二十二。
④乾隆元年版《盛京通志》卷二十四。

官庄五处、王齐官屯一处、牛庄二台子官庄一处、耀州官庄三处、盖州官庄六处、府城西至牛心屯官庄一处、李官堡官庄一处、胶泥河官庄一处、沙岭官庄三处、翟家堡官庄一处、马贝字堡官庄三处、竹山堡官庄二处、昂邦牛录堡官庄一处、潘家台官庄三处、章义站官庄一处、王纲堡官庄二处、三台子官庄一处、四方台官庄一处、巨流河官庄二处、杨家湖官庄二处、八里庄官庄一处、新台子官庄二处、徐家湖官庄一处、范河官庄一处、冯贝宇堡官庄五处、苏都牛录堡官庄四处、赵家堡官庄一处。

（二）户部官庄的内部结构

1. 户部官庄的旗籍 清廷入关后除采取旗民双重性统治体外，旗人间因隶属关系不同，也分京旗、驻防八旗、陵寝守护、打牲牲丁、王公府所属下五旗及各部府寺院所属的不同系统。盛京户部所辖旗丁，由户部专属，听其政令，服其差徭。旗丁地位、身分世袭不许变更。盛京户部旗丁编入汉军八旗的镶黄旗，盛京户部对其有统辖权。此外，对其他诸衙门旗籍的旗丁无管辖权。盛京户部对所辖旗丁，每三年编审一次，即调查丁口的增减变化，称为比丁。其编制方法、时间及经费等与内务府皇庄大致相同。

如前所述，户部官庄的土地来源，一是入关前的带地投充庄；二是康熙年间的屯垦庄。因此，最初编入户部官庄旗籍者为带地投充者、安插者及发遣者三部分人。带地投充旗丁，多指明末盐场所属煎盐军丁归顺清朝成为清户部盐庄。所谓"安插"者，系指撤藩时安插在辽东的三藩属下的部卒。嘉庆十九年（1814年），嘉庆皇帝就奉天站丁是否允许考试问题发表上谕说："此项壮丁系从前吴三桂名下逃丁家人及伪官子孙与盛京户工两部所属官丁，由撤藩时安插者不同。"[1]据此上谕可知，盛京户部旗丁，是康熙十二年裁撤的藩兵，归还原籍，安置盛京地方旗丁的后代。康熙初年的三藩之乱，以康熙十二年尚之信请求撤藩发其端。尚之信海城人，其士卒皆出身辽东地区，随其转战客居云贵闽粤诸省，撤藩后将其部卒发遣回

---

①《仁宗圣训》卷九十三。

籍，安插户部各官庄。而所谓"发遣"之人，系指抄没官奴、军流罪徒等罪犯。顺治十二年（1655年）规定："令犯罪徒发遣屯田，酌定年分开荒田多寡，垦完释放，其愿留者永为己业。"[1]即驱使他们开垦荒田。也有的充官庄马场的看守。康熙十二年（1673年）规定："太仆寺种马场，向系户部拨给入官人看守，今内务府并诸王贝勒等马匹，就马场内余丁选补看守，如无可选者仍行令户部拨给。"[2]如上所述："投充之人""安插者""发遣人犯"在清初"均拨给各庄以充壮丁。"[3]这些旗丁编入旗籍，世袭丁缺，不许居官应试。至道光年间才允许裁藩时安插在户部官庄的三藩属下的官丁后代居官考试。是年规定："盛京户部所属壮丁查明委系正身旗人档册有名身家清白者，均准考试。"[4]而其他旗丁允许居官应试是在光绪二十八年[5]。

清初还规定官庄旗丁不许出旗为民，无特殊情况不许转籍。但庄头滞纳官庄租，达全租额的三分，照定例"枷两月，鞭一百，交内务府当差，"[6]引渡到内务府皇庄役使。如官庄旗丁逃亡，移咨盛京将军注册，从户部拨补新丁[7]。

2.庄头与壮丁 如前所述，配属各官庄的官庄旗丁有庄头与壮丁之分。庄头与壮丁的选任属于盛京户部的权限，其地位即庄缺、丁缺为户部官庄的专缺，其专缺的范围限于同一系统的官庄间。如粮庄的庄缺、丁缺必须在粮庄所属旗丁间授受，不允许棉花庄、盐庄其他旗丁接充。户部官庄的庄头与壮丁的定员。庄头必须从官庄的壮丁中选任，每庄一人，由户部给付部票及执照。庄缺均由子孙承袭。庄头在盛京户部的监督下经营管理官庄，对所属壮丁有命令处分之权力。庄缺取得的条件，第一，官庄壮丁有

①《古今图书集成·食货典》卷五十一。

②《古今图书集成·食货典》卷五十二。

③光绪朝《大清会典事例》卷一千二百一十九。

④《谕折汇存》光绪十七年十月十八日。

⑤《谕折汇存》光绪二十八年十二月十八日。

⑥光绪朝《大清会典事例》卷二百八十九。

⑦光绪朝《大清会典事例》卷二百八十九。

一定身份。第二，家道殷实。第三，包款。因庄头的基本任务是征收交纳庄租，如丁佃欠租，庄头有包赔义务，否则革职。继任者必须负责代赔前任庄头所欠庄租。庄头的主要任务是收租。每年至征收地租时节，户部官员召集庄头，分发催单。庄头接到户部催单以后，按照催单指定的粮食、钱银数目于年末交清。清廷规定：庄头"其拖欠五成以上至十成者，始革退庄头。其拖欠一成至五成者，例不革退庄头，仅按所欠成数分别鞭责，枷号治罪，仍勒限催追完交。"[1]壮丁有亲丁和外户壮丁（异姓壮丁）之别，庄头同宗者为亲丁，否则为外户壮丁。其来源如前所述，有的是投充人户，有的是"抄没官奴，军流罪徒"。其身分是农奴，无迁徙自由，擅自逃离官庄，要被追捕判刑。一旦没入官庄"万无出身之日"[2]。关于庄丁的定员，最初规定：每庄"庄丁十名。"[3]实际并非如此，有超过十名者，也有不足十名者。如庄头季春田，除本户外，还有壮丁十家。庄头胡秉华有七丁。庄头曹书庚的庄园，亲丁三户有六七丁，异姓壮丁有八九家，另外在盖平茨儿沟还用李、郭二姓壮八家[4]。又据《钦定六部则例》载："盐庄三座，盐丁九十名。"[5]总之，根据庄园土地的多寡，使用壮丁数有所不同。

（三）户部官庄土地及管理

户部官庄土地大体分三部分：一是"原额庄地"，二是余地及升科地，三是养赡地。

原额庄地是盛京户部官庄创设之初拨给官庄壮丁承种的土地。这种原额庄地向内仓及其他旗仓纳租，故有草豆地或米地之名，也称三陵衙门庄头地。《东三省政略》云："奉省旗地粮租有归旗仓经征者，有归旗界经征者，又有归盛京内务府并三陵官庄等衙门经征者。"而三陵官庄衙门额征庄

①《会计司呈稿》。
②吴桭臣：《宁古塔纪略》。
③光绪朝《大清会典事例》卷二百八十九。
④《满洲旧惯调查报告·皇产》36页，大同印书馆。
⑤《钦定六部则例》卷二十五。

东北旗地研究

头"分草豆地、米地、余地三项，其征收科则与内务府同"①。盛京户部官庄原额庄地总计四万八千三百三十日零五分，即二十八万九千九百八十五亩五分②。

余地及升科地是编庄以后官庄旗丁在官庄附近开垦的土地。此项地亩约雍正五年（1727年）至乾隆二十七年（1762年）间开垦，乾隆二十七年查丈，允许开垦者佃耕，但从性质上已失去了当初官地的性质。

养赡地又称辛苦地或马片地。实际是清廷对庄头管庄的报酬地。养赡地是为使庄头无后顾之忧专心管理官庄事务，限于在职期间使用的庄地，即职田地。分赐多少无固定标准。如庄头罗永缙得养赡地百日，庄头何九恙得六十日，庄头茹殿魁五十四日半，庄头陈国兴、郭景明、刘恩九、李树谦各四十日，庄头张万德三十日，庄头金玉楼、金殿清、苏文波、龚秉钧各二三十日③。

户部官庄每庄设庄头一人，壮丁若干人管理经营，由盛京户部统辖。盛京户部设于顺治十六年（1659年）。户部设侍郎一人，为长官。辅助官堂主事一人，笔帖式二十三人。下设如下诸司：

经会司　置郎中一人，员外郎二人，主事二人。负责编制每年将军衙门以下盛京诸官署的预算、杂税、当税、申江税等征收，以及各衙门官吏的廉俸并经费支出，数目的册报，考成具题等。并掌关于三陵、太庙等祭祀的布匹、纸面，各衙门所需的酥油、布匹的拨给等。

粮储司　置郎中一人，员外郎二人，主事二人。专掌部属官庄、旗地等租谷册报考成、征收的监督及存储。盛京将军以下五部衙门的俸饷、刍牧等也由粮储司发给。

农田司　设员外郎二人，主事一人。掌关于八旗升科地并伍田地的租赋征收及旗人的户婚田土裁判事务。

---

① 徐世昌：《东三省政略》卷七。
② 光绪朝《大清会典事例》卷七十二。
③ 《满洲旧惯调查报告·皇产》54页。

官庄衙门　设六品官三人。其中二人专掌户部官庄的管理、征租等事务。

内仓　设正监督一人，副监督一人。掌管盛京、兴京所设旗仓即内仓出入的粮谷[①]。

盛京户部定期向各官庄征收地租，有一地二课之称，即所谓官庄租和旗租并征。清初以实物地租为主。官庄租系官庄向盛京户部交纳的正租，旗租系官庄对内仓其各该所属旗仓纳入的国课，即国家向官庄征收的赋税。户部官庄中，粮庄约占百分之六十，故粮庄有大粮庄之称。大粮指的是稗子，后来又加征黑豆，主要给皇室官马提供饲料。康熙中叶以前，兴京一带二十官庄，每庄年交官庄租即稗子90石，谷草4 000束。盛京一带九十六官庄，每庄年交稗子120石，谷草4 000束，或谷草1 500束及刍草3 000束并征[②]。又据《清朝文献通考》卷五载："每所纳粮百二十石。"当时是"按丁征粮"，如果每庄以十丁计算，每丁约交纳12石。雍正八年（1730年）按丁征粮的办法改按官庄等级征收。是年定例："盛京户部官庄百二十六所，从前均系按丁征粮，但粮米出自地亩，嗣后将官庄编定等次，停其按丁征收。"[③]官庄分为四等，"一等庄每庄岁纳粮三百八十二石，二等三百五十二石，三等三百有七石，四等百九十二石"[④]。

以上是粮庄租额。此外"棉花庄五所，每庄庄头一名，每岁交棉花七百斤。"[⑤]至于盐庄交盐租，每庄定例年交盐12 000斤，三庄合计36 000斤[⑥]。

旗租是官庄向国家交纳的正供，称国课钱粮。旗租的征收始于康熙三十二年（1693年），每月征米二升六合五勺五抄。

无论是粮庄租，还是旗租均属正租，此外还有杂征。主要有库银、车脚钱、工食钱、公用银、房租银等。

---

①光绪朝《大清会典》卷二十五。

②光绪朝《大清会典事例》卷二百八十九。

③光绪朝《大清会典事例》卷二百八十九。

④乾隆朝《大清会典》卷八十七。

⑤嘉庆朝《大清会典》卷十八。

⑥光绪朝《大清会典事例》卷二百八十九。

东北旗地研究

二、盛京礼部官庄

盛京礼部官庄由盛京礼部管辖，征收租差，为陵寝、寺庙等提供祭品。粮庄很少，主要由果园、瓜园、菜园、鱼泡、山场、组成。盛京礼部官庄的分布重点是辽阳、沈阳。果园分布：奉天三块石樱桃果园、辽阳邢镇抚屯杏子果园、辽阳城外梨果园、辽阳城内葡萄果园、辽阳繁盛堡花红果园、辽阳城石桥花红果园、辽阳城千山花红果园、辽阳城安平栗子果园、岫岩羊腊峪酸梨果园、辽阳火连寨酸梨果园。松子山场在兴京、柳河、金厂岭、新开岭等地区[①]。瓜菜园在奉天南关外。渔泡十四处，主要分布沈阳马松屯等。林在辽阳黄泥洼子、辽阳烟台等地。田庄在辽阳施官屯、抚顺鲍家屯[②]。

（一）礼部官庄的结构与经营管理

礼部官庄与其他官庄大体相同，也由庄地、庄头、壮丁组成。

1. **庄地**　首先是"原额庄地"。此地是康熙二十六年（1687年）前后开垦的土地。据《八旗通志》等书记载，盛京礼部所属各项壮丁地八千三百四十九日五亩三分及庄头、壮丁地七百八十四日一亩六分，分散在盛京、兴京、辽阳、铁岭、岫岩等旗界内[③]。此等"原额庄地"清初在盛京计九千百三十四日零九分，即五万四千八百零四亩九分。

第二种土地是"余地"，是礼部壮丁在果园、菜园附近开垦的土地，或者鱼泡淤塞以后垦殖的土地。清中叶以后，有松子官山的私垦，道光年间允许鱼泡及横樗林的开垦，补贴盛京礼部所属旗丁。此事道光帝曾在上谕中云："该衙门[④]所管捕鱼河泡内有淤塞之处，相度土脉，均堪耕种，自应酌量调剂，所有此项淤乾地亩加恩著给该衙门捕鱼采果壮丁开垦耕种，俾采办

---

①乾隆元年版《盛京通志》卷九。

②《满洲旧惯调查报告·皇产》126页，大同印书馆。

③《八旗通志初集》卷二十一。

④指盛京礼部。

有资，仍著该侍郎派员妥为经理，务使实惠均沾。"①

第三种是养赡地，是清廷给庄头的职田。礼部官庄与内务府、户部等官庄不同，果园、鱼泡等占大半，粮庄仅有二所，并且规模较小。为此清廷酌给庄头养赡地，奖励庄头忠于职守，各尽其责。如花红园头李德明、李德选共得养赡地六日，山头于广祥于官山四至以内不妨碍果树地段垦荒地五日作为津帖地。横樏林园头李永清，在废林地开垦三十日，以资生计②。

2.庄（园）头和壮丁　盛京礼部亦有专属旗丁，承担官庄的耕种与其他的丁差，称盛京礼部所属旗人。盛京礼部旗人所属汉军正黄、正红两旗籍，行政、司法由盛京礼部专管，其旗人对于内务府及其他各部衙门来说是治外民，无权干涉。如雍正初年，清丈盛京旗地时，对"户、礼、工三部屯庄官丁"的地亩，特殊强调"率领伊等该管官，公同查丈，务期详悉清楚，无致遗漏隐匿"③。盛京礼部旗丁的附籍、除籍、比丁之法，在法律上的地位等与盛京户部旗丁无大区别。

盛京礼部官庄旗丁有庄园头、壮（园）丁及其他官庄旗丁的区别。庄头或园头，为各官庄（果园）的管理者，统辖官庄所属的土地、人丁，掌租差的征纳。但在渔泡称千总，山果官山称果子头或山头，松子官山称松子达。此等管理者皆由盛京礼部从各该官庄所属壮丁中选任。壮园丁原为垦耕官庄或以采捕鱼果蜜雉为目的配置官庄的旗丁。最初多为三藩户下发遣官奴或流徙罪犯。园头及园丁的定员，盛京礼部官庄原则上每庄设庄头一员，但果园、鱼泡由于地块分散，破此通例，每庄设园头二名三名者。如千山腰岭子花红园，由李德明、李德选两园头分管。辽阳北园的鲜果园由张翠峰、李长英、李玉章三园丁，按时征纳租差，上缴盛京礼部。受任的庄园头由盛京礼部衙门发给"谕票"。清末辽阳上石桥子花红园头李德文所藏的谕票中曾云："陵寝祭供要差，最关重要，务须认真看管，不时巡查，

①《宣宗圣训》卷四十六。
②《满洲旧惯调查报告·皇产》135—136页，大同印书馆。
③《满洲旧惯调查报告·皇产》135—136页，大同印书馆。

培养树株，勿令损伤有误祭供，不准附近居民人等任意践踏，偷砍树株，私垦园地等情。如有不遵者，准尔园头指名呈报，定必从重究办。该园头亦不得藉端滋扰，致干并究，并谕每年于交差来省之际，即将所管官园有无盗典被占私垦以及损伤树株等情出具押结，以凭存查。"[1]园丁数额，光绪朝《大清会典事例》仅有其总数的记载，即田庄所属庄丁九十名、瓜菜园十名、果园百六十名、鱼泡二十四名。此外蜜丁二百七十名，捕雉丁三十名，鳞鱼丁若干名[2]。

（二）礼部官庄的负担

礼部官庄租与盛京内务府及户部官庄有所不同，颇有特点。盛京礼部官庄租差主要供应永陵、福陵、昭陵的祭祀。其租果实、蔬菜、鱼鸟占大部分，故不像内务府及盛京户部所属官庄每年纳租一次的办法，而是按陵寝的祭日和果实的成熟期交纳。即文献所云："岁取园果池鱼以供祀典，"[3]"每届祭品成熟之际，率同壮丁等采取足额。"[4]其方法具体说明如下：

1.按祭输交的纳租方法 按陵寝的祭日，贡纳租差的官庄，主要有田庄、瓜菜园、鱼泡及捕雉丁，例年分纳其租四回至六回。三陵的祭祀有大祭与常祭（小祭）之区别。大祭：清明节、孟秋望（即为中元节，指七月十五日）、冬至、岁暮及太祖（八月十一日）、太宗（八月九日）丧祭日。这六个日子举行祭典[5]。逢此大祭盛京礼部侍郎协同盛京将军督率祭官，供馔八宝大缠、盐茶、米菜，扁豆等各种祭品，以执行祭祀的典礼。常祭：每月朔、望二祭加万寿圣节，总称二十五回祭。其祭祀由各陵总管主持，掌关防官为承祭官，除香蜡以外，不备祭品。各官庄之租均充各祭

①《满洲旧惯调查报告·皇产》附录，60页，大同印书馆。
②光绪朝《大清会典事例》卷五百二十三。
③乾隆元年版《盛京通志》卷九。
④《满洲旧惯调查报告·皇产》61页，大同印书馆。
⑤光绪朝《大清会典事例》卷四十。

典之用①。下举几例说明之。瓜菜园按盛京礼部意图，分纳所定的瓜菜。如孟秋望，纳香瓜、西瓜、王瓜、稍瓜等；二月二纳韭菜、芹菜、干葱、蔓青菜等；清明节纳酸菜、咸菜、瓜子等；冬至及岁暮纳鲜白菜等。田庄，其租为苏子，分清明节、孟秋望、冬至及岁暮四次交纳。捕雉丁与将军所属的壮丁协力采捕活雉交纳。总之，瓜菜园、田庄及捕雉丁的租差按祭日分纳。各庄供纳各陵皆有一定的内规，如二所瓜菜园中南塔园头马文元纳租专供福陵之用，三五坟园头魏永盛纳租专供昭陵之用②。

2.按季输交的纳租方法 果园、山果官山及横榑林之租以果实成热为准交纳。故上述官庄以其果实的成熟期定为纳租期。如鲜果园及山果官山将黑葡萄、葡萄、杏子、李子、樱桃定为夏差；将大梨、乾梨、山里红、榛子等定为秋差。如花红、栗子两果园各花红、栗子秋季交纳，横榑林丁于冬季交纳蜂蜜。据光绪朝《大清会典》载，盛京礼部官庄供奉三陵、山川、城庙等各祭祭品有雉、香水梨、蜜饯山楂、蜜饯花红、松子、干葡萄、栗、榛子等八种，其额如下③：

陵庙	租物	山川城隍陵 祭一次用额	三陵大祭 一次用额	三陵大祭 一年用额
三陵	雉			40只
	香水梨	48个	144个	2016个（枚）
	蜜饯山楂	3.08斤	10.08斤	147斤
	蜜饯花红	3.08斤	10.08斤	147斤
	松子	0.8斗	2.4斗	33.6斗
	干葡萄	330斤	990斤	13860斤
长白山神	栗	5斤		5斤
	榛子	2.08斤		2.08斤

如前所述内务府皇庄，盛京户部官庄除负担官庄租外，还向所辖旗仓纳旗租，所谓一地二粮。然而盛京礼部官庄中向旗仓纳租仅有田庄及瓜菜

①光绪朝《大清会典事例》卷四百二十三、卷五百二十三。
②《满洲旧惯调查报告·皇产》152页，大同印书馆。
③《满洲旧惯调查报告·皇产》155页，大同印书馆。

园，纳旗租额一日（六亩）纳草豆、谷草一束，黑豆一升七合九勺（一亩约二合九勺九抄），如纳粟米二升六合五勺五抄（每亩四合四勺二抄五撮）[1]。

第三节　八旗贵族王庄

一、八旗贵族王庄土地来源

顺治元年（1644年），清入关，逐步统治全国，建立起一套具有民族统治特点的封建等级制度。皇帝具有至高无上的权力，皇帝之下是八旗贵族，包括宗室贵族与异姓贵族。皇帝本支为宗室，其伯叔兄弟之支为觉罗，都是清朝皇族，均可封爵，爵位分为宗室贵族与功臣勋将两种。宗室贵族封爵之制前后变化很大。清初始定亲王、郡王、贝勒、贝子和镇国二公五等爵，乾隆时改为和硕亲王以下为十四等。功勋大臣的封爵，清初分为世爵和世职两种，共分九等。世爵有公、侯、伯、子、男五等；世职有轻车都尉、骑都尉、云骑尉、恩骑尉四级。上述八旗王公贵族任军政要职，是全国最高统治集团，在经济方面均占有大量的庄园与奴仆。早在入关前，他们就有大批庄田。万历四十七年（1619年），出使后金的朝鲜使者李民 亲眼所见："自奴酋及诸子[2]，下至卒胡，皆有奴婢（互相卖买），农庄（胡将则多至50余所），奴婢耕作，以输其主。"[3]清入关后，建立以满族贵族为核心的统治政权，进一步扩大了八旗王公的庄田。

清初八旗王公庄田的来源之一是按世爵分领园地。顺治二年（1645

---

① 《满洲旧惯调查报告·皇产》155页，大同印书馆。

② 奴酋指努尔哈赤。其子侄有代善、莽古尔泰、阿拜、阿敏、塔拜、阿巴泰、皇太极、巴布泰、德格类、巴布海、斋桑古、济尔哈朗、岳托、硕托、汤古代、阿济格等。

③ 《建州闻见录》。

年）题准："给诸王、贝勒、贝子、公等大庄每所地一百三十坰，（或一百二十坰至七十坰不等），半庄每所地六十五坰（或六十坰至四十坰不等）。园每所地三十坰（或二十五坰至十坰不等）。"①五年题准"亲王给园十所，郡王给园七所，每所地三十坰。"②六年题准："袭封王、贝勒、贝子、公等，伊祖父所遗园地，除拨给应得之数外，其余地亩，不必撤出，仍留本家。"③七年题准："给公主园地各六十坰，郡主园地各三十坰。"又题准："拨给亲王园八所，公园二所，每所地三十坰，嗣后凡封王、贝勒、贝子、公等，俱照此例拨给。"④不仅如此，对世爵也有规定："公、侯、伯、精奇尼哈番（子）各三十坰，阿思哈尼哈番（男）各二十坰，阿达哈哈番（轻车都尉）各十五坰，拜他喇布勒哈番（骑都尉）各十坰。"⑤以后又有所增加。另外是"按丁给地"。当时规定："每人六赏（坰），一赏六亩共地三十六亩，如家有壮丁二名，该地七十亩，人多者，照数加增。"⑥"按丁给地"是八旗王公庄园扩展的重要途径。清初八旗王公通过战争俘获，赏赐占有大量的人丁。当时有"满汉一等功臣、占丁百名"⑦的规定，当然这种规定并不具有绝对的约束力，八旗王公中占有"千丁或八九百丁者"大有人在。入关前后代善领有的正红旗，有包衣佐领十八个，济尔哈朗领有的镶蓝旗十个佐领，下五旗共有五十六个佐领，按每佐领编丁二百计算，约有一万一千多⑧，占有土地约三十万亩，此外还有专门从事打牲、牧放、采集、捕猎等的人丁，他们也应计丁领地，加起来占有土地之数额更大。

除了按爵位领取园地和按丁给地之外，八旗王公还利用逼民投充的方式获得大量的土地。顺治二年（1645年）三月戊申福临谕户部曰："近闻出征

---

①康熙朝《大清会典》卷二十一。
②康熙朝《大清会典》卷二十一。
③康熙朝《大清会典》卷二十一。
④康熙朝《大清会典》卷二十一。
⑤康熙朝《大清会典》卷二十一。
⑥刘献廷：《广阳杂记》卷一。
⑦《天聪朝臣工奏议》。
⑧光绪朝《大清会典事例》卷一千一百一十一。

所获人民，有祖父、父母、及伯叔兄弟、亲子、伯叔之子，并元配妻未经改适在籍者甚多，尔等如情愿入满洲家与兄弟同处，可赴部禀明……又闻贫民无衣无食，饥寒切身者甚多，如因不能资生，欲投入满洲家为奴者，本主禀明该部。果系不能资生，即准投充。"①还明确规定，投充旗下人民，有逃走者，"逃人之窝逃之人，两邻、十家长、百家长，俱照逃人定例治罪"②。

清初八旗王公庄田的另一来源是按爵秩从皇庄内拨出赐给。清初规定："凡皇子分封，各按爵秩给以庄地人丁，公主、郡主赠加亦如之。"③"王公分封时给予庄田牧场珠轩，各应得分例隶内务府"，"皇子皇孙分封亲王、郡王、贝勒、贝子、公……应得盛京等处粮庄，奏派府属官员前往，会同该处佐领等照例拨给。"④顺治七年（1650年）定例，钦赐亲王园八所，郡王园五所，公主园三百六十亩，郡主园一百八十亩。同时规定："嗣后凡初封贝勒、贝子、公等，俱照此例拨给。"⑤《光绪大清会典事事例》规定不同爵秩占有庄园具体数额如下⑥：

封爵	分赐年别	分赐庄园数					
		大粮庄	银庄	米庄	瓜园	菜园	果园
亲王	康熙六年	30	3	2	2	2	2
郡王	康熙三十七年	13	2	1	1	2	1
贝勒	康熙三十八年	9	2	1	1	2	1
贝子	康熙四十九年	8	1	1	1	2	1
公	雍正六年	3	1	1		1	

据上表所示，八旗王公分赐粮庄占多数。康熙时期八旗王公从内务府取得钦赐庄园情况，如下表⑦：

①《清世祖实录》卷十五。
②乾隆朝《大清会典》卷八十七。
③嘉庆朝《大清会典》卷一。
④光绪朝《大清会典》卷九十三。
⑤《皇朝文献通考》卷五。
⑥光绪朝《大清会典事例》卷一千一百九十八。
⑦《满洲旧惯调查报告·内务府官庄》43—44页，大同印书馆。

分封王公		分赐庄田所在	庄园数量
圣祖次子 理密亲王	允礽	锦州府大五旗	4200亩
世祖次子 裕宪亲王	福王	绥中朱家岭 绥中西庄	12474亩8669亩
世祖五子 恭亲王	常宁	锦州小方正堡	5100亩
圣祖五子 恒温亲王	允祺	海城孔家屯	960亩
圣祖七子 度亲王	允祐	锦西团山子	3600亩
圣祖十四子 恂勤郡王	允禵	宁远城西关	39196亩
圣祖十七子 果毅亲王	允礼	法库喇嘛沟	7563亩
圣祖二十三子 奉恩镇国公	允祁	法库上屯	3600亩
世宗五子 和恭亲王	弘昼	宁远刘八斗屯	5994亩
		宁远大杨树	4290亩
		宁远烧锅屯	4950亩
		宁远龙王庙	1200亩
高宗十一子 成哲亲王	永瑆	法为东喇嘛河子	6540亩

以上仅仅是康雍时期八旗王公初封时得到的法定数目，以后八旗王公利用权势均在初封基础上有所扩大。

二、八旗宗室贵族王庄

八旗宗室贵族是指清初立有战功的宗室王公，如礼亲王代善、郑亲王济尔哈朗、睿亲王多尔衮、豫亲王多铎、肃亲王豪格、承泽亲王硕塞（后改为庄亲王）、克勤郡王岳托、顺承郡王勒克德浑，这八个王清初称为"铁帽王"，其爵位世袭罔替。还有英亲王阿济格、饶余郡王阿巴泰、谦郡王瓦克达、安平郡王杜度等。他们的庄园遍布于关内外，难于一一叙述，仅举几位诸王庄田叙述之。

1.庄亲王在奉省的庄田 和硕庄亲王第一代为清太宗皇太极第五子硕塞。顺治元年（1644年）随豫亲王多铎出征有功，十月封多罗泽郡王。二年二月征明福王朱由崧于南京，俘福王，凯旋，赐金两千两、银两万两。顺治八年（1651年）闰二月，以围剿抗清势力有功晋封和硕承泽亲王，掌兵部事，参预议政。十一年掌宗人府事。同年十一月死，其长子博果铎顺治十二年袭封和硕亲王。博果铎无嗣，雍正元年（1723年），雍正帝特以其十六弟允禄袭和硕庄亲王。允禄为康熙之子，雍正之弟，任内务府总管，历任正红旗汉军都统、镶白旗满洲都统、正黄旗满洲都统，加封奉恩镇国公。其子永瑺袭父爵，永瑺死由其弟永珂子绵课袭爵①。硕塞及其子孙，世袭王爵，身居要职，拥有政治特权，藉此广收投充，领取庄园，兼并旗民田地，建立了大批庄园。民国初年，和硕庄亲王门上长史桂斌，开各处庄地数目清单，呈报宗人府。这份资料对于了解庄亲王府的庄园极有价值。现将在奉天庄地数目引录如下：

庄亲王府奉天所属各县村屯单。计开：

盖平县属塔子沟、现家峪、黄坨子、苇子峪共四处

法库县属小新屯、萝台子、三台子、牛祈堡、塔山子、鹿草沟共六处

新民县属小塔子、水口、文家台蛇山子、莲花泡、他拉堡共六处

锦西县属……共三处

海城县属牛庄、江家屯、南八寨子共三处

辽阳县属五岗堡、头台子、关门山、孟胡屯共四处

沈阳县属树林子、牸牛屯、北双楼子、邵家河子、城北大桥、城南榆树台、上楼子共七处

铁岭县属大靠山屯、本城果子园、牧羊坡、恒道河子共四处

兴城县属东土匠沟、罕羊、浪头沟共三处。

---

①《清史列传》卷二，《硕塞传》。

以上共九县属村屯三十九处（地九万余亩）①。

根据这条档案，再结合有关资料，我们可以看出以下问题：第一，庄亲王府的庄园星罗棋布，除河北、山西二省外，仅在辽宁省就遍布盖平、法库、新民、锦西、海城、辽阳、沈阳、铁岭、兴城等九县三十九个村屯。第二，占地数万顷。据清单开列土地数目，在河北省约二十二个州县中，庄王府占地7800余亩。在山西省有马厂地32.4万多亩。在独石口有地7.1万亩。在辽宁省等九个县，有地7万多亩。清末全国人口约三亿二千二百六十五万余，按当时全国田地数字，人均为二亩九分。而庄亲王府就占五十五万余亩，两者相比，天壤之别。第三，谷米满仓、租银万两。庄王府在铁岭、法库的一处庄地有三百三十一日，每年收租银二百两②。如一日按六亩算，三百三十一日折一千九百八十六亩，每亩约租银一钱。庄王府五十五万亩地，可收租银五万五千余两，可买粮谷十万石。

2.郑亲王在奉省的庄园　第一代和硕郑亲王济尔哈朗，是舒尔哈齐第六子，努尔哈赤亲侄，天命初年封和硕贝勒。天聪元年（1627年）同贝勒阿敏等征朝鲜，屡胜。天聪五年设六部，掌刑部事。崇德元年（1636年）四月，封和硕郑亲王。八年八月世祖嗣位，与多尔衮同辅政。顺治九年（1652年）晋封为"叔和硕郑亲王"。顺治十二年去世。次子多罗简郡王济度袭爵改号和硕简亲王。康熙九年（1674年），济度二子喇布袭封和硕简亲王。康熙十三年（1670年），以其弟雅布袭王爵。康熙四十一年（1702年），雅布子雅尔江阿袭封和硕简亲王。雅尔江阿去世，由郑亲王济尔哈朗从曾孙德沛于乾隆十三年（1748年）袭简亲王爵。德沛死后以济尔哈朗之曾孙奇通阿袭简亲王爵，乾隆四十三年（1778年）复郑亲王封号③。道光年间，奇通阿之孙端华袭郑亲王爵，同治时慈禧令奇通阿五世孙承志袭爵。郑亲王为开国八铁帽王之一，世代延袭，建立大批庄园，其地遍布河

①《宗人府堂稿》，和硕庄亲王门上长史桂斌呈覆。

②《宗人府堂稿》，宗人府咨行。

③《清史列传》卷二，《济尔哈朗传》。

北、山西、辽宁诸省。

郑王府的子孙在辽宁省占有大量的庄田。辽宁省档案馆藏《郑献亲王盛京盖州分户地册》是研究郑亲王府子孙在辽宁省庄园的重要资料。《地册》载各庄头承领庄地数分别为：庄头富九尊承领地二十九日，富九阳地二十五日，富朝臣地四百二十七亩，富万忠地十八日五亩，富文臣地八十四日二亩，张起林、张周栋地二百一十一日一亩，张起凤地一百八十日二亩，张文焕地三十日，于成保地十九日，温成相地三十日，温成秀地一百七十日，李忠泰地四十二日，常有禄地十八日，王国珍地七日，王连地七十四日，王国玺地二十三日，王廷相地二十八日，王富连地五十九日，王富治地八十四日二亩，王国弼地四十六日，王起升地十五日，共二十五名庄头承领郑王府庄地计一万二千余亩。又据《关东注册老档》开列济尔哈朗之孙简亲王雅布在沈阳、牛庄、广宁等处庄地，计有李世铎领种地五百九十七亩五分，李世斌地一百二十六亩，李世奇地六百九十四亩，高克龙地四百七十九亩三分，李朝佐地一千七百九十四亩七分，李世成地一百三十九亩九分，曹桂能地二十五日五亩九分，潘守先地十四日三亩一分，金起贵地四十五日，安起凤地三十三日，杨四地五十五日，高尽忠地三百八十一亩，鲁之明地五十日，傅登有地十四日四亩八分，沈奇德地九日，温天荣地二十八日，温六十七地七日一亩七分，于成宝地十九日一亩二分，温成德地十三日一亩六分，张天秀地三十七日，丁三地十三日三亩七分，田自成地四十四日零三分，王四地五日，于五地十五日，徐大地三十二日四亩五分，佟自强地五日，李之芳地二十二日三亩，连仲元地二日周七十地三十五日三亩，张国清地三十九日三亩三分，项成福地一百一十五日，李锁落地二十五日，仲神保地十一日，温九地一百零四日，共九千四百余亩。直至清末郑王府仍拥有大量的庄地。民国年间，郑亲王呈称：在奉天的庄地，坐落于辽阳半胜堡、八棵树、牛庄蓝旗堡、盖平夏家屯、官马山、前百家寨、后百家寨、佃家寨、三家子、榜式堡、二道房、后暖泉、汤池、沈阳搅军屯、路官屯、宁官屯、榆树堡、矮金堡、李达堡、新民县鸡条岗子、王庄屯、洪家屯、李家屯、南马厂、铁岭上哈达、下哈达、白旗堡、腰寨子、兴京赶马厂，郑亲王府是一个大土地的所有者。

3.裕亲王的庄园　裕亲王福全，顺治帝次子。康熙六年（1667年）封为亲王。据光绪朝《大清会典事例》康熙六年制定分封皇子由内务府拨给庄园人丁的定例："给亲王旗下满洲佐领十，蒙古佐领六，汉军佐领四，内务府满洲佐领一，旗鼓佐领一，内管领一。山海关内大粮庄二十，银庄三，半庄二。瓜菜园各二。关外大粮庄六，盛京大粮庄四，盛京三佐领下人五十户，果园三，带地投充人五百七十六名，新丁八百九十九名，炭军、灰军、煤军各百名。"① 由此材料可知，裕亲王分得各种庄园四十二所，以每庄十名壮丁计算，有四百余名，加上炭军、灰军、煤军、带地投充人、新丁，共有二千多人丁。另外还有二十六个佐领，庄地可达七八万亩。

4.直郡王的庄园　直郡王允禔是康熙帝长子。据法国传教士白晋说："皇上特别宠爱这个皇子，这个皇子确实很可爱。他是个美男子，才华横溢。"② 由于他在皇子中年龄居长，又深受宠爱。十九岁任副将军，随从抚远大将军福全出征噶尔丹。还衔命祭华山，管理永定河工程。二十六岁，被康熙革王爵，监禁，雍正十二年死，其子孙袭奉恩将军。按定例郡王领取"山海关内大粮庄十，银庄二，半庄一，瓜园一，菜园二。关外大粮庄二，盛京大粮庄一，打牲乌拉牲丁十五名。盛京三佐领下人三十户，果园一，带地投充人，给官地投充人各五十户。采捕户二十名，炭军、灰军、煤军各五十户"③。合计有庄园二十所，壮丁七百余名，庄地五万余亩。

三、八旗异姓贵族王庄

八旗异姓贵族由"开国元勋""佐命功臣"及皇亲国戚所组成。入关以后，分任要职，辅治国政，享有特权，建立大批庄园。

①光绪朝《大清会典事例》卷一千一百九十八。
②［法］白晋：《康熙皇帝》54页。
③光绪朝《大清会典事例》卷一千一百九十八。

八旗异姓贵族庄园土地，主要是靠"按丁给地"。即"所获地土，亦照官职功次，给以壮丁"①，"满汉一等功臣，占丁百名，其余俱照功以次散给"，其实占有"千丁者，或八九百丁者"②大有人在。陪嫁公主庄园也是异姓贵族庄田的另一来源。清入关后，一些公主下嫁功勋之臣，清廷特赐庄园、人丁赔嫁。据《盛京内务府顺治年间档》载："戊子年（顺治五年）正月初四日，总管内务府书致安塔穆、布塔西：将奥汗公主之五个拖克索（庄）迁至彰武台。由正月十五日至七月，每拖克索所有之丁妇人口，每月每口赏给粮食一金斗，每二名幼丁合赏给一金斗。各拖克索若有耕牛，则视其多寡，由正月十五日至四月三十日，每日每牛发给三升饲料。一拖克索有地一百二十垧，每垧发给六升种子。"③这条档案详细具体记载了奥汉公主的陪嫁庄园数量，迁至彰武台时间，以及途中人丁、耕牛所需口粮。

首先考察辅政大臣苏克萨哈、鳌拜在奉天的庄园。关于清初异姓贵族庄园的材料太少。辽宁省档案馆所藏《黑图档》，记述了康熙六年、八年查抄鳌拜等在盛京的庄园详细情况。鳌拜、苏克萨哈是影响清初政局的异姓贵族的代表人物，研究他们的庄园具有典型意义。为研究方便，将《黑图档》六年、八年有关此问题的档案摘引如下：

> 苏克萨哈家居住四方台之王四，身有二妻，其子周万宝八岁，女苏旺丫头三岁，其另置有马一、牛一、驴一。其下做工之丁大五子夫妻，其乳子一。张四夫妻，其子三小子七岁。康巴夫妻，其子光宁八岁。康索柱独身一人。康载夫妻，骟牛二，母牛一，田地五十垧，草房六间。该苏克萨哈家居住宁远之杜文子夫妻，其子小五子八岁，女额勒姐十一岁。其另置有骟牛三、母牛一、牛犊一、驴一。在宁远有瓦房二十一间、草房五间，在田里有草房两间，田地五十垧，……苏克萨哈家居住

---

① 《清太宗实录》卷十七。

② 《清太宗实录》卷十七。

③ 《盛京内务府顺治年间档》，《清史资料》2辑，中华书局，1981年版。

盛京辉山之屯头袁景恭补放辉山庄头，其子村住八岁，女银姐五岁。袁景恭之父袁庆阔夫妻，其子袁景绪夫妻及女袁姐四岁，其下做工之丁狗子夫妻，其子七十一年三岁，女孙姐两岁。孟德海夫妻，其子雅赖独自一人。张二麻子夫妻，其女大丫头十岁，二丫头六岁，三丫头三岁。骟牛五，草房八间，田地六十垧，未脱粒高粱穗六百捆，谷子二千八百捆，稗子八百捆，芝麻四百捆，粳子三百捆，豆子七仓石。袁景恭另置有驴一。苏克萨哈家居住辉山之徐五夫妻，其子霍伊子七岁，二小子五岁，老小子两岁。其下做工之丁周达夫妻、司色夫妻及其孙姐三岁。金照夫妻及赫子独角一人。骟牛五、草房七间、田地六十垧，其未脱粒高粱穗七百捆，谷子两千捆，稗子五百捆，芝麻四百捆，荞麦一仓石、豆子九仓石。徐五另置有马一、驴二。

海兰（苏克萨哈之侄）家居住界藩之刘三补放宁远庄头，其长子浩善夫妻，次子刘镇十三岁。刘三兄之子佛保夫妻，其子沈宝珠八岁。闲散女子达海色。佛保弟老小子夫妻，其寡母刘氏六十岁。刘三又一兄之子布西罕夫妻，其寡母刘氏七十岁。刘三另置有孔达夫妻，其女二丫头七岁；刘柱夫妻，母牛三，马一、驴一。额丁王傻子独身一人，其寡母王氏五十岁，骟牛二，草房十五间，田地五十垧。

吐尔特依（苏克萨哈之侄）家居住界藩之乌西齐夫妻，其女甘姐十一岁，弟罗格色独身一人，寡母康氏六十七岁。其下做工之丁五子夫妻，其女二丫头四岁，乳女一，骟牛二，草房八间，田地十五垧，未脱粒高粱穗一百捆，谷三百捆，稷二百捆，豆子四车，芝麻二百捆。其另置有驴一，俱将此添给刘三。

"据闻，苏克萨哈家居住宁远之庄头杜文子，一年征银十五两，居住广宁四方台之庄头王四，一年征银三十两，居住盛京之雅柱、侯三二丁，每丁一年征银二十两，海兰家居住界藩之刘三，一年征银二十两。

（康熙八年内务府称）鳌拜家下住：盛京察干绰罗之庄头于大夫妇及女乳婴一，下属男丁巴来夫妇，杨大只身一人，骟牛一、乳牛一，四三十垧（其中二十五垧原已耕种粮食，五垧为野泽未曾耕种），草房三间。一年所征稷米一仓石、稗米五金斗，芝麻一仓石。

马尔塞家下住盛京辉山之庄头张义德夫妇六十九岁，下属高丽人索力随夫妇及其男孩方珠岁，张义良只身一人，孀妇根大姐及其女儿三海色七岁，沈杨夫妇及其女乳婴一，骟牛三，草房三间，田二十五垧（其中十五垧已种粮食，十垧为野泽未曾耕种），一年征收芝麻二仓石，稷米五金斗、稗米五金斗，其另置有马一、驴一、驴驹一。[①]

上述档案资料十分重要，从中可以了解八旗异姓贵族庄园的一些情况：第一，各庄的土地、人丁数量。苏克萨哈的庄园，其中庄头王四所管五户，五丁及妇幼十七人（加王四、二妻、子一，女一）。田地五十垧，每丁领地八垧余（包括王四本身在内）。另一庄头徐五有六丁，连家口共十七人，领地六十垧，每丁领地十垧。鳌拜庄头于大，有三丁，连家口共六人，领地三十垧，每丁领地十垧。另一庄头张义德有六丁，领地二十五垧，每丁领地四垧多。即各庄人丁一般为六丁，也有三丁者，领地每丁多者十垧（六十亩），少者仅有四垧（约二十四亩）。第二，各庄的租额，银粮兼有。苏克萨哈的庄头王四领地五十垧，每年征银二十两，庄头杜文子领地五十垧，每年征银十五两。鳌拜住在盛京庄头于大领地三十垧，"一年所征稷米一仓石，稗米五金斗，芝麻一仓石"。其另一庄头张义德领地二十五垧，"每年征芝麻二仓石，稷米五金斗。稗米五金斗"[②]。第三，苏克萨哈、鳌拜等属下的庄园，采取农奴制剥削方法。尽管各庄土地、人丁相差较大，征租参差不齐。但在三个根本问题上是相同的，即生产资料（庄地）属庄主苏克萨哈、鳌拜等八旗贵族所有，庄园的生产者是包衣壮丁（即奴仆），生产的收获物的一部分以"纳差"的形式上交庄园主。就是说从生产资料所有制，庄主与壮丁之间的关系及产品的分配方式来看，苏克萨哈、鳌拜等庄园，是封建农奴制庄园。

---

①《黑图档》，《清史资料》5辑，中华书局，1984年版。

②《黑图档》，《清史资料》5辑，中华书局，1984年版。

其次考察平南王尚可喜在东北的庄田。

尚可喜，辽东人。崇祯初年为明广鹿岛副将。天聪八年（1634年）正月，举兵"略定长白、石城二邑，擒明副将二，合众数千户，携军器、辎重，航海来归"[1]。清皇太极命安辑于海城，晋封总兵官，"以皂镶白，号天助兵"。崇德元年（1636年）四月封智顺王。三年，从征明锦州。"锦州下，赐所俘及降户"。八年，随济尔哈朗征明，取中后所、前屯卫。顺治元年（1644年）四月，随睿亲王多尔衮入山海关，击败李自成的农民军。三年八月，同恭顺王孔有德、怀顺王耿仲明取湖南。六年五月，赐金册、金印，"统将士征广东，携家驻守"。十七年（1660年）耿继茂袭父靖南王爵，移驻福建，尚可喜专镇广东。与平南王吴三桂合称三藩。同年六月，顺治帝以和硕承泽亲王之女为己女，封和硕公主，下嫁与尚可喜之第七子尚之隆，封尚之隆为和硕额驸。康熙十二年三月"疏请以两佐领甲兵及藩属孤寡老幼自随，归老辽东海城"[2]。十一月因吴三桂反，仍留镇广东。请求"就近移师"，攻击吴三桂遣黄沙河的二万军队[3]。康熙下谕夸奖尚可喜说："王累朝旧勋，性笃忠贞，朕心久已洞悉，览奏披沥悃忱，深为可嘉，其益殚心进剿，以副倚托。"[4]十四年，封尚可喜为平南亲王，尚之孝授平南大将军。十五年十月死，死前尚可喜令家人给自己穿上太宗所赐朝服，遗言"死后必葬于海城，魂魄有知，仍事先帝"[5]。康熙帝称赞尚可喜"忠诚之心，始终无二"。遣兵迎其灵柩，赐白金八千两，葬于海城，立碑墓前，"诏以可喜昔年海城田宅赐其第七子之隆，设佐领二，以其一为可喜守墓"[6]。

尚可喜及其后裔，由于对清朝有功，先后得到各种人丁与赐田。乾隆二年（1737年），尚可喜的曾孙尚玉成、尚玉德曾列举仅在东北的包衣

---

① 《清史列传》卷七十八，尚可喜传。
② 《清史列传》卷七十八，尚可喜传。
③ 《清史列传》卷七十八，尚可喜传。
④ 《清史列传》卷七十八，尚可喜传。
⑤ 《清史列传》卷七十八，尚可喜传。
⑥ 《清史列传》卷七十八，尚可喜传。

人丁计有："种地家人"董养性、尚帮佐等共六百八十名；康熙十九年搬回看守王坟家人万文英、王登贵等一百四十三名，"和硕公主、和硕格格陪嫁之人"焦有礼、杨化格等三百零七名；进京服役，并于康熙十九年"搬回家之"金荣光、罗大胜等三百五十六名；顺治十五年跟随和硕额附尚之隆"进京服役"之人王大用等三百九十四名；"契买之人"郭佐、吕安等十二户，共一千八百八十名及十二家①。上面所列的丁数仅就成年人丁而言，连带家口数字惊人。康熙十二年（1673年）三月，尚可喜疏言："臣年七十，精力已衰，愿归老辽东。有归赐地亩房舍，乞仍赐给，臣量带两佐领甲兵，并藩下闲丁孤寡老弱共四千三百九十四家，计男妇二万四千三百七十五名口。"②

尚可喜的庄地分布在关外辽东海州及关内通州等处。乾隆三年（1738年）二月，盛京户部咨呈北京户部关于尚可喜的地亩清册，记载了海州庄地段落、亩数及领种地亩的包衣人丁。现记录如下：

镶蓝旗尚维邦佐领下

原册杨文成改名杨有荣，坐落孤树屯地二百七十九日三亩。

原册刘三聘改名刘廷相，坐落三里桥地一百八十三日。

原册罗邦臣改名罗云辉，坐落三里桥并南山枕头岭地二百二十四日。

原册罗有成改名王宜成，坐落项家屯地二百七十六日三亩。

原册苏国库改名苏国秀，坐落瓜山子并小孤树屯地共二百四十五日四亩。

原册范士鳌改名刘三魁，坐落中八里河并水泉山地共二百一十八日四亩。

原册王玉改名王化清，坐落五亩屯地四百零五日。

原册马琦改名张义升，坐落新屯并甜水井地共二百日零三亩。

---

① 《户部地亩档册》，平南王尚可喜庄园人丁数。
② 《清圣祖实录》卷四十一。

原册周进元改名史秉智，坐落教场地二百九十七日二亩。

原册刘守智改名刘守廉，坐落中八里河地二百九十七日一亩。

原册罗文秀改名李廷贤，坐落五亩屯地三百四十日零五亩。

原册刘三德改名郭朝华，坐落宁家山地三百四十九日零四亩。

原册王国泰改名刘三奇，坐落鱼鳞村地二百一十三日五亩。

原册刘应科改名赵印，坐落孤山子并小孤村屯地共二百四十日零三亩。

原册徐进忠改名张上仁，坐落中八里河北二百七十二日五亩。

原册尚额附改名刘世雄，坐落小孤树地二百六十六日五亩。

原册何亚抬改名张上礼，坐落小马头地一百三十五日。

原册何亚抬改名业明富，坐落枕头领地一百五十六三亩。

原册尚嘉惠改名罗文伦，坐落水泉山地四百零四日三亩。

原册刘进忠，坐落甜水井地五十六日三亩。

原册王国安改名王国卿，坐落兹家峪地一百七十五日五亩。

原册杨有才改名赵廷选，坐落丁字峪地三十四日。

原册姚成华，坐落粟子洼地一百三十五日一亩。

镶蓝旗尚之珆佐领下

王坟祭祀地八十四日，坐落尚王坟原册坟丁王成显耕种。

王坟祭祀地十八日，坐落于树圈原册坟丁王登富耕种。

王坟祭祀地八日，坐落尚王坟原册坟丁刘自成耕种。

王坟祭祀地二百六十四日，坐落石青铺原册坟丁冯国凤耕种。

王坟祭祀地二百四十日一亩，坐落小马头原册坟丁李云龙耕种。

王坟祭祀地一百八十九日三亩，坐落下夹河原册坟丁梁起凤耕种。

王坟祭祀地八十一日二亩，坐落沙河沿原册坟丁年登科耕种。

王坟祭祀地六日三亩，坐落沙河沿原册坟丁冯永祥耕种。

王坟祭祀地五十一日，坐落粟子洼原册坟丁曹贵耕种。

王坟祭祀地百二十七日四亩，坐落波罗堡原册坟丁苏三保耕种。

尚王坟地三十日，坐落粟子洼原册坟丁刘尚文耕种。

尚崇保地五十三日三亩，坐落尚王坟原册家人张灶生耕种。

尚崇保地三十日，坐落粟子洼原册家人陶连芳耕种。

尚崇儒地二十六日一亩，坐落尚王坟原册家人林来福耕种。

尚崇政地五十六日，坐落耿家庄原册家人梁官堡耕种。

尚崇爵地三十日，坐落耿家庄原册家人冯四耕种。

尚崇功地二十三日，坐落粟子洼原册家人双顶耕种。

尚崇禄地四十日，坐落耿家庄原册家人张连福耕种。

尚崇魁地六十四日三亩，坐落曹家河原册家人王四耕种。

尚玉甫地八十日零三亩，坐落水沟子原册家人苏子连耕种。

宣义将军尚之孝坟地二百七十三日三亩，坐落塔山铺原册坟丁赖邦义耕种。

尚王林地九十二日，坐落新玉屯原册家人闫保耕种。

尚玉林地五十二日三亩，坐落粟子洼原册家人孔国相耕种。

尚玉美地一百七十六日，坐落大台子原册家人刘有富耕种。

尚玉音地九十四日三亩，坐落岳家屯原册家人高升耕种。

尚玉符地五日，坐落二道沟原册家人周明得耕种。

尚玉符地三十日，坐落粟子洼原册家人金三耕种。

尚崇仕地十八日，坐落刘家峪原册家人林双喜耕种。

镶蓝旗尚崇坦佐领下

尚崇墀地一百二十八日，坐落四台子原册家人汪国凤耕种。

尚玉美地四十九日，坐落水寨子原册家人胡有德耕种。

尚玉音地一百七十二日三亩，坐落大望台原册家人朱孔英耕种。

尚崇坦属下徐大升地十五日四亩，坐落五庙屯。

镶蓝旗尚玉田佐领下

尚玉田地九十日二亩，坐落新屯原册家人陈国正耕种。

尚崇容地五十六日，坐落于树圈原册家人谭三耕种。

尚崇纹地三十日，坐落黄香屯原册家人周二耕种。

尚玉符地八十三日，坐落黄香屯原册家人王二耕种。

尚玉宙地二十日零三亩，坐落黄香屯原册家人欧二耕种。

尚崇玺地二十二日，坐落黄香屯原册家人赵六耕种。

尚崇悌地五十一日三亩，坐落侯家屯原册家人海州耕种。

尚崇博地七日三亩，坐落下夹河原册家人福堡耕种。

尚崇焊地七日三亩，坐落下夹河原册家人天保耕种。

尚崇憬地十一日，坐落下夹河原册家人福寿耕种。

尚玉白地二十七日，坐落下夹河原册家人二达子耕种。"①

根据这份档册提供的资料可知，尚王府在关外共有庄地八千五百一十日，按一日六亩计算，共有地五万一千零六亩，分布在海州所属四十个村庄。

四、八旗王庄生产关系的特点

清初八旗王公庄园从生产关系各个方面分析，主要是封建农奴制度，康熙中叶以后逐渐向封建租佃制过渡。

首先，从土地所有制来看，土地属王公贵族所有。八旗王公庄园包括两个部分，一部分是不纳国赋的免赋地，即入关之初分封的圈地和康熙六年以后分封皇子时，从皇庄内拨给王公的土地。另一部分是纳国赋的土地，即王公派遣壮丁开垦荒地或强占民人垦出的土地，此地目均由王公的庄头、壮丁领名，在官府册籍上以及纳粮票据上，只载明庄头、壮丁承领，交纳钱粮，从不写明王公的姓名。这些土地庄头、壮丁及租种庄地的佃农无权过问。除了清初禁止越旗交易和不许卖与汉民这点限制外。王公对于庄地有权任意处理，可以迫使包衣隶庄耕种，或招民佃种，也可以传给子孙，赏赐给奴婢包衣。不仅如此，清初耕种庄地的耕牛、农具等生产资料也多由王庄置备，归王公所有。

①《户部地亩档册》乾隆三年二月盛京地亩稿档。

其次，从壮丁在生产中地位及与庄主结成的关系来看，清初壮丁与庄主（王公贵族）是主奴关系，人身依附关系很强。庄丁（壮丁）是附属于主人的奴仆，虽可占有少量田产房宅，但对自己的个人财产，并无完全的支配权。对此，从顺治年间八旗贵族绰儿吉兄弟三人争夺遗产上表现甚明。当时三弟那木生格与四弟郎苏控告绰儿吉多分多占。其中提到他父亲在盛京的一群羊被绰儿吉个人独占。绰儿吉反驳说："羊不是父亲的，是波罗（壮丁）自各的，分家时，波罗分在我名下，羊随主得。"[①]说明壮丁波罗虽有自己的财产，但为庄主绰儿吉的壮丁，其私人的羊群也不能排斥主人的侵占，所谓"羊随主得"。不仅如此，家主对包衣人丁还可以任意鞭打捶辱。顺治年间，贵族格力派遣甘登子到庄屯催收粮谷，他仗恃贵族权势，对庄屯包衣（壮丁）毛二之妻大小姐，百般凌辱，竟致殴打至死[②]。清廷法令规定，包衣壮丁初逃鞭一百，二逃鞭一百，枷四十日，三逃处死。包衣本身不仅为奴，其子孙也必须世代为奴，不得改为民籍。再从"产品分配形式"来看，即王公贵族完全依赖壮丁资生度日。顺治皇帝在顺治十二年三月上谕云："昔太祖、太宗时，满洲将士征战勤劳，多所俘获，兼之土沃岁稔，日用充饶……向来血战所得人口，以供种地、牧马诸役。"[③]康熙四年（1665年）正月，康熙帝上谕："向因满洲藉家仆资生。"[④]这两条谕旨，反映王公贵族全赖剥削壮丁维生的真实情况。

其剥削壮丁的具体情况，从《顺治年间档》的记载便可得知。顺治五年，欧欧哈公主在盛京扎库达有五个拖克索（庄），每拖克索有耕田一百二十垧，每垧给种籽二升。第一年上半年，量给种籽、口粮、饲料，由正月十五日起到七月止，男丁妇女每月每口给粟一金斗，小孩减半[⑤]。同年八月二十八日，内务府致书盛京地方安塔木、布塔西等云："收取盛京

---

①《顺治题本》刑部，第222号。

②《顺治题本》，刑部尚书图海：为打死人命事。

③《清世祖实录》卷九十。

④《清圣祖实录》卷十四。

⑤《盛京内务府顺治年间档》，《清史资料》2期，中华书局，1981年版。

拖克索之粮食时，若每拖克索交纳一百二十斛，则正好；倘不足一百二十斛，则照例杖之。若超过一百二十斛，则不收，亦不奖赏①。"每庄耕田一百二十垧，每垧六亩折合七百二十亩，征粟一百二十斛（五斗为一斛），每垧征一斛，每亩征谷八升三合多，算是比较重的了。而且，这还只是正额，其他额外盘剥尚未包括在内。这种以实物地租为主的剥削形态一直到清中叶还存在。兹将雍正九年（1731年），尚王府庄园的银粮册摘引如下：

石青铺庄头冯得华，无差。

壮丁冯国祥上粗粮六石，麦子二斗，苏子二斗，京米二斗，猪一口，鹅二只，鸭子三只，鸡三只，大柴一车，秫秸一百五十束，干草五十个，炭十包，差银一两五钱。

壮丁李得智、壮丁叶秀华、壮丁廖有成、壮丁廖国荣以上四家，应交粗粮三十石，交麦子一石，苏子一石，京米一石，猪五口，鹅十只，鸭子十五只，鸡十五只，大柴五车，秫秸七百五十束，干草二百五十个，炭五十包，差钱七两五钱。②

从上段档案资料可知地租以实物为主，有粮食、猪、鸡鹅、草、柴、木炭等。此外，雍正年间有专门交纳银差的壮丁。

从上述王公庄园的生产资料所有制，庄丁的人身依附程度，产品分配形式三个方面看，清初庄园的土地属于八旗王公贵族所有，庄丁是八旗王公的奴仆，向家主纳租服役，具有农奴制的特征。

①《盛京内务府顺治年间档》，《清史资料》2期，中华书局，1981年版。
②《户部地亩档册》雍正九年十二月。

第四节　清初吉林地区的官庄

一、吉林官庄的建立与发展

　　吉林官庄是在抗击沙俄入侵解决战备军粮这样一种特殊的历史条件下建立的。十五世纪末，沙俄殖民势力越过乌拉尔山东来，十七世纪中叶，先后派以波雅科夫和哈巴罗夫为首的殖民主义者入侵我国黑龙江流域和松花江流域。至此，清政府进行了长达半个多世纪之久的反击沙俄入侵的战争。面对沙俄殖民主义者对当地中国各族人民强征勒索、奸淫烧杀、无恶不作的行径，清政府立即作了军事部署，进行正义的反击。顺治九年（1652年）七月，清政府命梅勒章京沙尔虎达、甲喇章京海塔、尼噶礼等统兵驻防宁古塔。翌年十月，升梅勒章京沙尔虎达为昂邦章京，镇守宁古塔①。宁古塔成为抗击沙俄的军事重镇。然而，当时宁古塔"木城颇小，城内外仅三百家"②，不能承受抗俄的军需能力。顺治十一年（1654年）四月，清政府派朝鲜援军赴宁古塔与清军配合抗击俄军，并令朝鲜援军自备军粮，可是朝鲜因饥馑，没有军粮可援，无奈只得从宁古塔官兵中的官粮支给③。由此说明宁古塔农耕不发达，粮食贮积不多。顺治十二年（1655年），清政府派尚书都统明安达里从京城率兵抵黑龙江、呼玛尔河的汇流处呼玛尔城围歼盘踞此城的俄军，因军粮供应不济被迫解围。顺治十五年（1658年），宁古塔将军沙尔虎达在黑龙江、松花江汇合点附近击破沙俄斯杰潘诺夫率领的船舰，也因粮饷不足，未能致敌于死命。几次战争的教训使清政府认识到，要有效地反击沙俄的入侵，取得这场正义战争的胜

---

　　①《清世祖实录》卷六十六。

　　②《李朝孝宗实录》卷十四。

　　③《同文汇考原编》卷七十二，军务。

利，必须彻底解决军粮问题。于是，清政府决定将原流徙开原以南尚阳堡的罪犯改为发遣宁古塔，隶屯垦田，解决军粮问题①。顺治十六年，规定应发宁古塔等处罪犯，"咨部差役递解"②。十七年题准，席北（伯都讷）系边外之地，以后流徙席北者，俱改流宁古塔。十八年定，凡反叛案内应流人犯，俱流徙宁古塔。这些发遣的罪犯"均拨给各官庄，以充壮丁"③，"编入农籍，拨地责垦。"④顺治朝宁古塔"有十官庄"，这是吉林官庄建立之始。

至康熙朝，吉林地区官庄迅速发展。康熙元年（1662年），升宁古塔昂邦章京为镇守宁古塔等处将军。康熙十年（1671年），康熙帝第一次巡视东北，指示宁古塔将军"加意防御，操练士马，整备器械，毋坠其狡"。十五年（1676年），下令移宁古塔将军治所到吉林乌喇。据高士奇的《扈从东巡日录》载，此年移宁古塔将军于吉林"建木为城，倚江而居，所统新旧满洲兵二千名，并徙直隶各省流人数千户居此，修造战船，日习水战，以备老羌"。这是清廷反击沙俄入侵具有决定性的重大战略决策。吉林是东北水陆交通大动脉，是抵御沙俄入侵的政治、军事、经济的大本营和战略要地。吉林土地肥沃，是生产粮食的基地，清政府尤其强调吉林"官庄所纳粮谷，关系兵备，至关重要"⑤。所以，康熙朝吉林官庄急遽发展。据乾隆元年版《盛京通志》卷二十四八旗田亩记载，康熙朝吉林官庄数量如下：

吉林乌拉五十处；

宁古塔十三处；

伯都讷六处；

计六十九处。

康熙朝在吉林乌拉、宁古塔、伯都讷等处又多设驻防八旗共一万余名，

①清杨宾《柳边纪略》。

②《吉林通志》卷五十一。

③光绪朝《大清会典事例》卷十六。

④《东三省政略》卷七。

⑤辽宁省档案馆：《三姓副都统衙门档》。

置旗地十二万多垧。乾隆年间又在三姓（依兰）设庄六处，包括打牲乌拉庄五处，合以前所设，共九十处①。这些官庄历经嘉道咸同诸朝，至清末一直保持原有数额。吉林官庄顺康时期开垦田地，生产军粮，成果显著，保证了民食与军饷。如各官庄每年应交粮数量：

吉林官庄一万五千石；

宁古塔官庄三千九百石；

伯都讷官庄一千八百石②；

生产这些粮食主要是靠流遣罪犯。在抗俄斗争中，松花江运粮船，载吉林、伯都讷、蒙古粮米，运往黑龙江前线。其中一次"所需军粮，取科尔沁十旗，及席北、乌拉之官屯，约可得一万二千石，可支三年"③。可见数量之大。

二、官庄的组织及特点

顺康时期的吉林官庄先后由宁古塔将军、吉林将军直接管辖，役使壮丁进行生产。壮丁主要是处于奴隶境地的流徙罪犯，这是顺康时期吉林官庄的特点。康熙朝伴随官庄的急剧增加，发遣罪犯的范围扩大，人数骤增。不仅政治犯，也包括其他罪犯。康熙五年复准：侵欺钱粮娄赃衙役，遇赦援免后仍入衙门应役者，除死罪外，流徙宁古塔。十七年复准：凡隐匿入官人口至五名，财物至五百两者，流徙宁古塔。十七年复准：凡贪赃官役免死减发落者，照例安插乌拉地方④。清朝将遣犯发配边地完全是镇压敌对势力的反抗和惩治不法之徒，"令其充当苦差，以磨折其凶狡之性"，并使其"势孤力散，恶不能逞"⑤。发往的遣犯上至将军等显要官员，下至农民、士兵、商贩等。如康熙时，奉天将军安珠护，因"惟务巧饰，乖张立异，

---

①乾隆四十八年版《盛京通志》卷三十八。

②乾隆元年版《盛京通志》卷二十四。

③《清圣祖实录》卷一百二十二。

④光绪朝《大清会典事例》卷七百四十四，《刑部》。

⑤《清圣祖实录》卷188。

邀誉沽名，于职掌毫无补益，大负委任"令其革退，发往宁古塔，乌拉等处效力①。参领王士仪拘拿要犯不力，被发往吉林披甲当差②。康熙年间，陕西盗犯朱尔玺与魏学吾等聚二百余人抢劫商州、洛南等处，"拒捕伤兵，逃匿山泽"。朱、魏二首犯斩决，将其从众九人发宁古塔。③更多的是清初的平叛活动，事后将其余众发往吉林。如三藩之乱平定后，将"吴藩旧党，发遣极边，充邮卒当苦差"，或"分配各城设屯耕垦，供给兵食"④。此外，流徙罪人也有披甲为差，充当水手夫役。黑龙江将军傅森曾说过，黑省水师营内，"发遣当差人犯，俱系顺治、康熙年间，发宁古塔等处安插之人。后因征俄罗斯，作为鸟枪、水师二项兵出征，凯旋后编为六佐领，令入旗披甲，录用官员。"⑤顺康时期究竟遣往吉林多少流徙犯，尚无系统准确统计。据零星记载，仅顺康七十几年，就已感到遣犯日多，人满为患了，因此雍正时下令改遣内地⑥。

顺康时吉林官庄以丁为准分拨土地。"每一庄共十人，一人为庄头，九人为庄丁，非种田即随打围烧炭。"⑦每壮丁给地二十垧，土地皆荒地。"一岁锄之犹荒，再岁则熟，三四五岁则腴，六七岁则弃之，而别锄矣。"⑧康熙四十五年又在吉林乌拉设内务府官庄五所。每庄拨给壮丁二十八名，庄头五名，壮丁百四十名。其中每庄壮丁有一半从事农耕，一半从事渔猎⑨。《扈从东巡日录》载，吉林乌拉土肥地沃，"地宜稷、宜谷、宜稗，三月插种，八月获刈。……不施粪溉，不加耕耨，可足终岁之用"。官庄壮丁"夏取珠，秋取参，冬取貂皮，以给公家及王府之用。男女耕作，终岁勤动"。

① 《清圣祖实录》卷一百零七。
② 《清高宗实录》卷六百五十一。
③ 《清圣祖实录》卷九。
④ 《黑龙江图解说》4—5页。
⑤ 《清高宗实录》卷二百四十三。
⑥ 《清世宗实录》卷三十。
⑦ 《宁古塔纪略》。
⑧ 方拱乾：《绝域纪略》。
⑨ 光绪朝《大清会典事例》卷一千一百九十六。

东北旗地研究

高士奇在康熙东巡吉林时作为扈从，他的记载是可信的。

当顺康时官庄壮丁开垦的土地，完全具有国家所有的性质。官庄生产的粮谷大部分要交给国家做为粮饷，或"衙门有公费，皆取办官庄"①。康熙帝多次强调设立官庄，为"屯积粮草"。因抗俄前线"防戍官军，人口众多"，"粮米所系最为紧要"②。反复告诫吉林将军等，"米粮甚紧要，农事有误，关系非细，宜劝勉之，使勤耕种"③。

当时官庄的剥削是很重的。据杨宾所见，"一夫种二十垧，垧收谷一石至二石，以土之厚薄为等"④。如以每垧平均一石半计算，一庄共收入一八〇石，除了纳租一二〇石以外，尚余六〇石，很难维持十人一年的生活，且每庄还要额外交"草三百束，猪一百斤，炭一百斤，石灰三百斤，芦一百束，凡家中所有悉为官物"⑤。足以说明官庄壮丁除维持自己的生命外，一切所有都交给了国家。敲骨吸髓的徭役地租，使壮丁陷于绝境。他们世世代代被束缚在官庄的土地上，虽不是奴隶，却是典型的农奴。这种制度正如马克思所说："有人身当作附属物而固定在土地上的制度，有严格意义上的隶属制度。"⑥这种隶属制度就是"农奴制的基本特征，就是农民被束缚在土地上"⑦。这种超经济的强制在清前期的官庄得到充分的反映。官庄庄丁其身份之低贱，受压迫之深重，就连康熙帝也不得不承认。康熙二十一年五月他给大学士的上谕中指出："流徙宁古塔、乌拉人犯，朕向者未悉其苦。今谒陵至彼，目击方知。此辈既无屋栖身，又无资力耕种。复重困于差徭。况南人脆弱，来此苦寒之地，风气凛冽，必至颠踣沟壑，远离乡土，音信不通，殊为可悯。"康熙帝借平定三藩之机东巡，历访祖陵，

---

①《宁古塔纪略》。

②《清圣祖实录》卷二百三十一。

③《吉林通志》卷一。

④《柳边纪略》。

⑤《宁古塔纪略》。

⑥马克思：《资本论》第三卷，1032页。

⑦《列宁全集》第二十九卷，439页。

谒报平叛之捷，途中视察了吉林乌拉。此上谕叙述了此际的感受，特意提及流犯的悲惨境地，可见一斑。所以曾有改遣之谕："虽若辈罪由自作，然后辽阳诸处安置，以足以蔽其辜矣。彼此尚有田土可以资生，室庐可以安处。"[1]康熙朝以后，仍有罪犯遣吉，有增无减。

三、吉林官庄与吉林地区的开发

顺康时期的吉林官庄在反击沙俄，戍守疆土，保证前线官兵的粮饷供给，为战争的胜利奠定了雄厚的物质基础。从其战略意义上说，功不可泯。而吉林官庄对清前期吉林的开发，更是功不可没。

顺康时期的官庄庄丁具有双重身份，既是遣犯又是国家奴仆，既受法律的惩治又受国家的剥削，处境是很悲惨的。历史的发展，社会的进步往往是伴随着"血与火"进行的。十五世纪到十七世纪初英国的圈地运动，致使成千上万的小农失去土地，正是这种所谓的"羊吃人"造成了农民与土地的分离，加速了英国资本原始积累，为迎接资本主义的新曙光创造了必要的前提和条件。这是历史的辩证法。顺康时期的吉林官庄也是如此。伴随着对庄丁的奴役和剥削，带来了对吉林地区早期的开发，给吉林地区的农业、工商业、经济文化等方面带来了深刻的影响。

吉林地区农业开发以此为开端。历史上吉林地区为"极边苦寒之地"。比奉天经济落后，人烟稀少，交通不便。"因吉林、黑龙江二处地气苦寒"，便成为罪犯流放地。使发遣罪犯于此地"备尝艰苦，长受折磨"，"令其充当苦差，以磨折其凶狡之性"。其艰苦落后程度可想而知。清初以对俄备战为契机，屯积粮秣，编入农籍，拨地责垦。庄丁在难以想象的艰苦条件下，披荆斩棘，变榛莽为良田，使过去人口稀少的边荒出现许多村屯聚落。尽管当时的农业开发在深度、广度上还很有限，主要是在宁古塔、吉林、伯都讷等军事交通要地或与此地区相关联的驿站之地。日久天长，生齿日繁，逐渐形成"每站多者数百家，少则数十家的聚落"。

①《清圣祖实录》卷一百零二。

建设城邑，繁荣商业，形成北方重镇。至康熙朝末期，沿松花江流域，俱设城郭。东北著名的边外七镇，吉林地区有其四：吉林乌拉、宁古塔、伯都讷、三姓。宁古塔初为北方第一重镇。顺治初"木城颇小，城内外仅三百家"。康熙初年，重建新城，"城高地深，人民繁庶，畜产遍野，耕农之地，在城外十里"[①]。《柳边纪略》载，康熙时宁古塔东关店铺有三十二家，"土著者十，市布帛杂货，流寓者二十二，市饭食"。到咸丰时"宁古塔城乡大小店铺共有一百八十三家"[②]。并出现早期的庙会，关帝庙、西庙、三关庙、子孙娘娘庙、城隍庙、土地庙、娘娘庙七座。每逢"春夏间，满汉男女，载酒征歌无虚日，文人多赋诗以记其盛"[③]。省城吉林后来居上。其原为船厂，顺治十五年造船于此。康熙十五年春，移宁古塔将军驻此，建木为城，倚江而居。这里既是军事重镇又是商业城市。南临松花江，东西北各一门，"中土流入千余家"，尤其"西门百货凑集，旗亭戏馆，无一不有，亦边外一都会也"[④]。伯都讷城，康熙三十一年修建。据宁古塔将军等奏称："白（伯）都讷地方，系水陆通衢，可以开垦田土，应于此地，修造木城一座。"[⑤]设副都统，置驻防八旗。这些边外重镇，除具有政治、军事重镇的特点外，其经济也日益繁荣，并促进了周围地区一些集镇的发展。

众族杂居，为民族融合的先声。吉林地区为满族的发祥之地，"凡各村庄，满洲人居者多"。清初为使编入官庄的庄丁安于戍所，终身为奴，规定允许携带妻子前往，数世而后，子孙繁衍，生齿日繁，且给旗人、披甲人为奴，形成以满汉为主的众族杂居的局面，客观上促进了各族人民间的经济文化的交流。宁古塔当地人"不知养蜜蜂，有采松子者……于枯树中得蜂蜜"。"遇喜庆事，汉人自为蜡烛，满人亦效之。"[⑥]又据《柳边纪略》记

---

① 《星湖僿说类选》卷九。

② 中国第一历史档案馆：《宁古塔副都统衙门档》1—519。

③ 杨宾《宁古塔纪略》。

④ 吴桭臣：《柳边纪略》。

⑤ 《清圣祖实录》卷一百五十五。

⑥ 吴桭臣：《宁古塔纪略》。

载，满族人初不知衣布帛，"富者缉麻为寒衣""贫者衣狍、鹿皮"。因流徙人穿布衣，满人"皆羡焉"①，仿穿布衣。可见，各族之间的交往融合是打破民族、阶级、身份限制的。至道光年间，如法国传教士嚣克所说："满洲境内无一村镇非汉化，实与中国本部各行省无异也。"而这种民族融合之势先导于顺康时期。

官遣罪犯为汉族流民的先导。顺康时期吉林官庄的流徙遣犯为吉林早期开发者、拓荒者。尽管当时吉林的广大地域还是未开垦的处女地，但是乾隆中叶以后关内汉族流民由南向北源源流入吉林地区，进行大规模的开发，正是在流徙遣犯开发的基础上进行的。

东北旗地研究

---

①吴桭臣：《宁古塔纪略》。

第三编　清中叶以后旗地的发展与变化

第一章　驻防旗地的发展与变化

第一节　旗地的发展与红册地的设定

一、驻防八旗的增加与旗地的发展

康熙中叶以后，东北八旗驻防兵额有所增加。《户部则例》记载：

盛京八旗兵丁 22816 名；

吉林八旗兵丁 15921 名；

黑龙江八旗兵丁 11692 名[①]。

由此可见，东北八旗驻防兵额比康熙中叶以前增加一倍多。伴随驻防兵额数量的增加，东北驻防旗地的数量也日益增多。据乾隆元年版《盛京通志》记载，雍正四年（1726年）丈量奉天所属旗地：

兴京旗地 116240 日；

奉天旗地 362715 日；

---

① 《户部则例》卷十九，《兵饷》。

开原旗地 207638日4亩；

凤凰城旗地 35668日1亩；

盖平旗地74514日；

南金州旗地55164日2亩；

牛庄旗地140897日5亩；

广宁旗地376064日1亩；

义州旗地146739日5亩；

锦州旗地183332日5亩；

辽阳旗地353228日；

熊岳旗地56721日；

复州旗地27986日；

岫岩旗地35774日2亩；

宁远旗地195098日2亩；

合计：1367804日4亩①。

就其总的数字看，雍正朝奉天旗地是康熙朝旗地的2.03倍，是顺治朝的5.36倍，以后续有增加。乾隆四十五年（1780年），奉天有旗地及旗余地（旗人私开地）2509274日，而嘉庆十七年（1812年）已达到2746240日。旗余地乾隆四十五年（1780年）共有223557日3亩②。《东三省政略》叙述奉天旗地时说："考其总数，实占全省地亩之大半。"③

康熙中叶，宁古塔将军所属伯都讷（扶余）、三姓（依兰）、阿勒楚喀（阿城）等地陆续派驻防八旗，设置旗地。康熙三十年（1691年），伯都讷设副都统，置驻防八旗。据宁古塔将军等奏称："白都讷地方，系水陆通衢，可以开垦田土，应于此地修造木城一座。"④康熙五十三年（1714

①乾隆元年版《盛京通志》卷二十四，《田赋·八旗田亩》。
②光绪朝《大清会典》卷十一。
③《东三省政略》卷八，《旗务》。
④《清圣祖实录》卷一百五十五。

年），于三姓、珲春派驻防八旗，设置旗地。雍正三年（1725年），在阿勒楚喀置驻防八旗。据雍正二年（1724年）十二月副都统田象坤上奏：拉林、阿拉楚喀等地方辽阔，适宜垦田，且距船厂（吉林）、伯都讷近，此地宜移驻八旗垦田。至雍正朝，吉林八旗驻防兵丁旗地数量，分布如下：

吉林乌拉旗地 37123日（另有吉林水师营旗地4426日）；

宁古塔旗地 43498日；

伯都讷旗地 18530日；

三姓旗地 12926日；

珲春旗地 8894日；

阿勒楚喀旗地 4908日；

合计 125879日[①]。

按上表所示，宁古塔旗地最多，吉林乌拉次之，伯都讷、三姓、珲春、阿勒楚喀依次递减。乾隆四十五年（1780年）丈量吉林八旗兵丁旗地：

吉林及鸟枪营旗地 95134日；

吉林水师营旗地 2226日；

吉林各驿站旗地 49997日；

吉林各边门旗地 26652日；

宁古塔旗地 65290日；

伯都讷旗地 69011日；

三姓旗地 8116日；

阿勒楚喀旗地 36278日；

珲春旗地 12050日；

打牲乌拉旗地 40338日；

合计：405092日[②]。

乾隆朝比雍正朝旗地总额增加三倍多。

①《八旗通志初集》卷18，土田志一。
②引自孔经纬《东北经济史》，第30—31页。

黑龙江省继黑龙江将军移驻墨尔根，康熙三十二年（1693年），又移黑龙江副都统驻墨尔根。三十八年（1699年），黑龙江将军、副都统，皆自墨尔根城移驻齐齐哈尔。至此黑龙江驻防八旗之制确立。乾隆朝黑龙江驻防旗地额如下：

齐齐哈尔旗地72371日；

墨尔根旗地20602日；

黑龙江旗地36961日；

呼兰旗地20685日；

布特哈旗地22100日；

合计：172719日[①]。

总之，东北旗地额的增加，与东三省驻防八旗数量的增加有密切关系。

二、旗地的赋税征收与红册地的设定

顺治朝至康熙朝初，清廷奖励八旗驻防旗人开垦土地，对旗人"无粟米之征"，所以八旗驻防旗地显著增加。康熙二十八年（1689年）派遣官员丈量奉天旗地，至三十二年丈量结束。据乾隆元年版《盛京通志》卷二十四《田赋·八旗田亩数目》，此时奉天八旗十五城驻防旗地为1167544日5亩。与顺治朝奉天八旗驻防旗地比，增加了2.64倍。这样清廷于康熙三十二年（1693年）行丈奉天旗地，以亩为准征豆草。该年议准：

> 盛京旗人所种地亩，每年地一垧征豆一关东升，草一束。今将地亩丈量，不论何属之人，俱照八旗十三城所管地界，交与协领、城守尉等催追。[②]

这是东北旗地以亩为准征收赋税的开始。当时全国范围内的旗地仅东北旗地征收赋税。原因在于东北旗地与关内旗地在旗地的构成上发生了变化。关内旗地主要由原圈地（分给旗丁份地）和带地投充地构成，圈地为

①乾隆四十八年版《盛京通志》卷三十八，《田赋二》。

②乾隆元年版《盛京通志》卷二十四。

东北旗地研究

主，以后没有增加。东北旗地主要由圈地构成，其后在原圈地外，又自行开垦了许多旗地。至康熙中叶，自开旗地是旗人的私有土地。此种旗地在康熙十九年（1680年），户部郎中鄂齐理已奉差前往奉天踏勘。据他所奏"东至抚顺，西至山海关，南至盖州，北至开原，皆经查勘"。"计田万顷有奇，征收钱银，约仅有万两。"[1]康熙帝虑及当时旗人生计，未便立即征收赋税。康熙三十二年由于这种自开旗地益加增多，决定征收草豆。旗地征赋的另一重要原因是军储的需要。当时沙俄的威胁并未完全解除，吉林、黑龙江屯有重兵，必须靠奉天地方的粮食接济。二十九年（1690年）征伐准噶尔噶尔丹叛乱，清廷命调奉、吉、黑三省八旗兵参加。同年四月，将奉天、锦州两府的地丁钱粮的剩银五千余两、牛马税银三千余两，用来买锦州、开原、辽阳、盖州等地粮粟，作为军储[2]。康熙四十七年（1708年）颁布制斗，每斗抵关东斗（市斗）伍升[3]。这样旗地每日征豆一升七合七勺，征草一束[4]。关于旗地豆草的征收，雍正二年（1724年）规定："盛京旗人所种地亩，仍照旧例，在何界内种地，即将彼界协领、城守尉，为督催之员，佐领、拖沙拉哈番品级旗员、骁骑校，为经催之员，如有抗欠不交者，该督催官员即行拘拿治罪。"[5]即旗地在所属旗界内由其界协领、城守尉督催，佐领、拖沙拉哈番品级旗员（防御）、骁骑校经催，纳各城旗仓。

雍正四年（1726年），丈量奉天旗地，设定红册地。据《八旗通志》初集卷十八土田志一载：

> 四年议准：盛京旗地，自康熙三十二年起输草豆以来，未经查丈，档册舛错，旗民彼此争告，经年不绝。将王以下至闲散宗室之人，行文八旗，分别造册，送奉天将军，盛京户部，以备查丈地亩之大臣，会同

----

①《清圣祖实录》卷九十一。

②《清圣祖实录》卷一百四十五。

③乾隆元年版《盛京通志》卷二十三。

④乾隆四十八年版《盛京通志》卷三十八。

⑤《八旗通志初集》卷十八，《土田志一》。

核对查丈，仍将查丈过地亩若干，输纳草豆若干之处，造册具题查核。

由上段引文可知，旗地自康熙三十二年以来，长时间未经查丈，档册舛错，造成旗民间争讼不绝，清廷决定派员查丈。具体查丈步骤，《八旗通志》记载：

盛京地亩，令奉天将军、府尹、户部侍郎，会同差往丈量地亩大臣，将十四城界内，分为十四分。旗地、民地共同派出贤能官员，会同查丈。其皇庄捕牲人，三陵内佐领官员，屯庄执事人，闲散人等，千丁、驿站台上圈丁，户、礼、工三部屯庄官丁，僧道各项人等地亩，率领伊等该管官，共同查丈。务期详悉清楚，无致遗漏隐匿。丈完之日，将丈过地亩数目，造册送部。倘有隐匿不清之处，日后发觉，将查丈官从重治罪。①

其造册送部的地亩规定，"编号插牌，牌头串红绳……均拿片赴仓注册，编入旗档，交粮仓上，将纳粮执照，串在插片绳上，发还其执照"②，故有红册地之称。红册地是康熙三十二年以来旗地征赋的完善过程。"红册地本旧日旗人之私业"，无论原额份地，还是自开旗地，"实系私产，并非官地"，一律按亩升科，"照章纳税"③。按亩征税，照章升科，是东北旗地税制史上的一大变革。清前期，租赋合一，实际上是重人丁轻土地的劳役地租。这种税制与封建国家土地等级占有制相适应。目的是将劳动者旗丁固定在土地上，以保证劳动人手从而维持国家的财政收入。康熙中叶后，税制由以人丁为准转为按地亩征收，反映旗地的变化。

东北驻防旗地纳赋红册地的数量及负担。《盛京通志》统计，雍正朝奉天、兴京、锦州等十五城共有红册地二百三十六万七千八百零四日亩④。《大清一统志》与其记载基本相同⑤。此红册地是康熙朝旗地的2.02倍。说

①《八旗通志初集》卷十八，《土田志一》。

②《盛京时报》光绪三十三年三月一日。

③《东三省政略》卷八，《旗务》。

④乾隆元年版《盛京通志》卷二十四。

⑤《大清一统志》卷三十七。

明纳赋红册地在奉天占很大数量。红册地的纳赋负担,《会典》规定:内城每亩交豆二合九勺五撮(六亩为一升七合七勺),六亩交草一束。外城每亩改征米四合四勺一抄五撮[1]。由各城协领、城守尉催征,将"每年应征钱粮数目,编为十分,其欠一分至十分者,官员催领处分有差。"[2]旗地的赋税负担一般较轻。康熙朝旗地每日征豆一升,草一束,而民地每亩征银三分(每日十八分)。当时豆一升值银五厘二毫六丝至六厘五毫。可见,旗地的负担仅是民地三十六分之一,即民地负担为旗地三十六倍。雍乾时期,旗地改征米,每亩四合四勺二抄五撮(每日二升六合五勺五抄)。民地改银米兼征,分三则地,亩征米三升一合二勺七抄六撮至六升三合八勺三抄,银亩征一分至三分[3]。相比之下,旗地每亩负担是民地下则地五分之一。不包括兼收的一分银两,旗地每亩负担是民地上则米地十五分之一,也不包括兼收的三分银两。由此可知,旗地的赋税额是不重的。故《盛京通志》云"旗田计日,薄征草豆"。旗地征税说明对旗人私开土地的承认,至于旗地比民地赋轻是清廷为保护旗人生计,实行"首崇满洲"的民族统治政策的产物。

第二节　流民出关与旗界的设置及管理

一、流民出关与旗界的设置

清入关前后的东北,由于明清战争的破坏,到处是"荒城废堡,败瓦颓垣,沃野千里,有土无人"。对此,一些有识之士疾呼"欲消内忧,必当充

---

①光绪朝《大清会典事例》卷三十五。
②光绪朝《大清会典事例》卷一千一百九十七。
③乾隆元年版《盛京通志》卷二十三。

实根本"①，方是万年长策。为充实龙兴之地，清廷在加强八旗驻防，圈拨旗地的同时，也积极鼓励汉族民人出关开垦荒地。顺治六年（1649年）规定："是岁以山海关外荒地甚多，民人愿出关垦地者，令山海道造册报部，分地居住。"②顺治十年以辽阳为府，辖海城，辽阳二县，并颁布辽东招民开垦令：

> 是年定例，辽东招民开垦至百名者，文授知县，武授守备，六十名以上，文授州同、州判，武授千总。五十名以上，文授县丞主簿，武授百总，招民数多者，每百名加一级，所招民，每名口给月粮一斗，每地一垧给种六升，每百名给牛二十只③。

由此招垦令可知，前半部分是关于对招来农民之招头的奖励办法；后部分是对招来民人的优惠规定。康熙二年（1663年）又谕："辽东招民百名者，不必考试，俱以知县录用。"④以后续颁，叠加优典，以补原令之效力。康熙元年至四年又新设锦县（锦州）、承德（沈阳）、开原、铁岭、盖平（盖州）、广宁、宁远等府州县。康熙七年（1668年）招垦令停止。从招垦令颁布至康熙七年奉天人丁、土地数量如下表⑤：

年代	府州县	人丁增长	年代	府州县	土地增长
顺治十七年	辽阳、海城	3723丁	顺治十七年	辽阳、海城	48165亩
顺治十八年	金州	229丁	十八年	金州	7169亩
康熙七年	承德等六州县	2643丁	康熙七年	承德等六州县	6737亩

据上表所示人丁、土地数，说明辽东招民令有一定成效。于是清廷通过招民开垦令将出关的汉民与离散的辽东民人安辑入籍，编成民地，承认其土地所有权，由州县征收赋税，摊派徭役，组成与内地封建生产关系一样的民地系统。当时的民地与各城城守尉统辖的国家所有的旗地相比，数量很少。据乾隆元年版《盛京通志》，顺治朝旗地为26525顷82亩，民地为

①《清圣祖实录》卷二。
②《清朝文献通考》卷一。
③乾隆元年版《盛京通志》卷二十三。
④《古今图书集成·食货典》卷五十一。
⑤乾隆元年版《盛京通志》卷二十三。

609顷33亩，旗地是民地的43.53倍。然而，当时旗界民界还没有严格的区分，旗人居住旗界，民人居住民界的政策尚未实行。据《铁岭县志》记载："居民鲜少，城内外及附近数处，约略可尽，惟南赴奉天府沿途，仍有三四处，其余则皆旗下旧人居之。"①此时汉族民人不多，旗民同居一处村落。

康熙十年（1671年）以后，全国许多省分遭灾，直隶、山东、河南等北方诸省的流民大量涌向关外。尤其是山东地区，因地力不丰，物产缺乏，更加天惠稀薄，涌向关外的流民更多。仅山东沂州地方就占山东流民总数的 47%。据《沂州志》卷二载："沂州地土广衍，一望硗薄，价值无几，小民多田多累，四封强半荒芜。土瘠民贫，百倍勤苦，所获不几，下农拙于营生。岁歉则轻去他乡，奔走京师辽东塞北。"自然灾害加上与官府结合的地主、富豪的盘剥，即使丰年"穷民所得之分甚少，一遇凶年，自身并无田地产业。少壮者流离四方，老弱者即死于沟壑"②。直隶、山西、河南的情况类似。因此地广人稀的东北必然成为流民寻求生路的乐土。康熙十年（1671年）以后，流入关东的汉民渐多，民地突增。据乾隆元年版《盛京通志》载，民地如下③：

顺治十八年	609顷33亩
康熙十三年	1829顷73亩
康熙二十二年	3128顷59亩

流民流入各地的旗人村屯，与旗、民杂处的现象愈来愈多。当时就连大凌河旗人牧场村落，流民竟达"每村或十数家，或二、三十家"④。旗、民杂处造成了不输旗租的旗地与交纳赋税的民地之间混淆，出现地亩隐匿不报，欺瞒舞弊诸事。康熙十八年（1679）二月，清廷命奉天府尹同盛京户部，履亩逐一清丈隐地。是年十二月，根据查丈情况，提出将盛京地亩划分为旗界与民界。其文曰：

---

① 《铁岭县志》卷上，《疆域志·村落》。
② 《清圣祖圣训》卷二十一。
③ 乾隆元年版《盛京通志》卷二十四。
④ 《清圣祖实录》卷一百零六。

奉天所属，东自抚顺，西至宁远州老君屯，南自盖平县拦石起，北至开原县，除马厂等甸地外，实丈出五百四十八万四千一百五十五垧，分定旗地四百六十五万五千三百八十垧，民地八十七万八千七百七十五垧。①

翌年，康熙上谕重申："盛京田地，关系旗丁民人生计，最为紧要"，"将各处田地，清丈明白，务令旗民咸利，设立边界，永安生业。"②康熙二十八年（1689年）十二月，为进一步明确旗民疆界，清廷派户部郎中郑都会同盛京户部、奉天府尹共同详察所属地方的旗民地亩，分立界限。规定：嗣后旗人、民人必须在本界地垦种，不许越界。"其旗民有不利于所圈界内垦荒，而侵占熟田者，照定例治罪。"③康熙帝得此奏重申："奉天地方，旗民杂处，生事之人及盗贼人命之事甚多，必照驻防省分，旗民分居。"命令奉天将军、府尹，将奉天城内旗、民，分开居住。是年十一月，奉天将军将"奉天城内及关厢居住民人三百余户"，搬移在城外择一处安插。明确规定："嗣后有卖房者，在旗界内之民房卖与旗人，在民界内之旗房卖与民人，违者照侵夺例治罪"，旗、民分开居住，有"互相侵占田土者，仍如前议治罪。"④

当时旗界与民界辖界差别很大。据乾隆元年版《盛京通志》，辽阳城守尉所辖旗界与辽阳州的所辖民界如下表⑤：

方位	辽阳城守尉辖旗界	辽阳州辖民界
东	一堵墙　350里	官马山　75里
西	网户屯　120里	烟狼寨　50里
南	生铁岭　130里	黑山谷　80里
北	十里河　60里	杨家湾　60里
东南	分水岭　190里	浪子山站　60里

①《清圣祖实录》卷八十七。
②《清圣祖实录》卷九十一。
③《清圣祖实录》卷一百四十三。
④《清圣祖实录》卷二十六十二。
⑤乾隆元年版《盛京通志》卷十二，疆域。

西南	新台子　90里	鞍马驿　60里
东北	张起寨　120里	十里河　60里
西北	四方台　90里	船城　60里

此里数表示至辽阳城的距离。据此可知，辽阳城守尉辖旗界比辽阳州管民界既广又远。其他各城也是如此①。可见，康熙十八年以后，清廷为防止民人侵占旗人田亩，设立旗界民界，"编户则守令治之，八旗则城守辖之。"②其用意在阻止流民，限制民地发展，保护满洲八旗的根本利益。

二、旗界内旗地的管理与旗界的破坏

清廷对八旗兵丁一般是按八旗左右翼的顺序分辖各旗界进行管理。奉天城八旗分辖情况，《盛京通鉴》卷二记载：

> 盛京省城界址，凡边城以内砖城以外，街道地面，分隶八旗防御管理……巷口以内地面，分隶八旗六十三佐领管理……边城以外，所有村屯地面，分隶八旗查界佐领管理。

即由八旗防御、佐领分辖，依左右翼的顺序分定旗界。其他各城也如此。如锦州城内由北门至南门，以东为左翼四旗，以西为右翼四旗，城外村屯也由左右翼分辖。不仅奉天，吉黑两省也同样如此。据《呼兰县志》记载：

> 全境俱以八旗名之。河东为左翼镶黄、正白、镶白、正蓝四旗；河西为右翼正黄、正红、镶红、镶蓝四旗③。

各旗界按八旗左右翼的顺序分辖是为了给予旗人分拨旗地。旗地于各旗界内分拨，如奉省义州所辖旗界旗田，西路旗地拨给镶红、正红；东路拨给镶白、正白；南路拨给镶蓝、正蓝；北路拨给镶黄、正黄④。《黑龙江外纪》亦载，黑龙江、齐齐哈尔、墨尔根三城，八旗旗地"按左右翼分配，

---

①乾隆元年版《盛京通志》卷十二，《疆域》。

②乾隆元年版《盛京通志》卷十二，《疆域》。

③《呼兰县志》卷一，区划。

④《义州县志》卷中，《财赋志》，"田赋"条。

两黄旗于城北，两红旗于城东，两蓝旗于城南，两白旗于城西。"①清廷规定，旗地必须在旗界内授拨，"若不论疆界，挑选膏腴，徇情派者，佐领、领催分别罚责"②。即使在旗界内，也必须按八旗左右翼的顺序分拨。所谓"分定地界居住，不许移居"③。康熙、雍正时期东北各旗界地的数量：奉省所属旗地1367804日4亩④，吉省所属旗地125879日⑤，黑龙江所属旗地172719日⑥。

上述各城旗界内旗地，清廷作为旗的产业，屡次谕令，旗人"于官差余暇，俱备力田躬耕"，"不许全雇民人耕种取租，必三时力作，相率务农"，并"令该管大臣，立法劝惩，如有不事耕种者"⑦拿该管官试问。其目的是"调剂旗人"的生计，并将旗界内的余地，留给旗人子孙。故"向例不许流民耕种"，否则"将来旗产势必日见甚少"，"占碍旗人生计。"⑧为此，清廷一方面加强对旗界内旗地的管理，另一方面驱逐进入旗界，侵占旗地的流民。

清廷加强对旗界旗地的管理，首先是严禁旗地买卖。康熙九年（1670年）规定："官员、甲兵地亩，不许越旗交易。"⑨雍正七年（1729年）又谕："八旗地亩，原系旗人产业，不准典卖与民，向有定例。"⑩说明旗兵拨授的土地只能"世守"，不许典卖。即使旗丁贫困，缺乏籽种、牛具，"无力耕种，坐使土地荒芜"，也不得卖掉旗地。对此，清廷"令该管章京宜加体

①《黑龙江外纪》卷二。
②《八旗通志初集》卷十八，《土田志一》。
③乾隆元年版《盛京通志》卷二十四。
④乾隆元年版《盛京通志》卷二十四。
⑤《八旗通志初集》卷十八，《土田志一》。
⑥乾隆四十八年版《盛京通志》卷三十八。
⑦《清高宗实录》卷二百零六。
⑧《清宣宗实录》卷二百八十五。
⑨康熙朝《大清会典》卷二十一。
⑩嘉庆朝《大清会典事例》卷一百三十五。

察，令有力者助之"①。

其次，对旗界内的旗地采取免征赋税或少征赋税的优惠政策。清入关前，八旗兵丁以劳役地租的形式向国家缴纳贡赋。入关后，清廷成为统治全中国的封建王朝，为使八旗兵丁效力清廷，借以维持在全国的民族统治，免旗人额输粮草，布匹②。所以康熙三十二年前，东北旗丁免官粮、差徭。披甲主要任务驻防守边，余丁则专事耕种。故《盛京通志》云，八旗兵丁"并无粟米之征"。康熙三十二年（1693年），清廷行丈奉天旗地，以亩为准征豆草，旗地每日"征豆一升七合七勺，征草一束"③。旗地的负担是很轻的。而同时期，东北民地赋税，每亩征银三分（每日六亩，十八分）。当时豆一升折银五厘二毫至六厘五毫。可见，旗地的负担仅是民地的三十六分之一，即民地负担为旗地的三十六倍。如《盛京通志》所云："旗田计日，薄征草豆"，"凡所以优恤辽海者，皆复丰沛意也。"④

清廷在加强旗界内旗地管理的同时，严禁汉族民人进入旗界，侵占旗地，并对侵占旗地的流民罚以重税。

康熙中叶后，几十年的太平盛世，伴随生产的发展，关内人口骤增。因土地不足，造成了大量的人口过剩，不待凶年到关外觅食的流民就数以万计。康熙五十七年（1718年）上谕云："今太平已久，生齿甚繁，而田土未增……或有言开垦者，不知内地实无闲处。今口外种地度日者甚多。"⑤出关民人的不断涌来，严重威胁着旗人的生计。因而在乾隆五年颁布封禁东北的法令。旗人生计被日益增多的流民所"侵害"，清廷决心凭借政权的力量进行干预，维护旗人在东北的经济特权。乾隆二十七年（1762年），对流入宁古塔旗界的流民进行驱逐。乾隆四十一年（1776年），清廷对吉林全部封禁。是年十二月上谕军机大臣曰：

①《皇朝开国方略》卷二十四。
②《清世祖实录》卷六。
③光绪朝《大清会典事例》卷二十五。
④乾隆元年版《盛京通志》卷二十四。
⑤清王光谦编《东华录》，卷九十七。

盛京、吉林为本朝龙兴之地，若听流民杂处，殊于满洲风俗攸关，但承平日久，盛京地方与山东、直隶接壤，流民渐集，若一旦驱逐，必至各失生计，是以设立州县管理。至吉林原不与汉地相连，不便令民居住。今闻流寓渐多，著传谕傅森，查明办理，并永行禁止流民，毋许入境。①

与此同时，对流民进入境界侵占旗地，或入官，或课以重赋。康熙四十年（1701年），岫岩城五块石牧马官厂，旗界内有山东流民偷垦地亩。户部议定，令其入官。乾隆四十五年（1780年），开地一百六十六亩二分。清廷规定："每亩照私开例征银八分，征米四合二抄五撮。"②此私开地即合每日征银四钱八分，米二升六合五勺五抄，相当于旗余地上则地每日租钱四钱八分和旗地每日征米二升六合五勺五抄并征，带有惩罚性。对此，乾隆帝在四十六年（1781）的上谕中说：

> 流民私垦地亩，于该处满洲生计大有妨碍，是以照内地赋税酌增，以杜流民占种之弊，且撤出地亩，并可令满洲耕稼，不特于旗人生计有益，兼可习种地之劳，不忘旧俗，原非为加赋起见。③

可见，清廷设置旗界，目的在于保护旗人的经济特权，防止流民进入旗界侵占旗地。

然而历史的发展不以清朝统治者的主观意图为转移。乾隆朝以后，流民非但未减，反而大量涌入，旗界逐渐破坏。乾隆四十年（1775年）十二月，盛京侍郎兼府尹富察善上奏说："奉天各州县及旗庄地方，旗民错处，并无旗界民界之分。"④《开原县志》所列乾隆朝以后旗屯、旗民屯、民屯之数即是最好的例证。请见下表⑤：

---

① 《清高宗圣训》卷二百六十四。
② 《开原县志》卷五。
③ 《清朝文献通考》卷五。
④ 《清高宗实录》卷九百九十八。
⑤ 《开原县志》卷五。

方位	旗屯	旗民屯	民屯	计
城东村屯	4	6	3	13
城西村屯	28	25	11	64
城南村屯	3	2	15	20
城北村屯	4	5	2	11
城东北	1	2	6	9
城东南屯	16	16	37	69
城西南	18	15	12	45
城西北	8	14	1	23
合 计	72	86	87	255

如前所述，康熙朝分拨旗界民界时，开原城守尉所辖旗界比开原县所辖民界大得多，旗屯多于民屯。然而乾隆朝以后，发生了变化，这255个村屯中，旗屯不过72，民屯87，旗民屯86。其中旗民屯当初必是旗屯，后汉人流入，变成为旗民混居村落。这种情况乾隆以后带有普遍性，随着旗界的破坏，旗人纳各城旗仓的赋税已不可能。清室曾三令五申："盛京旗人所种地亩，仍照旧例。在何界内种地，即将彼界协领、城守尉为督催之员，佐领、拖沙喇哈番（云骑尉）品级旗员、骁骑校为经催之员。如有抗欠不交者，该督催官员即行拘拿治罪，如有催追不究之数，计分数题参。"[①]治罪也罢，题参也罢，无济于事。乾隆朝以后，奉天城内旗仓征收的额米常常入不敷出。

三、旗民土地占有格局的变化

康熙中叶以后关内汉人纷纷涌向关外开垦土地，逐渐打破清初旗地占统治地位的格局。康熙五十一年上谕，仅山东民人来东北垦地者"多至十万余"[②]。

雍正年间，随着流民日增，民治机构益加充实。雍正十一年（1733），在金州新设宁海县。翌年，增置奉天理事通判二员：一员驻

---

① 《八旗通志初集》卷十八，《土田志一》。
② 《清圣祖实录》卷二百五十。

奉天府盖平县，辖海城、盖州、复州、金州四州县；一员驻锦州府锦县，辖锦县、宁远、广宁、义州四州县。此等机构的设置主要在辽东沿海岸地方，说明从山东方面渡海来关外的流民很多。关于顺康雍三朝民人流入、民地增长以及与旗地的比率增长情况，列表如下：[①]

（一）奉天各州县民丁

年 代	民丁数
顺治十八年	5557丁
康熙二十四年	26227丁
雍正十二年	45089丁

雍正朝的民丁为顺治朝8倍，为康熙朝近5倍。

（二）民地起科面积与旗地面积

民 地	旗 地
顺治朝　609顷33亩	顺治朝　26525顷82亩
康熙二十四年　3117顷50亩	康熙三十二年　70052顷69亩
雍正十二年　18230顷47亩	雍正五年　142069顷40亩

据上表所示，雍正朝民地是顺治朝民地近6倍，相反，顺治朝旗地是顺治朝民地4.3倍多，康熙朝旗地是康熙朝民地2.2倍多，雍正朝旗地是雍正朝民地的7.7倍。可见，民地的不断扩大，与旗地的比率日益扩大，民地逐占优势，旗地逐步处于劣势。

吉黑两省流民流入较晚。顺治康熙初期，为备俄储粮，在吉林将流徙罪犯编入官庄，隶农垦田。康熙、雍正朝始有流民进入。雍正四年（1726年）覆准："船厂（吉林）等地开垦地亩，禁止旗民互相典卖。"[②]流民与旗人杂处，发生旗民典地的交涉事件。为解决民人民地渐增而引起的税收及其他民事，同年于吉林地方设永吉州，于宁古塔设泰宁县，于伯都讷设长宁县。这是吉林行政沿革史上的划时代的变化。关于吉林民人地丁情况，

①乾隆元年《盛京通志》卷二十三。
②光绪朝《大清会典事例》卷一千一百一十九。

据乾隆元年《盛京通志》列表如下：①

州县	年代	人丁数	起科面积
永吉州	雍正十二年	2186丁	272顷13亩
长宁县	雍正十二年	201丁	142亩
合计		2387丁	273顷55亩

据表所示，吉林民地人丁与前述表格中奉天比是微不足道的，与吉林省旗地比，数量亦是很少的。但已窥见民地逐渐发展的势头，乾隆朝以后，民地数量大增。

民人的不断涌来，使满汉土地占有关系的格局发生了明显的变化，威胁着旗人的生计。乾隆五年颁布封禁东北的法令。是年四月，乾隆谕令舒赫德等曰：

> 盛京为伪满洲根本之地，所关甚重，今彼处聚集民人甚多，悉将地亩占种。盛京地方，粮米充足，并非专恃民人耕种而食也，与其徒令伊等占种，孰若令旗人耕种乎！⋯⋯尔至彼处，与额尔图详议具奏。寻奏："奉天地方为根本，所关实属紧要，使地方利益悉归旗人。但此等聚集之民，居此年久，已立有产业，未便悉行驱逐，须缓为办理，宜严者严之，宜禁者禁之，数年以后，集聚之人渐少，伪满洲各得本业，始能复归旧习⋯⋯"②

清廷鉴于流民人数日多，以致"侵害"旗人生计，决心凭借政权进行干预，维护旗人的特权。清廷的封禁究竟有多大实际效果呢？我们将乾隆四十八年版《盛京通志》所载乾隆四十八年前民人丁、户、口列表如下，可见一斑：③

乾隆六年	49412丁	60057户	359622口
乾隆二十六年	81771丁	92829户	668876口
乾隆四十六年	82803丁	115194户	792093口

人丁，乾隆四十六年是初年的一倍，户口为二倍。此比率仅说明入籍的

---

①乾隆元年版《盛京通志》卷二十三。

②《清高宗实录》卷一百一十五。

③乾隆四十八年版《盛京通志》卷三十八。

人丁，未入籍者更多。因为流民一旦入籍编入保甲，要交丁粮，纳地赋，还要负担各种徭役，因此，流民百般设法逃避入籍。由此可见，乾隆年间，清廷的封禁并没有取得实际效果，流民人数仍在增加，民地数量仍在增加。

乾隆五年以后，出关流民迫于封禁以及辽东日趋密集的人口，因而自发地沿着锦州——开原——吉林一线不断的北移。如船厂吉林等地，此时人口增长之速，跃为关外各地之首。该处民地由雍正朝273余顷，至乾隆朝猛增至11619顷，增长了42.5倍[①]。可见民地的发展势头之盛。清廷的封禁政策不仅未在辽东奏效，反在柳条边外打开缺口，流民的脚步，从此踏上吉林、黑龙江的广阔土地。

康乾时期流民大量进入东北，造成满汉土地占有关系的格局发生了明显的变化。流入东北的汉族人民从内地带来先进的生产方式和生活方式，必然对东北旗地生产方式发生深刻的影响。同时伴随汉民的流入，关内的商业资本、货币经济也渗入东北地区，又因旗人家口增多，支出膨胀，物价腾贵，给旗人生计带来深刻的影响。

第三节　旗地生产关系的变化

一、旗地所有权向私有转化

首先，旗丁自垦地增多，旗地私有性质日益加强。康熙以后，旗人在原额份地之外，自开了许多旗地。康熙十九年（1680年），户部郎中鄂齐理踏勘奉天自开旗地。回奏："东至抚顺、西至山海关、南至盖州、北至

---

①乾隆四十八年版《盛京通志》卷三十八。

开原，皆继查勘，计万顷有奇。"①乾隆朝共丈出奉天红册地以外的旗余地（旗人私垦地）多达223557垧3亩，丈出吉林乌拉、伯都讷等旗余地38586亩②。此旗地与旗人原额份地的性质明显不同，属于旗人私有地。这种私有地的不断增加，反映旗地所有权由国有向旗人私有转化的历史趋势。

其次，旗地的越旗买卖。旗人越旗买卖旗地的事实早有发生。据《盛京内务府地亩稿档》记载：

> 本旗领催何太呈称，身祖陈世珍在日，于康熙二十四年（1685年），用价银一百六十五两，白契所买巨流河正黄旗界内，坐落后尖山，厢白旗现任佐领李全属下壮丁刻佐洪之曾祖刻花子名下红册地一百零四日八分。③

这是东北地区旗丁越旗买卖旗地较早的记录。这种现象雍正朝益多。雍正八年（1730年），镶红旗旗丁齐赖，将自己红册地三十九日和余地五日三亩，以银四十六两五钱，卖与正白旗兵丁鄂赫纳④，雍正间正红旗兵丁亲朱尔杭阿将"纳粮红册地四百二十九亩内，拨出地三百七十八亩，按价银五百六十七两，卖与内务府正白旗阿玺佐领下汉军闲散徐镜名下纳粮"⑤。乾隆间，旗地的越旗交易更加普遍。乾隆二十九年（1764年），坐落正白旗孟加寨石图佐领下兵丁彭牙尔夸，"有身名下红册地三十日内拨地五日，按价银三十二两"卖给正黄旗旗丁傅君弼。又"拨出地两日，按价银十一两"卖给正白旗丁黄祥，"剩地二十三日，仍在身下纳粮"⑥。在海城的尚氏子孙，在乾隆六年（1741年）至二十三年（1758年）的十七年间，因"一时乏用"，连续四次卖出旗地达7188亩，为尚家旗地的五分之一⑦。可见，标

---

①《八旗通志初集》卷十八，《土田志一》。
②光绪朝《大清会典》卷十一，《户部》。
③《盛京内务府地亩稿档》乾隆三十七年二月十日。
④《黑图档》雍正八年。
⑤《盛京内务府地亩稿档》嘉庆五年三月。
⑥《盛京内务府地亩稿档》乾隆二十九年五月二十日。
⑦《户部地亩档册》第三册。

志旗地国有的戒条——不许"越旗买卖"已被破坏。于是清廷不得不面对现实，承认"旗人田地，遇有缓急……情愿出卖者，准其不计旗分，通融买卖"①。旗地间的越旗买卖得到国家的正式承认。

再次，民典旗地。旗地既然可以越旗买卖，旗民交产当然也无法限制。原来清室法律规定严禁一般旗地私售于民，倘有私售，则查撤入官，所谓"旗地有限，若任凭家奴及民人契买，将来旗产势必尽归民人，是以严行禁止"②。然而旗民间变相典卖旗地的事实已早有发生。各地旗人往往采取支使长租或指地借钱等名义进行旗地交易，即"显避交易之名，阴行典卖之实"③。支使长租，即民人租种旗地，出三年以上押租钱，每年给旗人拿地租。民人不欠租，不许夺佃，撤佃时，必须将押租银退回，这种方法实际与典地相同。如道光十五年（1835年）十月，旗人桑朝选"因手内乏用"，把祖遗红册地三日，出典民人王景泰名下耕种，言明典后"任凭典主自便，不与原业主相干，典价市钱壹千吊整……一典三年为期"④。对此，清室屡次申禁。旗人出租地亩，如私行长租，一经查出，"将业主租户各治以违禁之罪，由业户名下将租价追出入官，由租户名下将地追出给还本人，以示惩儆"⑤。指地借钱，在吉林省较多。即"甲立一借券与乙，载明借乙钱若干，利若干，以甲之地亩若干，归乙征收，作为年利，日后本利清还，田归原主"⑥。实际"该民人借此牟利"⑦。道光二十九年（1849年），镶蓝旗佐领下闲散蔡福有"因度日不过"，"指册地七日，情愿借到张义福名下，凤市钱壹千七百陆拾吊整"⑧。旗人以指地借钱的名义将地押与民人耕种，实与典卖无异。清廷著令：有"称指地借钱，及支使长租者，

①光绪朝《大清会典事例》卷一百一十八。
②《乾隆部来档》309—1。
③光绪朝《大清会典事例》卷一百五十五。
④《满洲旧惯调查报告·典的惯习》附录。
⑤嘉庆朝《大清会典事例》卷一百三十六。
⑥《政治官报》宣统二年十二月二十二日。
⑦《奉天通志》卷一百一十三。
⑧《满洲旧惯调查报告·押的惯习》附录，30页，大同印书馆。

业户租户均照违制律治罪"①，以期制止。

民典旗地的私人契约无论典、押或借，均以耕种为目的。下为道光二十九年十月二十三日一份契约：

> 立借契文约人系厢蓝旗佐领下闲散蔡福有、金有叔弟二人，因度日不过，央人说允，指册地七日，情愿借到张义福明（名）下，凤市钱壹千七百陆拾吊整。其钱笔下交足，并无短欠。此地交于张义福耕种为主，同众言明，钱无息利，地无租粮，自立以后，并无返悔，倘有争竞之事，有户族保人一面承管。恐口无凭，立借契文约为证。②

契约内有的写明期限，有的期限不定，实质是变相的旗地买卖，而且在契约末尾常写有"此系两家情愿，各无返悔"，"空口无凭，立借契文约为证"之语。总之，排除了双方以外的其他干预，确立"私契"的合法作用。

民典旗地现象先出现于奉天，吉林、黑龙江各地稍晚些。如道咸年间黑省呼兰地方，从事农耕的"满人耕地总计不过四千五百垧，即此有限之土地尚卖与汉人"。因此，清廷严令再三，"迨汉族农民继续来此，满人遂尽售其所有之土地矣"③。吉林将军也奏称："近数十年旗民私自交产，大半归民垦种……故往往考诸司册，户各依然，而产业则已更易数姓矣。"④据统计，仅乾隆三十八年（1773年）奉天就查出"民典旗地"126826垧，合760956亩。嘉庆十一年（1806年）七月，盛京将军富俊在清查民典旗地奏折中称：

> 现在各城册开，实系旗人将己身红册地亩典与民人，并指地借钱巧典之案，共有二万一千五百七十九亩九分，价银五千四百三十九两，小数钱三十一万六千一百零六吊二百六十文。出典旗人八百七十二户，受

---

① 光绪朝《大清会典事例》卷一百六十。
② 《满洲旧惯调查报告·押的惯习》附录，30 页，大同印书馆。
③ 汤尔和：《黑龙江》183页，1931年商务印书馆。
④ 《东三省政略》卷七，《吉林省·纪旗地租》。

典民人八百六十九户。^①

旗民交产之盛，于此可见。

上述事实表明，满族统治者企图将旗地保持在落后的农奴制经济范围内，而屡次颁布的一些关于"不许越旗交易"，和"旗民不交产"的禁令，不过是一纸具文。最后连皇帝也不得不承认："八旗地亩原系旗人产业，不准典卖与民，向有定例。今竟有典卖与民者，但相沿已久，著从宽免其私相受之罪。"^②民典旗地之禁逐渐松弛。嘉庆十年（1805年）七月，谕内阁"盛京清查民典旗地一事，前经户部议定勒限一年，准其首报……今据富俊等奏称，自上年九月至今，业据旗民首报地约计二十一万余亩等语。此项民典旗地事阅多年，且尚有辗转接典等事，头绪繁多……著将业经首出地亩，所有旗民人等应得之罪，并应追典价、租息、银两……一并宽免。"^③由此可知，民典旗地原本限制甚严，勒限自首，一经自首即夺其所有权，或仍令旗民人等耕种以充官佃，并追典价、租息，而且治罪。但嘉庆十年以后，因民典旗地业经多年，辗转移让，不易清理，而对首出地亩和续首报者宽免其典价、租息和应得之罪。

旗地买卖、旗民交产造成土地所有权转移频繁，旗人经济地位变化无常。旗人张发嘉庆年间"价买冯君明一段，计垄十八条，后因贫乏辗转押由朱姓"，朱姓"递押杨德元之父杨爽名下。"至光绪十八年（1892年），杨爽又"转押与同族杨义春等，得价钱六十吊"^④。这样，旗地上坐收其租的旗人地主有之，自耕农有之，沦为佃农佃工的旗人也不乏其人。在海城，有刘成文等开种几日由原有旗人领的未垦荒地。至乾隆四十年（1775年）四月，广宁县石姓旗人到屯里说："众人开的地是他讨的荒，叫给他出租，众地户应允。"^⑤显然这个石姓旗人是坐收其利的旗人地主。兴京地方正白

① 《历史档案》87年1期，《嘉庆朝查办盛京民典旗地史料》。
② 光绪朝《大清会典事例》卷一千一百一十七。
③ 《奉天通志》卷三十六。
④ 《盛京时报》，光绪三十四年七月。
⑤ 刑科题本（题年残佚），管刑部事务英廉题。

东北旗地研究

旗丁隗五十四，故后留有红册地六日，自乾隆十一年（1746年）展边时，又自开十三日，皆自身耕种，"有交纳国仓出领执照为证"①。这是典型的旗人自耕农。自耕农由于种种原因，随时都在分化。海城县林通峪原有一片荒地七十六日，乾隆初年由旗人金玉昆、于世平等垦耕。至乾隆二十七年（1762年），被盛京户部查知，认为是"偷开黑地入官"，"每日作价银六钱"分卖旗丁，并令金玉昆等佃耕②。自耕农突然沦为佃户。乾隆以后，旗人沦为佃户、佃工的比较普遍。嘉庆二十二年（1817年），吉林将军富俊奏称："满、蒙、汉各旗闲散，较前生齿多至数倍，内中无业壮丁，每致为人佣迍。"广宁白旗堡旗人小丹卜，家里贫困，给"何姓家佣工"③。

乾隆十二年（1747年），盛京将军奏称："官兵所有自身之田，及原办给官田内，除查无凭证者不计外，无地官360员，无地兵丁15331名，今有地官 143员，原办给官地2000余垧，有地兵丁2140名，原办给地10000余垧，"④从此可知奉天无地官员几达有地官员的三倍，无地兵丁为有地兵丁的七倍之多。说明东北多数旗人赖以养家活口的旗地与京畿地区同样，大部分转到民人手中。

二、旗丁依附关系的削弱

劳动者八旗兵丁与土地结合的变化仍然可以通过八旗牛录对旗人限制的某些放松加以考察。清初国家通过牛录组织将旗丁束缚在所属牛录的土地上，旗丁擅自离开，视为逃旗罪。康熙中叶后，清廷对旗丁限制稍有放松。在旗地买卖中丧失旗地的旗人被迫流移他处，清廷承认其合法性。乾隆四十四年（1779年）上谕："盛京、吉林均系国家根本之地，境壤毗连，盛京旗人潜往吉林种地谋生，本无关碍，并非逃旗可比。从前奏请解回治

---

①刑科题本，乾隆四十四年九月。

②刑科题本，乾隆三十三年六月。

③《宁古塔副都统衙门档案》道光五年二十九日收文。

④《军机处满文月折档》乾隆十二年十二月十三日。

罪之处，所办原属过当，伊等皆满洲世仆，盛京、吉林有何区别。"①嘉庆朝，旗人生计日趋严重，贫苦旗人"地亩已经典卖，力不能赎，无地可耕"②。但东北旗人不像京旗完全仰食于朝廷，失去份地者多为人佣工，或到边外垦荒。嘉庆十九年（1814年）至二十一年（1816年）双城堡屯垦，先后有盛京旗丁家属约万人。据《吉林通志》记载："由奉天拨去之丁，多为合家全去，甚至合族及告退披甲前去者"，"每户父子兄弟男女，多者十五、六口，少者亦七、八口，询知此处甚肥美，多愿跟来充作帮丁，现在该丁等自行添盖窝棚居住，每屯多至一二百人"③。这是在清廷允许下，离开所属牛录（佐领），到外地垦种土地的活动。移垦兵丁在此盖房落户，"就近分别编入该地方旗册"④。而且"准与该地方民人互相嫁娶"⑤。"有愿入民籍者，即编入该地方民籍，所有田土、户婚词讼案件，统归地方官管理。"⑥可见对旗人的限制与清前期比已有明显的变化。与此同时，旗地上的封建农奴制生产方式已为封建租佃制生产关系所代替，出现了"佣人助耕"的现象。原来盛京"本处之人，向于官差余暇，俱各力田躬耕……今则本身自种者少，雇民耕种者多"⑦。这种事实当然违背了清朝统治者的初衷，屡下禁令，"旗人地亩，不许全雇民人耕种取租，必须三时力作，相率务农"。并"令该管大臣立法劝惩，如有不事耕种者，"拿该管官试问⑧。乾隆年间，清廷规定"嗣后凡携眷移民者，无论远近，仍照旧例不准放出，若实贸易之人……盘问清楚，给予照票再行放出"。否则"解回原籍，永远禁止出口"⑨。吉林、三姓等地贸易佣工也"由该佐领具保注册，随文

①光绪朝《大清会典事例》卷一百五十五。
②《宁古塔副都统衙门档》道光五年五月二十九日。
③《吉林通志》卷三十一，《食货志四·屯垦》。
④《吉林通志》卷三十一，《食货志四·屯垦》。
⑤光绪朝《大清会典事例》卷一百五十五。
⑥光绪朝《大清会典事例》卷一百五十五。
⑦《清高宗实录》卷二百零六。
⑧《清高宗实录》卷一百二十七。
⑨《清高宗实录》卷一百一十五。

稽查"①。如有披甲当差，无暇农耕，"雇人耕作"，必须同"家长、雇主结报，门牌注明"②。并限定"旗人出租地亩，统以三年为限，违者照长租例办理"，"均治以违禁之罪"③。但这种不符合历史实际的主观打算，并不具有多大的约束力。至乾隆朝以后，东北旗地普遍实行封建租佃制。所谓"力田之家，必募佣人以助耕，佣工一年可得十二金，布二匹，其以日计者，价倍之"④。反映出生产者旗丁的身份地位的变化。

反映生产者旗丁身份地位的变化，从租者佃者结成的关系方面看，经济强制突出了。乾隆年间，旗地上封建租佃契约盛行。租佃间常订有书面契约。契约内分划土地四至，写明田主、租佃人、保人及规定租额、交租期限，以至不能按期交付田租赔偿办法等。《盛京内务府地亩稿档》乾隆三十一年（1766年）十月载有一份"立租地契"，系旗人玉山因租典官房地无力回赎，将祖遗红册地交官纳租，以偿还官房地费。立租契约如下：

> 立租地契，今将侄玉山抵还官房地三段共十三日，今租与玉山耕种。言明每绳（日）交租钱五千，租期三年，共租钱一百九十五千。其钱笔下交足，年满之日，玉山将地交回，别觅地租，恐后无凭，立此存照（土地四至略）。⑤

契约内租期三年，租额每日五千钱，年满之日，方将此地交还玉山。旗人玉山成为佃户，官府成为佃主。在海城尚家旗地，乾隆三十四年（1769年），有叫白生灿的"租到尚家西边塞地一块"，盖房三间，"开设盐房生理"。同尚家约定"每年出租钱六千正"⑥。至嘉庆朝更加普遍。《盛京内务府地亩稿档》嘉庆十四年（1809年）九月载：

> 厢黄旗管下姜得禄呈称，情因身祖遗红册地二十七日，租与民人王

---

①嘉庆朝《大清会典事例》卷二百三十二。

②《清高宗实录》卷一百三十七。

③嘉庆朝《大清会典事例》卷一百三十六。

④王一元：《辽左见闻录》。

⑤《盛京内务府地亩稿档》乾隆三十一年十月。

⑥《户部地亩档册》第三册。

成富名下耕种，言明每日租价钱八吊（即八千钱），共租钱二百十六吊。①

不仅如此，承担官地旗丁的经营方式也有变化。清初承种官地旗丁采取劳役地租的形式，向封建国家提供剩余劳动。如今国家采取雇用旗丁的方式，或旗丁将地亩租与民人代耕。嘉道时期，清廷为移住京旗苏拉到东北，不惜大量银两雇觅东北旗丁为其垦田盖房。道光五年（1825年），第二批京旗苏拉到双城堡之前，筹办官员就"已雇定阿勒楚喀、拉林、双城堡各旗余丁长工，每户二名"②，由各旗佐领定契保结，"分拨在京旗应住处所"，"为其打扫、烧炕、挑水……料理耕种事宜"。所雇旗丁每户二名，给京钱六十钱，并根据需要雇觅"耕锄短工"③。同时旗丁可以招民代耕官地。嘉庆十九年（1814年）十一月，吉林将军上奏：

> 臣检旧卷，移驻京旗苏拉盖房垦地，均藉吉林各城兵力赶办，其地但垦而不种……始而顾觅流民代为力田，久之多为民有。④

宁古塔旗丁"承种官地二万七千余亩，抛荒至一万九千余亩，不得已改拨为民人耕种"⑤。黑省官地，旗丁"雇人佃种坐收租利者有之"⑥。

旗地上生产者与生产资料结合方式的变化，反映了旗丁身份地位的变化。如马克思所说："是由各种关系的力量，而不是直接的强制。是由法律的规定，而不是由鞭子来驱使。那就是由他自己负责来进行这种剩余劳动"⑦。当然这种变化是就清前期比较而言。有清一代对八旗兵丁始终限制，随着八旗制度的衰落限制逐次松弛。

---

① 《盛京内务府地亩稿档》嘉庆十四年九月。
② 《宁古塔副都统衙门档案》道光五年五月二十九日。
③ 《宁古塔副都统衙门档案》道光五年五月二十九日。
④ 《吉林通志》卷三十一，《食货志四·屯垦》。
⑤ 《吉林通志》卷三十一，《食货志四·屯垦》。
⑥ 《东三省政略》卷八，《旗务》。
⑦ 《资本论》第三卷，1037 页。

三、旗地的租赋征收

康熙中叶以后，旗地的剥削形态由租赋合一转化为租赋分离，旗地所有者向国家交纳赋税，向租佃者征收地租。入关之初规定旗丁"无粟米之征"，经顺治至康熙朝中叶，由于旗人自开旗地的增多，清廷于康熙三十二年（1693年）行丈奉天旗地，以亩为准征收豆草。规定："旗人所种地亩，每年地一垧征一关东斗，草一束。"[①]这是东北旗地以亩为准征收赋税之始。康熙四十七年（1708年）颁布制斗，每斗抵关东斗（市斗）伍升。这样旗地每日征豆一升七合七勺，征草一束[②]。雍正四年（1726年）复丈奉天旗地，将"查丈过地亩若干，输纳草豆若干"[③]造册送部，编入红册地，一律按亩升科。以人丁为准转为按地亩征收，反映旗地生产关系的变化。

旗地生产关系的变化通过地租形式也能体现出来。清初东北旗地以劳役地租占统治地位，康熙中叶以后实物、货币地租形态占主导形式。从《八旗通志》的记载看，旗地"有每年仅交柴草、牲畜等物，不复给租银者。"[④]纯属实物地租。实物地租又有分成、定额两种。乾隆五十七年（1792年）正月，兴京旗人赵金城的旗地，雇佣翟海垦种，当面讲明"秋后分粮。"[⑤]旗人赵进玉的旗地租王忠禹租种"讲明秋成后交粮。"[⑥]租额不固定，均属典型的分成租。这种地租形态，生产与收成好坏，直接与佃主的剥削收益密切相关。因此，佃主往往对佃户的生产过程进行指挥和控制，当时旗地上的定额租也不乏其例。兴京旗人隗色克图将荒地租与民人刘之富耕种，讲定"五年头交地租，一日地四斗粮，头一年只交四月地租，往后每年加征四月地租"。刘之富从乾隆三十年（1765年）开荒始，经三十五年（1770年），第一次交租，至四十一年（1776年），"共交了

---

① 《八旗通志初集》卷十八，《土田志一》。
② 光绪朝《大清会典事例》卷二十五。
③ 《八旗通志初集》卷十八，《土田志一》。
④ 《八旗通志续集》卷六十五，《土田志四》。
⑤ 刑科题本，乾隆五十九年三月二十六日。
⑥ 刑科题本，乾隆五十七年五月二十七日。

四十四石八斗租粮"。恰好"每年每日地租粮四斗。"①乾隆五十九年（1794年）民人石从德租旗人兴得堡"地四十垧（日），每年给粮十一石。"②此种定额制在吉黑两省也存在，租额"按年按垧收取租粮三、二斗"③不等。定额租是佃户向佃主承包耕地，无论收成好坏租额不变，佃主对佃农的干预减少，佃农也愿意多投生产工本，生产的积极性较高。从剥削率看，旗地上实行实物地租一般是租种荒地，地租不很重。旗地除实物地租外，货币地租也普遍实行。康熙中叶后，东北地区商品货币经济的发展影响旗地的地租形态。乾隆二十五年（1760年），辽阳人李璠无地耕种，合伙租种尚家佐领尚惟慎的红册地二百九十三亩四分。每亩"地租七钱五分（合每日租钱四千五百钱）"④。又如前文所述，旗人玉山因典官房地无力回赎，将祖遗红册地十三日交官纳租，"每日交钱五千，租期三年，共租钱一百九十五千"。旗人姜德禄将红册地二十七日，"租与民人王之富名下耕种，言明每日租价钱八吊（即八千钱）"。包括旗地上的雇工也多采取货币支付形式。从乾隆朝刑科题本雇主与雇工间的人命案中可以得到充分的反映：乾隆三十一年（1766年），盛京旗人杨自富戳伤民人苏四身死一案，旗人杨自富雇苏四锄地，"拖欠工价小钱一千文未偿"，⑤苏四向其讨工钱，杨想拖欠，苏不允。两人交手，杨不意杀死苏四。由此可见，货币地租深入旗地各个领域。

乾隆以后，东北旗地的入官地也采用货币地租形式支付。主要有旗余地、旗升科地。旗余地是旗人红册地以外私自开垦的土地。乾隆三十年（1765年），查丈奉天旗余地三十一万二千四百余垧。规定，首报者仍作为个人私产，按照红册地中折米地纳赋；而未首报者，查出后没为官地，仍令"原种人等按数认种，或有转租与人者，听其自便……倘有拖欠租

---

①刑科题本，乾隆四十四年九月十三日。
②刑科题本，乾隆五十九年三月二十六日。
③黄维翰：《呼兰府志》。
④刑科题本，乾隆二十五年三月十一日。
⑤刑科题本，乾隆二十五年三月十一日。

银，以及实系无力承种之户，俱由各该旗查撤出，另行招佃"①。旗余地租银分上中下三等城征收，各城分三则。上等城，锦州、义州等，"上则地每亩租银八分，中则七分，下则地六分"。中等城，盛京、广宁等，"上则地每亩租银七分，中则地六分，下则地五分"。下等城岫岩、兴京等，"上则地每亩租银六分，中则地五分，下则地四分"②。故称三则余地。奉天所属旗余地征租额，仅举上中下城各一例：上等城义州三则地25296日2亩，征租额10622两2钱；中等城辽阳城三则地15797日2亩，征租额5677两7钱；下等城凤凰城三则地14610日，征租额4383两③。乾隆年间，吉林乌拉、伯都讷等处也丈出旗余地38586亩及流民私垦地13898亩，照奉天民地例分三等征收银米，银地每亩一分、二分、三分，米地每亩二升二合、四升四合、六升六合④。

旗升科地从嘉庆五年（1800年）起，将"奉天旗民人等隐余地"呈报于官，"每亩征银三分"，同于民地，所以称旗升科地。规定：

> 所首红册地滋开之地，仍作为私产，售卖听其自便；其另段另开及纳租余地边开之地，一体首报入官，仍交原佃承种。⑤

旗余地、旗升科地的租赋负担比旗人私有地征收地租轻。但与红册地向国家纳赋（红册米地折银，每亩一厘七毫七丝）比，负担重了许多，和民地比，旗升科地同于民地，旗余地比民地亩征田赋银三分多一倍，对旗余地带有一种惩罚的意味。但总的看来，东北旗地无论是赋税，还是地租，一般都比民地的负担轻。而东北地租赋额又比同时期关内省分轻。以雍正年间民赋为例⑥：

---

① 嘉庆朝《大清会典事例》卷二百三十二。
② 光绪朝《大清会典事例》卷二十五。
③ 乾隆四十八年版《盛京通志》卷三十八。
④ 乾隆四十八年版《盛京通志》卷三十七。
⑤ 嘉庆朝《大清会典事例》卷二百四十一。
⑥ 嘉庆朝《大清会典事例》卷一百二十八。

	盛京	直隶	山东
银	亩一分至三分	八厘一毫至一钱三分	三厘二毫至一钱九厘一毫
米	二升八勺至七升五勺	米一升至一斗豆九合八抄至四升	麦一勺至四合,米二勺至三升六勺

这与东北地方人稀、土地价格低廉有关,因此,关内流民冲破清室的封禁,源源涌向东北。

综上所述,康熙中叶以后,东北旗地的封建农奴制生产关系逐渐为封建租佃关系所代替。其根本原因在于满族社会性质已由初期封建制向发达的封建制转化。入关前满族社会结构的核心是八旗制度,而八旗制度不仅具有满族本身的民族特征,而且也同满族社会发展阶段相适应,是一种政治、军事、经济三位一体的社会实体,实质是早期封建社会封建贵族的共和政体,或者说是联旗制[①]。这种体制在女真各部统一、满族共同体的形成、及后金政权建立过程中,起了促进作用。但在入关之后,这种体制与关内发达的封建制度显得格格不入,一度造成民族、阶级矛盾异常尖锐。严峻的现实使清朝统治者认识到,要统治人口众多,政治、经济比自己先进的汉民族,必须"因袭明制",即加强中央专制主义集权制,发展封建租佃制。因而,从皇太极起,中经顺治、康熙、雍正三朝,中央集权逐渐确立并得到高度发展,而八旗各旗主的议政大权日益削弱。乾隆朝则从体制上取消了议政王大臣会议。与此相适应,关内旗地上的封建生产关系早在顺治初年即发生变化,封建农奴制逐渐为封建租佃制所代替。东北是清朝龙兴之地,清廷对其实行特殊统治,即设置东北三将军,采用旗、民分治的二重体制,这种体制是清朝民族统治政策的产物,对东北地区的经济发展无疑地起着一种延缓作用,致使东北旗地封建生产关系变化晚于关内,直至康熙中叶以后。东北旗地生产关系变化的直接原因有二,首先,旗人在原额份地外,自行开垦了许多土地,即自开旗地。这种土地与旗人所得的份地性质不同,是旗人的私有地。反映旗地所有权由国有向旗人私有转化的历史趋势。其次,关内汉人流入东北,满汉人民互相交往,对旗地所

---

①孟森:《明清史论著集刊·八旗制度考实》。

有制关系产生重要影响。汉人的大量流入东北，从内地带来汉族先进的生产方式和生活方式，必然对东北旗地的生产方式发生深远的影响。同时伴随汉人的流入，关内的商业资本，货币经济也渗入东北地区。这样对满族封建农奴制生产方式无疑产生分解作用，从而引起旗地经济结构的变化，旗地生产关系变化表明与关内高度发展的封建地主经济趋于一致。

应当指出，这种变化，是在种种矛盾对立斗争中逐渐实现的。一方面是满族进入与其民族文化系统有很大差异的环境，总是想方设法地保留本民族的一些特点，屡次颁发法令，严禁旗地买卖，旗民交产，设立旗界民界，采取封禁政策；另一方面，满族广大人民包括一些官员，为了自身生存，就必须尽快地抛弃自身落后的东西，表现出与统治阶级的意愿相背的趋势，这是历史发展的一种必然。这样清廷为保留本民族的特点而颁布的一些法令，不得不作修改。旗地由允许旗内买卖到越旗买卖，最后至光绪末年，正式从法律上承认旗民交产。法律是现实的反映，但常常又落后于现实。所以东北旗地所有制关系变化的各个环节表现出不平衡。我们在考察东北旗地所有制关系变化时，必须全面综合考察旗地生产关系的这种变化。不过就历史的发展过程相比较而言，这种变化，表明满族已逐渐克服了自身落后的东西，已向关内高度发展的封建地主经济接近，在历史的发展中是进步的。

第二章　皇庄官庄由农奴制向租佃制转化

第一节　庄园内部结构的变化

一、庄园内部结构的调查

清初庄园内的庄头、壮丁均承领一定数额的庄地，向内务府交租服役。所谓"上差以外，别无他权"。康熙中叶以后，庄园内部结构逐渐发生了变化。兹据辽宁省辽阳县夹河村小营盘屯户部所属的庄园道光二十三年（1843年）的官差账，具体解剖一下官庄内部情况。这份官差账中记录了道光二十三年以前小营盘屯庄头、壮丁领种庄地面积及佃户租种庄地面积。为研究方便，制成小营盘屯庄地领种及自种、租种一览表。

领种者	庄头张要	张要		张德兴	张汉	张福昌	张立昌	张永		张谦		张得珠			
领种面积	3.5日	3.5日		7日	3.5日	3.5日	7日	7日		3.5日		7日			
经营方式	自种	租种		自种	自种	自种	租种	租种		租种		租种			
佃户		张有学					张泽	张德	刘望	张达	张有德	张同	张有德	张建	张有学	张禹

项目															合计
租种面积		1.5日				不明	不明	不明	不明	不明	不明	2日	2日	2日	1日	
领种者		张千	张胡	张和	张有广	张珍			张有学	张荣	武魁	武二皮				
领种面积		7日	3.5日	3.5日	7日	7日			3.5日	3.5日	7日	3.5日				计九一日
土地利用		自种	自种	自种	自种	租种			自种	自种	自种	租种				日
佃户		张汉	胡姓			张达	张有学			张达	张有德	武二潦				
租种面积		0.5日	0.5日			3.5日	3日			2日	1日	0.5日				

由上表可知，领种庄地的庄丁十八户，现佃户十四户，合计三十二户，即小营盘屯是由三十二户人家组成的村屯。庄头张要领种地3.5日除外，庄丁共领种庄地87.5日，其中领种庄地3.5日的九户，7日的八户。现佃户十四户，其中胡姓、刘姓两户是从别的村屯移居来的佃户，剩余十二户是庄头的同族壮丁（亲丁）及设庄当初的壮丁子孙（异姓壮丁）。他们除两户外，均丧失了领种的庄地变为现佃户。而这两户是张汉、张有学，他们不仅分别领种3.5日，而且张汉还佃种庄头张要领种地0.5日，张有学佃种张要领种地1.5日，佃种张得珠的领种地2日，佃种张珍的领种地3日。

清初庄丁隶属庄内，承领一定数额的庄地，按时纳租服役。而上表所反映情况说明庄园庄丁有三分之一已丧失了领种地，成为佃种庄地的佃户，表明庄园内部在逐渐的分化。

根据这份道光二十三年小营盘屯官差账考察各庄户土地使用情况。

小营盘屯土地占有情况表

占有土地数	户数	户数%	领种面积（日）	领种面积%	自种面积（日）	对领种面积的自种面积%	租种面积（日）	耕种面积（日）	对耕种面积的租种面积%
一无所有	5户	14.7%					8.33	8.33	100%
一日未满									
一日以上	13户	38.3%	20.3	20.3%	20.5	100%	21.5	42	51.9%
三日以上	11户	31.35%	38	37.63%	18	47.37%	7.17	25.17	28.49%
五日以上	1户	2.88%	6	5.94%	6	100%	1.5	7.5	20.00%
七日以上	3户	8.83%	21	20.79%	1	4.76%		1	
九日以上	1户	2.94%	15.5	15.35%	15.5	100%	1.5	17	8.24%
合计	34户	100%	101	100%	61	59.4%	40	101	39.60%

根据上表提供的资料，可知如下问题：

首先，全村居住共34户，如果这以外还有居住者恐怕也是极少数。34户中不领种庄地者有5户，占全村户数的14.7%，领种1日至5日庄地者24户，占全村户数70.65%，领种土地58.5日，占全庄土地的 57.92%，这部分人形成壮丁的代表层。相反，领种5日至9日者5户，占全村户数的14.7%，领种庄地面积41.50日，占庄地面积总数的42.08%。领种庄地 9日以上者仅庄头一户，领种面积15.5日，占庄地面积总数的 15.35%。

其次，从各种领种者的耕作规模看，出现下述引起注意的现象：第一，形成壮丁的主体层，领种1日至5日土地，此等土地成为壮丁生活的来源，经济的基础。他们共领种67.17日占全庄耕地的67%，然而领种 67.17日耕地中有74%耕地壮丁自种，剩余28.67日由壮丁租给别人，租种面积占领种面积的37.31%。第二，从领种庄地5日至9日层出现地主化的倾向。第三，不领种庄地的壮丁租种面积有扩大的倾向。而领种9日以上的庄头尚从事农业生产，但已开始将领种的庄地租佃给现佃户，从经营生产中游离出来，向佃户收取地租转化。

这种情况到清末民国初年更加严重。下表为民国时期小营盘屯土地占有情况。

占有土地数	户数	户数%	占有土地面积	对全庄屯面积百分率
十亩以下	7	25%	40亩	2.05%
十亩以上	8	28.57%	157亩	8.06%
三十亩以上	5	17.86%	164.5亩	8.45%
五十亩以上	4	14.28%	229亩	11.76%
七十亩以上				
九十亩以上	4	14.29%	1356.3亩	69.68%
计	28户	100%	1947.8亩	100%

据上表所示，占50亩（五日）以下的户数20户，占全屯28户的71%，土地仅占361.5亩，为全庄土地总数的18.56%。相反50亩以上8户，占全屯28户的28.57%，土地却占1585.3亩，为全屯土地的81.44%。如把两表进行比较，道光时庄屯内占主体层的庄丁领种1日（10亩）至5日（50亩）占全庄屯土地67%。而民国年间50亩以下的庄户占有的土地，仅占全庄屯土地14.71%。说明这六七十年间，庄丁大多陷入贫困的境地，庄园内部贫富分化严重。

二、庄头由管庄奴仆演变为地主

入关之初，大多数庄头系由壮丁中金选，他们和其他壮丁一样，牛种房器都由皇室提供，与壮丁处于同等地位，一起承担皇室的地租与差租。其权利充其量也不过每年"代上差租而已，上差之外，别无他权"[1]。清中叶以后，很多庄头凭借"皇庄头"的身份，倚势横行，敲诈盘剥，搜括了大量银谷，逐渐由催租辖丁的管庄奴仆发展为盗典庄地，兼并民田，剥削丁佃的地主，对庄园的实际支配权越来越大。

庄头敛财致富的主要手段如下：

1.讨垦闲荒和盗典庄地 清中叶以后，庄头通过呈讨垦植闲荒占有大量土地。锦州庄头许五德的祖父许瑞等人，在雍乾年间已承领庄地六十余顷，又陆续呈请"不与当差官地相连"的闲荒一百多顷，嘉庆元年（1796

---

① 《奉天公署档》4197号。

年），庄头许五德分拨给成亲王，他只将原领庄地六十顷交给王府使用，其呈讨开垦地亩仍留自己支配①。庄头典买庄地在康熙末年就已发生，如庄头赵天宜购买披甲五十九父亲雅起的一顷六十八亩土地，就发生在康熙末年。这种情况乾隆以后更多。乾隆三十七年（1772年），庄头马家仁的壮丁马宣"置买庄头夏国治名下地一百一十三日二亩一分，计六百八十亩零一分"②。嘉庆二年（1797年），壮丁黄发置买庄头金得志的庄地，由会计司催长张思明出具保结③。更有甚者，庄头以指地借钱的名义典卖庄地，肥己中饱。这种情况庄头常声称急用钱款，以粮庄土地为抵押，从他人手中借钱，还钱退地。庄头陈学有的祖父"借得本屯李廷杰名下市钱壹千吊，将官地三日与伊耕种，粮从地出，立有存据，还钱交地。"④实际上庄头常常仗势欺人，不还钱而撤地。乾隆时，庄头徐瑷先后以 55 日庄地为抵押，借得民人郭凤明"市钱三千四百九十六吊"⑤，不偿还钱，强求退地。

2.凭借皇室威严结交官府括财虐民　庄头是至高无上的皇帝管庄人，具有一种特殊身份。他们结交官府，既当庄头，又为地方官吏。光绪朝《大清会典事例》康熙五十五年（1716年）规定："各庄头急公无欠，经四五十年者给八品顶戴。二三十年无欠，及经年不欠，因年老不能当差者，均给九品顶戴。"⑥雍正五年（1727年）又奏准："庄头以次升等，有顶戴者各加一级，无顶戴者以次赏给九品、从八品、正八品顶戴。"⑦乾隆二年（1737年）又议定："如至二三年无欠者，给九品顶戴。"⑧这样得到八、九品顶戴的庄头越来越多。庄头一身兼任二职，政治地位逐渐提高，经济权势不断扩大，更加变本加厉地欺榨丁佃。

①《内务府来文》嘉庆元年六月二十六日。

②《内务府来文》乾隆五十六年十月。

③《盛京内务府档》第 5017 号。

④《盛京内务府档》第 353 号。

⑤《盛京内务府档》第 5021 号。

⑥光绪朝《大清会典事例》卷一千一百九十七。

⑦光绪朝《大清会典事例》卷一千一百九十七。

⑧光绪朝《大清会典事例》卷一千一百九十七。

3.勒索丁佃、役使丁佃刨垦滋生余地　庄头乘丁佃租种庄地之机，向租地者强行索取钱财。承德县佃民赵洪恩，租种内务府皇庄土地67日，纳现租钱300吊，秋后租粮5.7石，但庄头又额外索取佃户租钱1000吊，当时因"没立有契约"①，佃户只好允从交纳。承德县佃民孙得有租种庄头康恩菜地3日，按年交纳不欠。后孙得有变卖附近山葡地得钱300吊，庄头得知后，名曰借使，后佃民多次讨要，庄头不给，佃民"也就不敢要"②。庄头搜刮丁佃另一种手段是中饱浮多。所谓浮多，即"非皇产额内之滋生"，乃"未辟之闲荒"③。由丁佃开垦成熟田，庄头将此地不上报内务府，据为己产"私收黑租"④。更有甚者，有的庄头将此浮多地置换较肥沃的正额地，以劣充好，将正额地租归己，浮多地租充公⑤。清代内务府皇庄的浮多地亩虽经清廷几次查丈清理，但仍有数十万亩，其中大部分为庄头中饱侵吞。

4.增租夺佃或私撤丁地　庄头时常无故增加租额，使佃户无力交纳，撤回庄地，再以高价转佃他人，从中敛财渔利。清廷规定"不准庄头无故增租撤佃"，但这种约束并没有什么实际效力。乾隆年间，内务府粮庄庄头杜忠"增租滥派银钱"⑥。庄头苏得锦向贝加坊佃户等借钱6万吊，答应于交租时扣留，当贝加坊交租要求扣留时，庄头突然翻脸说借钱系属增租，佃户蒙受其害⑦。私撤丁地是指庄头把丁佃分地强行撤出，另行招佃或私典他人。盛京粮庄梁氏早年分作十四丁半，每丁应领官地16日，共领官地232日，至光绪年间，被庄头康恩祥陆续撤出"九丁官地二百四十四日"，分别出典旗人、民人，共计十三人，得价三万吊⑧。

5.私吞赈银，谎报灾情　清初对庄地勘灾有明确规定，即各庄呈报旱

① 《东北各官署档》第949号。
② 《东北各官署档》第949号。
③ 《奉天公署档》第4197号。
④ 《奉天公署档》第4197号。
⑤ 《奉天公署档》第4187号。
⑥ 《内务府奏案》乾隆三十五年七月三日。
⑦ 《东三省公报》民国二年八月五日。
⑧ 《东北各官署档》第949号。

涝，由内务府派员往各庄查验，"分别被灾轻重，造册结报本府，纳粮时按验册结，开除粮额"①。具体规定，"被灾五分者，免差一半；被灾六分以上者，按照分数，递免差徭"；"未成灾之官庄，收成亦薄，请将本年应交粮棉，先纳一半，次年征还一半"②。雍正三年（1725年）奏准："将成灾分数，按分蠲免，仍于额纳粮内按人给予口粮以资养赡。"③开始各庄头尚能较实在勘报灾情，后见有利可图，就谎报灾荒，从中私吞赈银。乾隆时盛京粮庄受灾，庄头杜忠"侵克壮丁等被灾赈银肥己"。有的庄头利用灾荒谎报水冲沙压地，从中渔利。道光十五年（1835年），庄头张崇恩"将其所经理之皇产以水冲沙压为借口，蒙弊报销八千余亩"。其所销之地仍令壮佃纳租，收入归己④。有的庄头报销之地已复垦多年，仍不呈报。庄头李海山"借大凌河涨水后，赴内务府报销官地一千余亩，每年减去仓谷粮钱七百余吊，未及二三年垦复耕种，仍未呈报，至今二十余年，隐种黑地私收官租不下三万余吊"⑤。对此清廷不是没有觉察，雍正三年（1725年）规定：庄头"如有捏报五顷以上，鞭八十，十顷以上，鞭一百。所报全虚者，枷两月，鞭一百。至查勘时报灾不到之庄头，鞭一百，革退庄头。"⑥乾隆十一年（1746年）又议准：庄头人等，偶遇旱涝，"令该庄头将被灾地亩一面报府存案，一面报本地方官……核对原报数目，如果相符，所有应行蠲免及应给口粮，均照定数办理。其不符者，按其捏报数目，照例分别治罪"⑦。然而，鞭责、革退也好，治罪也罢，无济于事。

综上所述，庄头利用各种手段敛财致富，成为独霸一方的大地主，与丁佃矛盾日益加深，从另一方面加速了农奴制剥削关系的解体。

①光绪朝《大清会典事例》卷一千一百九十七。
②《清高宗实录》卷三百七十八。
③光绪朝《大清会典事例》卷一千一百九十七。
④《奉天公署档》第4336号。
⑤《辽阳县公署档》第16831号。
⑥光绪朝《大清会典事例》卷一千一百九十七。
⑦光绪朝《大清会典事例》卷一千一百九十七。

三、丁佃的斗争及人身地位的提高

庄园内沉重的租粮，繁重的杂差，严酷的束缚，惨无人道的奴役，逼得壮丁衣食艰难，苦不堪言，于是丁佃采取各种形式进行反抗庄园野蛮落后的农奴制剥削关系的斗争。

挣脱羁绊，逃走求活，是壮丁反抗的重要方式。入关以前，拖克索庄丁就不断逃亡。据居住在沈阳的朝鲜人质李淐说："皇帝农所之人（即庄上壮丁）"陆续潜逃，奔返关内①。入关以后，壮丁逃亡的情况更加严重。壮丁或因苛重租粮不能缴纳，无力耕种，"受苦不过"，或因"庄头驱使太严，劳苦难堪"②，纷纷冒险出走。有的是祖孙三代全家潜逃，有的逃走后靠佣工度日③。壮丁的不断逃亡，沉重打击了庄园农奴制剥削方式。辽宁省档案馆收藏的《英公府奉天法库县南坐落上屯等村地册》载称：

> 盖闻水源木本，决不能忘，先人遗产，岂可稍忽。维我始祖惨淡经营，创成大业，本府方得世袭罔替，裂土分茅。但国初为养丁起见，凡充壮丁者，靡不受土地之赐，按年仅封纳差银，恩深雨露。及至嘉庆八年间，因充差之壮丁滥逃者颇多，以致差银无着，故将养丁之地起租，以抵差银之收入，并分派庄头经理，以清，而便结束……计坐落奉天法库县南上屯等十三屯之地，为数至繁，段落零星，惟恐丁佃有私押盗典等情，本府特为编成一册，坐落姓名地数四至载记详明，以杜流弊，而保祖产……以上九名共领十三屯庄地，一万七千九百四十九亩。

从上引档案可知，英王府是努尔哈赤十二子和硕亲王阿济格亲手建立的。清初采取编丁立庄，役使壮丁纳银（粮）当差。然而，落后的农奴制生产方式，使得庄丁难以生存，"壮丁滥逃者颇多，以致差银无着"，直接威胁着庄园的收入。在这种条件下，英王府"将养丁之地起租，以抵差银之收入"，招民佃种，交纳租银，采用了封建租佃关系。英王府的变化具有一

---

① 《沈阳状启》486页。
② 《内务府来文》乾隆二年。
③ 《内务府来文》乾隆四年。

定的代表性、典型性。

丁佃抗租"滋事"反抗庄头欺凌。如有的壮丁"窃庄头牛马等物","莫计其数，并累赔银"①。乾隆六年（1741年）竟发生壮丁杨五殴打庄头的事件②。不少壮丁赴官上诉，"差徭重多，不能养赡家口"③。许多庄头无法约束壮丁，纷递呈词，请将所辖滋事壮丁调往他庄。不仅壮丁进行抗争，佃户斗争更加激烈。清中叶以后，皇官庄内增租夺佃，预征租银的现象相当普遍。乾隆四年（1739年），清廷大吏孙嘉淦论及旗地的租佃剥削时指出，佃户除缴纳正项租银以外，还深受四害：其一，佃户苦心耕种，田刚成熟，庄头、恶棍等即"添租挖种"。其二，庄头预征租银，额外科索，稍不如意，即"夺地另佃"。其三，另佃必添租，"租银即重，逋负必多"，佃户常被逼得"弃地而逃"。其四，庄头等收租，随手花去，反捏佃户不交④。庄头等额外科索，巧计盘剥，使得"民人苦于另佃，求种地而不得"，忍无可忍，掀起抗租霸地的斗争。乾隆二十六年（1761年），海州佃民张瑞凤、陈彦等，"倚势抗霸"，不向粮庄头康文科交租银⑤。嘉庆七年（1802年），盛京多罗贝勒郡懿府下闵忠等十二名丁佃，霸种庄地，抗欠租钱⑥。道光七年（1827年），佃民吴逢春、吴锦春二人霸地8日，从七年起至二十四年均不交租⑦。佃民周天民、颜三等于道光十七年（1837年）租庄头黄金桂地十数日，"硬行霸种"，并不认租，亦不允撤出另佃⑧。

壮丁典卖庄地也是反抗的一种方式。清皇室为了维护落后的农奴制剥削，保障皇室、八旗王公贵族的利益，严禁壮丁典卖庄土。雍正十三年（1735年），户部议准："凡园头、牲丁、壮丁等官给当差房地，例禁典

---

① 《内务府来文》乾隆九年。
② 《内务府来文》乾隆九年。
③ 《内务府奏案》乾隆元年。
④ 《皇朝经世文编》卷三十五，孙嘉淦：《八旗公产疏》。
⑤ 辽宁省档案馆藏，乾隆二十六年6492号档。
⑥ 辽宁省档案馆藏，嘉庆七年5059号档。
⑦ 辽宁省图书馆藏：《道光部行档》449号。
⑧ 辽宁省图书馆藏：《道光部行档》449号。

卖，但彼此授受，相沿已久。"①奏准清查，勘明撤回，分别追价治罪。但是，皇官庄严酷的剥削，迫使壮丁不断将庄地典卖与民。如《盛京总管内务府档》记载："盛京户部咨查星尼贝子壮丁入官当差地亩私典与该处旗民案，照原册查据众丁报出，典给海城县民人地五百四十五日，典卖与牛庄各项旗人及星尼壮丁等地约一千余日。"②嘉道以后壮丁典卖庄地更加严重。辽宁省图书馆藏：《京都惠郡王府五城骑缝底簿》详细记载了道光二年（1822年）王府庄田典卖与旗民耕种的情况。现摘引如下：

铁岭正蓝旗界丁家屯，丁玉全领名册五十三日。

丁发应分地十一日

　　典于民人赵成地二日半

　　典于民人李功地二日半

　　典于民人丁文起地一日

　　典于民人义顺当地三日半

丁老格子　应分地十一日

　　典于民人丁文起十一日

丁国荣应分地十日，本身自种十日

丁国俊应分地四日

　　典于民人魏恭地二日

　　本身自种地二日

丁国有应分地四日

　　典于民人魏恭地二日

　　典于民人林美地二日

丁德玉应分地五日

　　典于民人赵成地三日

　　本身自种二日

---

①《清朝文献通考》卷五。

②《盛京总管内务府档》1896号。

丁国先应分地十日

　　典于民人冯生太地五日

　　典于民人萧景山地五日

丁国治应分地十日

　　典于民人石佩山地五日半

　　典于民人柴发地一日半

　　本身自种地三日

丁国栋应分地六十八日

　　典于民人李成地二十日

　　典于民人张敏地二十五日

　　典于民人丁文起地三日

　　典于民人赵成地五日

　　典于民人义顺当地十日

　　本身自种地五日

庄头丁德善应分地一百二十日

　　典于民人石佩山等地六十九日半

　　本身自种地五十日半

王朝荣应分地十日

　　典于旗人王朝清地五日

　　典于旗人马财地二日半

　　典于旗人马禄地一日半

　　本身自种一日

王振利应分地八日

　　典于旗人王朝清地四日

　　典于旗人王永兴地一日

　　典于旗人王朝玺地半日

　　典于民人于永成地一日

典于旗人王铨地半日

典于旗人王朝成半日

典于旗人王朝碧地半日

由这份摘录的档案可以看出，惠郡王府在铁岭丁家屯、沈阳四台子的庄地大部分都由壮丁典卖旗人、民人。其中丁家屯，由于玉全领名的庄地二百五十三日，典卖达庄地的70%。沈阳四方台，李世富领名的庄地典卖竟达94%。庄地的大量典卖，导致庄园农奴制的衰落。上述典卖旗人、民人的庄地，都取消了编丁立庄的农奴制，而是采用由旗民佃户按地亩交租的封建租佃制。

这种旗民佃户按亩交租的租佃关系，很少掺有其他力役差派和权力支配，常常庄头与佃户定有租佃契约为据。下举二件档案作为参考。

具结人都虞司厢黄旗崔户头目王存仁为认佃事。小的认领差地内有坐落邢格庄北差地八十四亩，今当案情愿将孔祺作为小的佃户，按亩给小的租子京钱五百文，每年共交租京钱四十二吊，以备交纳钱粮。自此具结以后，更无返悔，所结是实。

再此后，孔祺按年交租，如无短少，小的断不敢争论。倘再有与伊争控之处，小的情甘认罪是实。

立现租契人内务府园头田玺，今将连家庄地租于韩理和名下耕种，共四段，计地一顷八十亩，内有草房一间，每年共租清钱六十五千正……半年不增，欠年不减，韩不欠租，田不拿地，两家情愿，并无返悔，恐后无凭，立字为证。乾隆三十二年八月二十六日立。立租契人田玺（押）。[1]

上述两件契约可以说明如下问题。第一，租佃之间除详细记载地亩四至、出租亩数及应交租钱外，未附加其他力役剥削项目，反映佃户对庄头的人身依附关系的削弱。第二，租佃间明确规定佃户交租，庄头"不敢争论"与"并无返悔"，体现租佃间的一种意志关系。这种变化是由丁佃通过

---

①《内务府来文》乾隆三十二年八月二十六日。

各种形式的斗争取得的。

随着广大壮丁不断地反抗，皇室不得不放松对壮丁的人身束缚，壮丁的人身地位有所提高。

壮丁受到法律上的保护，在法律上不允许虐待壮丁。清初壮丁被束缚于庄园的土地上，皇室有权任意鞭打枷锁壮丁，壮丁不堪凌侮逃走者，法律规定："初次逃走，鞭一百；二次逃走，鞭一百，枷四十日；三次逃走鞭一百，枷两月；四次逃走发遣烟瘴地区，充当苦差。"①清中叶以后这种情况有所变化。乾隆三十五年（1770年）七月，庄头杜忠"将壮丁等分种官地私撤，另佃增租，滥派银钱，并侵扣壮丁等被灾赈银肥己"，并"动辄捆打壮丁，锁禁驱役"，壮丁们纷纷上诉总管内务府。总管内务府审拟，杜忠"种种蔑法营私情节"，已据供认不讳。照"庄头在外依势害民，将良民无故拿至私家捆缚拷打监禁律，拟以杖责完结"后"发往云贵川广极边烟瘴地方安插"②。不仅如此，壮丁有权控告庄头等的不法行为。乾隆十六年（1751年）十二月，壮丁高维禧控告庄头高维屏等一案即可说明，现将档案摘录如下：

> 窃身祖父高起凤于康熙十四年赔送公主，充当庄头，原有壮丁十四户，耕地一千四百绳，承当差役，册档有据。后因祖父之故，堂兄高维屏接顶庄头，私将官丁九户作为家奴，共计百有余口，并将丁女私卖私配，娄收财礼银两入己；又私开地亩一千余绳，并未载册上课。种种不法，恐生后患，续将庄头退卸伊侄高彬承当。迄今高彬仍然隐瞒私占，吞公肥己。身居户首，不得不据实呈报。复供称，前项情事，曾于十四年十二月赴礼部控告，当经提拘质讯，业已供认在案，后将身交义州城守尉枷责。③

上文所引用的档案至少可反映如下问题。第一，财产利益关系已冲破血

160

---

① 《督捕则例》。
② 《内务府奏销档》乾隆三十五年七月三日。
③ 《朱批奏折》乾隆十六年十二月初一日。

缘关系。壮丁高维禧所控告的是庄头堂兄和堂侄。第二，所告内容，实际是高家二代庄头的营私不法行为。第三，此事最后处理。礼部"当即提拘质讯，业已供认在案"，交义州城守尉枷责。虽然仅受"枷责"，处罚较轻，但足可说明对庄头等不法行为壮丁有权控告，法律上对其有一定的约束。

壮丁人身地位的提高还体现在壮丁的婚姻已不再由皇室控制或"买给"，而由壮丁自择。清初皇庄对壮丁的婚姻有严格规定，凡将壮丁女子寡妇私嫁于旗民人等，"则将（壮丁）女子父母及娶者一并治罪，并将已嫁之女子、寡妇抽回为内奴"①。《盛京内务府顺治年间档》亦载，盛京粮庄、棉靛庄的姑娘只能配于粮庄、棉靛庄的壮丁，"不得私自给与另外的人，违者处罚"。清中叶以后，由于壮丁的反抗斗争，皇室对壮丁的限制有所松弛。乾隆二年（1737年）清廷规定："盛京打牲乌拉等处女子停其查选。女子内有记名者，著除名，庄头女子与壮丁女子即系一体，嗣后庄头女子亦著停其查选，有记名者，著除名。"②从此改变了原来"壮丁女子则准与庄头壮丁结亲"的限制，使皇室不再干预壮丁婚姻，庄丁择偶有了自由。

壮丁人身地位的提高更集中体现大批壮丁奴仆释放为民。乾隆九年（1744年），清廷认为畿辅"庄头名下壮丁过多实属无益。"因此将大批壮丁"载入民籍，听其各谋生计"。与此同时，奉天等地内务府各庄也放出大量壮丁为民③。关于奴仆壮丁出旗为民的具体规定档案记载："八旗户下家人开户，向由各该旗声明，本主念其世代出力，惟愿准其开户者，该参、佐领、族长、族人列名俱保，咨报户部；无论何项人等，查明上届丁册，有伊等本身姓名，并册内注系陈人字样，即准开户记档。至旗下家奴，如系本主念其数辈出力，勤劳年久，惟愿准其放出为民者，呈明本旗，咨报户部，转行地方官收入民籍，准其为民。"④下摘引嘉庆十年五月一日档案具

①《黑图档》康熙六年六月。
②《内务府奏案》乾隆二年二月十九日。
③《内务府会计司三旗银两庄头处呈稿》乾隆十年。
④《朱批奏折》乾隆四年十月初四日。

体说明：

会计司呈，为咨行事。准户部咨称，八旗奉饷处案呈，准山东司付送内务府原咨内称，准户部咨，锦州副都统咨报四等庄头叶旸呈称，有祖遗在册仆人八十儿一户，曾闻祖父传说，系于康熙年间置买，并无遗留契纸，已经出力三辈，亦无为匪别故，今因家道艰窘，八十儿一户现有男妇三十名口，将来生齿日繁，实难养赡，恳将伊等为民，自谋生理。可否准其送归民籍之处，咨行定拟覆知。应将锦州四等庄头叶旸家奴八十儿系何旗分佐领，移咨查覆。等因，前来。查定例，八旗户下家人，不论远年旧仆及乾隆元年以前印、白契所买奴仆，实系本主念其数辈出力，勤劳年久，情愿放出为民者，呈明本旗，查明并无钻营情弊，造册取结咨部，核对丁册名姓相符，转行地方官收入民籍，所有锦州四等庄头叶旸名下家奴，据该副都统咨称，系康熙年间置买，已经出力三辈，请将伊等放出为民……。①

从上面档案可知：第一，庄头叶旸户下奴仆八十儿，系康熙年间置买，当时仅一户，至今已历三辈，百余年，奴仆由一户繁衍"男妇三十名口"。第二，庄头因"家道艰窘"，恐现有奴仆"将来生齿日繁，实难养赡，恳将伊等为民，自谋生理"。第三，据锦州副都统咨称符合定例，可将"伊等放出为民"。既然法律上有释放奴仆壮丁为民之定例，天长日久，在人们的思想中旗下奴仆壮丁之概念逐步消失。如嘉庆七年（1802年），陈士登置买张保红册地九十亩，按价一千七百零伍吊。时隔一年经人查出，陈士登系康熙二十二年由京领来之家奴，例不准居官考试，置买地亩。为此铁岭掌路记防御苏成检讨云："职一时疏忽，并未详慎伊等系庄头管下壮丁，是以率行加结呈报。"②所谓"疏忽"恰恰说明人们对旗下奴仆壮丁已很淡漠，对壮丁等级看得很轻了。到清末"何项为庄头同册之壮丁，何册为庄头户

---

① 《会计司呈稿》嘉庆十年五月。
② 《盛京内务府档》第5070号。

下另册之壮丁"①，已无从察考。

第二节　庄田土地的转移与租佃制的发达

一、庄田土地的转移

如前所述，皇庄、王庄及各官庄的庄丁、佃户承种一定数量的庄地，服差贡赋。对于承领的庄地，清廷规定不准买卖。所谓"旗地有限，若任凭家奴及民人契买，将来旗产势必尽归民人，是以严行禁止"②。所以，清廷对买卖旗地，盗卖官田者处罚极严。《大清律·户律》盗卖田宅条载："卖他人田一亩笞五十，每五亩加一等，罪止杖八十，徒二年，系官田加二等。"③又例载："盛京家奴、庄头人等，如有因伊主远在京师，私自盗卖所遣田产至五十亩者，均依子孙盗卖祖遗祀产例，发边远充军；不及前数者，照盗卖官田例治罪；谋卖之人与串通说合之中保，均与盗卖之人同罪。"④然而，上述诸法律规定并没有多大的约束力。清中叶以后，伴随着庄园内部结构的变化，庄田的土地转移也在同步进行。土地转移的方式有如下特点。

1.庄地的退领　所谓退领是指壮丁间私下你退我领，即一方退出将租种权让渡别人。本来按规定，壮丁退出所承种庄地，必须退交给庄头，由庄头进行管理，不允许壮丁间任意授受。清中叶以后，壮丁间私自退领庄地很普遍，庄头对此默认。壮丁在退领庄地中，有的定立文契，有的仅依口头契约。下举道光二十九年（1849年）一件文契如下：

---

① 《谕折汇存》光绪十七年十月十八日。

② 《乾隆部来档》309—1。

③ 《内务府来文》乾隆三十八年三月二十五日。

④ 《内务府来文》乾隆三十八年三月二十五日。

立租帖人宋继庆今有路岛首报余地一分，因居耕不便，央人说允，情愿私与周福裕名下居耕。同众言明，定首市钱玖佰伍拾吊整，每年兑纳租粮拾贰石整，谷子、高粱、苞米均兑，送至两河口交卸，不许拖欠。如有拖欠处，有定首作扣。岛里房间自修自住，若添房屋木料等项，不如业主相干，欲后有据，立帖存证。①

这件文契所转让的是首报余地，清廷规定，"亦系官地，非民间所能私相授受。"②这种壮丁间领种权的转移实质是庄地典卖让渡的开始。

2.指地借钱　清廷规定严禁官庄旗地典卖，如有借名私行典卖者，业主、售主俱照违制律治罪，地亩价银一并撤追入官。然而，壮丁为了逃避典卖之名，往往以指地借钱的名义将庄地交给钱主耕种，所谓"甲立一借券与乙，载明借乙钱若干，利若干，以甲之地亩若干，租粮若干，归乙征收，作为年利，日后本利清还，田归原主。"③下摘引原安东至沈阳铁路线蔡家堡收藏的一件道光二十九年（1849年）十二月二十三日的指地借钱契约如下：

立借契文约人系厢蓝旗佐领下闲散蔡福有全有叔弟二人，因度日不过，央人说允，指册地七日，情愿借到张义福明（名）下凤市钱壹仟七百陆拾吊整，其钱笔下交足并无短欠，此地交与张义福耕种为主，同众言明，钱无息利，地无租粮。自立之后，并无返悔。倘有争竞之事，有户族保人一面承管，恐口无凭，立借契文约为证。④

由此契约可知：第一，契约内明确写出将土地交给钱主耕种"册地七日"，情愿交于张义福"耕种为主"。第二，与押租不同，没有利息，即"钱无利息"。第三，地租由钱主交纳，"每年代上地亩钱柒吊整"。由此可见，这种指地借钱"明明以地作抵当物，非典当而何"⑤。

---

①《满洲旧惯调查报告·租权》附录，10页，大同印书馆。

②《盛京时报》，光绪三十四年二月二十二日。

③《政治官报》，宣统二年十二月二十二日。

④《满洲旧惯调查报告·典的惯习》附录30页，大同印书馆。

⑤《政治官报》宣统二年十二月二十二日。

3.大押小租　有两种情况，其一，借主（地主）立借帖交附租户（钱主）的同时，钱主（租户）也作承租帖交附借主。其二，仅借主立出租帖，钱主什么契字也不做。文献对大押小租概括为："甲向乙借钱若干，利若干，以甲之地亩若干租粮若干归乙征收，作为年利，甲立一借契与乙，而乙另立一租契与甲，载明曾借给甲钱，除以甲地租粮控抵年利外，每年另完一极少之租与甲。盖就租粮而言，其多数为押，其少数为租。"[1]下举一件大押小租租帖进行说明。

> 立租帖文约人张广举、张璕因无力耕种，今将自己所垦熟地贰百亩零四分，央人说允，情愿租与侯长春名下耕种为主。同众言明，使压租银三百五十两整。其银笔下交足，毫不短欠。言明去压租银之租粮，净剩租粮十一石，租户代封钱粮，又去租粮三十石，净纳租粮八石，秋后高粮谷子两色均交，自租之后，银到归地。此系两家情愿，各无返悔。如有返悔者，有中见保人一面承管，恐后无凭，立字为证。[2]

从这件租帖内容可知：第一，此契字是地主即借主立的出租帖，钱主未立任何证书或字据。第二，其土地让与钱主耕种，即"将自己所垦熟地贰百亩零四分，央人说允，情愿租与侯长春名下耕种"。第三，当时租粮每十亩为一石五斗，二百零四亩应纳租粮三十六石六升。其中十九石六升充压租银的利息，剩十一石应由租户交原主，其中拿三石交地租，最后原主净剩租粮八石。可见，大押小租就"租粮言之，其多数为押，其少数为租"[3]。上述情况皆因禁止典卖庄地，"故作此狡计，以避典当之名，"[4]明明曰押，押与典卖没有什么区别。

应当指出，上述各种典卖让渡庄园土地的方式，清廷是严禁的，处罚也是很严的。据乾隆三十八年（1773年）正月二十七日档案记载："缘伊天

---

① 《政治官报》宣统二年十二月二十二日。
② 《满洲旧惯调查报告·押的惯习》附录，33页，大同印书馆。
③ 《政治官报》宣统二年十二月二十二日。
④ 《政治官报》宣统二年十二月二十二日。

德即易天德，原系佃种庄头姚买子地亩之人，姚买子曾借过伊天德小数钱二百串，折制钱六十六吊，日久未还。遂将地六垧作价抵还，写立租契，凭中说合，听伊天德盖房居住，且有永远为业字样。"[1]此案经工部尚书审理，结果认为"姚买子身充庄头，辄将官地盗典三十六亩，应如该尚书所奏，将姚买子依盗卖官田加二等律，拟杖一百，徒三年，革退庄头，照例折枷于通衢示众，满日鞭责发落；受典地亩之伊天德，作中之白美，明知官地，私行盗典，应与姚买子同罪。伊天德、白美亦应如该尚书所奏，各拟杖一百，徒三年，定驿充配。"[2]

二、庄田租佃制的发达

随着东北皇庄、王庄、官庄农奴制的瓦解，封建租佃制度渐趋发达，租佃关系成为庄园内部的主要关系。清中叶租佃关系发达的原因有三：其一，由于丁佃的反抗斗争，皇室对各庄的限制放松，使庄头、壮丁都拥有一定数量的土地，可以招人佃种。其二，清中叶大批壮丁释放为民，庄园土地无法自种。乾隆年间，盛京内务府皇庄仅正额土地即达七十二万余亩，仅有人丁二千一百余名，人均耕地三百四十余亩。仅靠庄内壮丁是无法耕种的，必须大量招人佃种。其三，清中叶以后地租改征货币，皇室已不再限制各庄种植的品种及怎样经营，只向庄内征收租银，因此，庄头、壮丁采取各种方式出租土地。有关庄头、壮丁出租土地的事例在档案中随处可见。如盛京庄头徐士宽承领坐落辽阳镶白旗小营子处当差官地314日，分别由庄头、亲丁、壮丁承种。乾隆年间，庄头徐士宽，亲丁徐士安、徐景、徐贵、徐玉文，异姓壮丁赵六、李祥等人分别出租庄地。徐士宽出租110.5日，徐士安出租10日，徐景5.5日，徐贵1日，徐玉文20日，异姓壮丁赵六出租1日、李祥1日。所出租的土地分别由民人郭凤明租得76.5日，民人岳忠租得50日，镶白旗张明佐领下闲散旗人王永耿租得10日，正红旗果郡

---

①《内务府来文》乾隆三十七年十二月二十五日。
②《内务府来文》乾隆三十七年十二月二十五日。

王门下壮丁沈大租得5.5日^①。可见，出租庄地不仅是庄头，包括亲丁、异姓壮丁。租种土地包括旗人、民人，还有壮丁。徐士宽所管皇庄出租土地149日，占该庄地亩总数（314日）50%左右。说明租佃关系在庄园内已很发达。

惠郡王府的《盖邑尚河寨王母栏（租册）》可作为王庄租佃关系的代表。摘录租册如下：

兹盖邑管界尚河寨、王母栏等处，旧有惠郡王府地九十日。但此地众佃户原典吕文茂领名，在盖州正黄旗纳粮，计典价钱三万七千三百七十吊零百六十六文。嗣于道光二十六年经假冒王府人金礼等，挖案找去压租钱二千零七十三吊六百四十文，每年每日地收王府小租钱二吊五百文，不许增租夺佃，众佃户持有压租契据可验……后每日地增加小租钱五吊五百文，先后每日地共交小租八吊。以后不准众佃户拖欠小租，准众佃户自种或转（让），任伊自便，所得典价归佃户自收，不干王府之事。嗣后王府派差来盖收取小租，无论是谁，有编号骑缝底簿并发给佃户执照，准众佃户对明执照交钱。否则不准收取，认照不认人，以杜假冒。将众佃户花名地数列后。

计开：

尚河寨

一号佃户高升墀认种王地一日五亩七分，每年每日地纳小租钱八吊，共小租钱十五吊五百八十文。

二号佃户高永照认种王地三日二亩一分，每年每日地纳小租钱八吊，共小租钱二十六吊八百文。

三号佃户高升龄认种王地一日五亩七分，每年每日地纳小租钱八吊，共小租钱十五吊五百八十文。

四号佃户高廷珠……

（十一号佃户共认种尚河寨地三十四日二亩）共收小租钱

---

①《盛京内务府档》第5021号。

二百七十四吊六百文。

王母栏

十二号佃户张奎盛认种王地六日半，每年每日地纳小租钱八吊，包赔小租钱二吊，共钱六十五吊。

十三号佃户王连升认种王地一日，每年每日地纳小租钱八吊，包赔小租钱二吊，共钱十吊。

十四号佃户朱杰认种王地二日半，每年每日地纳小租钱八吊，包赔小租钱二吊，共钱二十五吊。

十五号佃户高有杰……

（十二号至三十三号佃户共认种王母栏地共四十三日，内除水冲地二日，净有地四十一日）。众佃户每年包赔小租钱七十八吊，如后来查出丢去十二日四亩，即将包赔钱项停止。连包赔每年共收钱四百零吊。

统计尚河寨、王母栏连水冲包赔地共九十日。[①]

这份《租册》十分重要，它说明了惠郡王府在辽宁盖平县尚河寨、王母栏的九十日庄地，至少从道光年间开始由佃户高升墀等三十三户佃种，每年每日纳小租钱八吊。王府"不得增租夺佃"，佃户也不许"拖欠王府小租"，佃户自种或转种"任伊自便"。可见与内地汉族地区租佃关系没有任何区别。

庄园的土地租佃形式分为长租与短租两种。长租系"经庄头早年将地租与佃户，至今未能换佃"[②]。佃户对租种的土地具有相对的稳定性。清廷规定，"不欠租即不撤佃"[③]。具有世袭性的永佃权。取得这种永佃权的佃户一般是原佃户（刨山户），即"系开始垦荒之刨山户与佃种熟地者不同"[④]。

---

①《东北各官署底契据表册》转引自周远廉《清代八旗王公贵族兴衰史》，240—241页，辽宁人民出版社，1986年版。

②《奉天公署档》第4233号。

③《盛京时报》民国元年十一月十七日。

④《政治官报》宣统元年六月二十七日。

原佃户多为设庄前后与庄头、壮丁共同开垦官荒为熟地，取得佃权。如《奉天公署档》记载：法库、新民、庄河等九城的佃户，其中一部分就是"雍正初年自备农具，刨垦承种内务府官地，取得佃权的。他们承种皇庄土地"佃户有名册，地租有租帐，不立合同者居其多数。"①各庄头"只知按帐收租，并不知地段所在。"②

短租是将庄地随时租给佃户耕种，年限一般不过十年，或三五年，限满退地，倘若再种临时再议③。这些人一般称为现佃户，现佃户不仅包括民人、旗人，甚至也包括部分壮丁。现佃户在康熙年间就已产生，乾隆以后迅速发展。乾隆年间，民人郭凤明租种庄头徐士宽庄地20日，以"种十年为限"④。清末短租的情况更加普遍，如同光年间民人张福财"租庄头南沟里头山岗洼坑官地约有4日"，孙得有"租种庄头官地4日"⑤，都属短租。

短租与长租相比，更体现为纳租关系，人身依附关系不强，佃户愿种则留，不留则去。下引资料是现佃户与庄头关系的最好说明：

> 据郭朝宝供称，伊与刘洛维等领种官地，按年预交下年官租，年清年款。后经苏政韬接充庄头，向伊等增租未允。控经铁岭县断令，上等每垧地纳租东钱十八吊，中等十五吊五百，下等十二吊，具结完案，伊等仍按年交纳不欠……。⑥

现佃户郭朝宝、刘洛维租种庄头的土地，每年预交下年租粮。后庄头认为租额过少，企图增租，佃户控告县衙，县衙不允增租夺佃。

佃户租佃庄地，多数由自己耕种，有时也将庄地转租出去。佃户转租庄地常立有契约，约内写明转租原因，地亩坐落，租钱及纳租数量等。

金州姜尚兴家所藏转租契这样写道：

---

① 《盛京时报》宣统二年四月二十六日。
② 《政治官报》宣统元年十月五日。
③ 《奉天公署档》第4148号。
④ 《盛京内务府档》第5021号。
⑤ 《东北各官署档》第549号。
⑥ 《谕折汇存》光绪二十三年二月。

立转租帖人刘顺，因无力耕种，央人说允，情愿将租到庄头地六段转租与姜尚兴名下耕种为主，同众言明，押租市钱贰仟柒百吊整。笔下付清，每秋兑纳租钱伍仟伍百文交与刘顺自兑。自转典之后，水冲沙压，不与转主相干。恐后无凭，立此存证。[①]

注明转租土地各段坐落四至，代字人、中见人、立字人、借字人的名字、转租年月。

三、实物地租向货币地租的转化

清初，旗地庄园向丁佃收取官庄银，是以实物的形式交纳。官庄银有正征和杂征二种。正征是各庄主要地租，杂征是正征的加征。内务府粮庄的正征原主要是稗，还有黑豆、粟、黏米粉等。清中叶以后，折征银两，官庄地租由实物折征银两的过程，即是官庄实物地租向货币地租的转化过程。

户部官庄粮庄的正征稗改征过程，《满洲旧惯调查报告》记载很详细，据此可知，清初户部官庄118所，分为四等庄，纳租总额为32391石[②]。然而，乾隆初年在其总额中拿出4885石2斗，以稗一豆一的比例改折黑豆。黑豆作为黑牛馆、乳牛馆、官马群等的饲料，这是户部官庄庄粮租折征的嚆矢。乾隆十六年（1751年），为充三陵祭祀用的羊草、人夫油炭、席片等的经费，将稗10137石8斗，以每石银二钱二分的比例，折征银2230两3钱1分6厘。乾隆五十五年（1790年），为充太庙、三陵的祭祀品苏子、油、烧酒、鸡、鹅、鸭蛋、紫花、青草及羊草等经费，以及粮谷、牧场饲马的人丁口粮合计8100石，尚结余4200余石，以稗一石折钱二钱二分比例，折征银两。结果户部官庄租为本色稗13368石，折征黑豆4885石2斗，折银3110两3钱1分6厘三种。[③]

盛京内务府粮庄租以大粮为正征，以粮庄租的一部分充三陵祭中粮刍之用项，逐渐将这部分粮庄租折征黑豆、黏、散米粉等。乾隆二十四年

① 《满洲旧惯调查报告·内务府官庄》附录，75—76 页，大同印书馆。
② 《满洲旧惯调查报告·皇产》93 页。
③ 光绪朝《大清会典事例》卷二百八十九。

（1759年）正式规定："盛京庄头应交豆草及旗仓米石，嗣后改征折色，米豆每石折银四钱，草每束折银三厘，如数按限征收，交纳盛京户部。又议准，锦州庄头应交旗仓米石，照余剩粮石例，每石折银四钱，交纳广储司库。"①从此，盛京粮庄、锦州粮庄基本上改征银两。各庄纳银两数：乾隆年间，盛京共有粮庄八十余所。一等庄应交纳银一百三十七两零五分，二等庄交纳银一百二十三两二钱三分八厘，三等一百一十五两四钱六分八厘，四等八十八两七钱三分六厘，计租银一万余两②。锦州一等庄可折银九千一百余两，二等庄银五千四百余两，三等庄四千四百余两，四等庄折银一万零二百余两，计得银近三万两。③打牲乌拉五所粮庄以二等庄计算，共可得银七百三十余两。

以上所述为庄租的正征。杂征当初以实物贡纳，如豚、鹅、羊草、茜草、小根菜、线麻、黄花菜等，清中叶后一并折征银两。以锦州粮庄为例，所有杂征合并征银，一等庄所纳银一百三十两八钱二分二厘，二等一百零七两二钱二分八厘，三等一百两零一分，四等五十八两六钱二分八厘④。嘉庆年间，锦州一等庄66所，计纳银八千六百三十余两，二等庄 44所，计纳银四千七百一十八两，三等庄38所，计纳银三千八百零三两，四等庄115所，计纳银六千七百四十二两。计粮庄263所，纳银约二万三千八百余两。⑤

上文所述庄租折银具有重大意义。首先，减轻了粮庄人丁的负担，免除了不必要的拖累。粮庄的生产物一般以谷为主。但清廷规定庄丁所交纳的则十分繁杂。有供皇室用的杂粮，喂养牛马羊的黑豆，皇室织品染色的茜草，副食品如猪、鹅、鸭、木耳、蘑菇、小根菜、黄花菜等。这些物品有的并非粮庄所产，壮丁不得不以高价购买。折银以后，壮丁不再受运输、

---

① 光绪朝《大清会典事例》卷一千一百九十六。
② 《内务府奏销档》乾隆元年十一月二十日。
③ 《内务府奏销档》乾隆元年十一月二十日。
④ 《内务府奏销档》乾隆元年十一月二十五日。
⑤ 《谕折汇存》光绪十八年十月。

守候、查收、备费之累，也不用再以高价购买，壮丁的负担有所减轻。其次，折征银两以后，庄头、壮丁纷纷出租土地，使租佃制度在庄园内占主导地位。

庄园货币地租形态在现佃户租佃关系中体现最充分。清中叶以后，各庄现佃户所占比例越来越大。下举户部官庄所属的辽阳县夹河村小营盘屯庄丁自种、租种资料进行说明：

土地利用	道光二十三年以前		道光二十三年	
	土地利用面积	同上%	土地利用面积	同上%
自种	71.5日	78.57%	61.00日	60.40%
租种	19.5日	21.43%	40.00日	39.60%
合计	91日	100%	101.00日	100%

据上述资料可知，道光二十三年以前，除庄头的管理地除外，占官庄全额地的 21.43% 租给现佃户，而道光二十三年租给现佃户的比例增到全额地 39.6%。反映现佃户逐渐增加的趋势。现佃户一般不立租契约，而依口约，年末将下年的租银提前交纳，一般租期为一年，纯是一种经济关系。现佃户的租额比壮丁、老佃户的租额高。租额包括官庄的地租及官庄的诸项负担，也包括庄头、壮丁中间收取的部分。现据《满洲旧惯调查报告》的现地调查资料作成官庄永佃户、现佃户关系表[1]：

管理者	（A）壮丁及永佃租率（日）	（B）现佃的租率	B对A的比率
徐百福	7.8至20吊	60至70吊	3至10倍
徐雨亭	10吊	40至50吊	4至5倍
徐芳亭	7至16吊	40吊	2.5至5.8倍
萧魁士	15吊	28至42吊	1.87至2.8倍
魏元恺	10吊	50吊	5倍
陈明高	12吊	30至40吊	2.5至3.33倍
黄显仁	8吊	60吊	7.5倍
陈绍先	3.6至7.2吊	50吊	6.94至13.89倍
粟中书	2至3吊	60吊	20至30倍
戴宸辅	20至30吊	80吊	2.67至4倍
黎常平	20吊	50吊	2.5倍

---

①《满洲旧惯调查报告·内务府官庄·户部官庄》。

根据上表所示，现佃户的租率比壮丁、永佃户的租率高2至14倍。这样高的地租额与一般私有地收取地租基本相同。

　　综上所述，庄租折银交纳标志着实物地租向货币地租的转化。货币地租的优越性在于土地所有者不再干预土地耕种者的生产过程。正如马克思所说："在实行货币地租时，占有并耕种一部分土地的隶属农民和土地所有者之间的传统的合乎习惯法的关系，必然会转化为一种由契约规定的，即按成文法的固定规则确定的纯粹的货币关系。因此，从事耕作的土地占有者实际上变成了单纯的租种者。"①

---

①《马克思恩格斯全集》第二十五卷，899—900页。

第三章 旗地的补救措施

第一节 旗人红册地的强化

一、民典旗地的整理

旗人红册地的破坏始于康熙中叶以后，主要通过旗民交产即民典旗地的方式。民人典买旗人的红册地，常常采取三个步骤，"始而为庸工"，"继则渐向旗人佃种田亩"，最后"迨佃种既多，旗人咸图安逸，不知力作"之时，将旗人土地典为己有①。乾隆十二年（1747年），盛京将军奏称：奉省官员无地者 360 员，兵丁无地者15331名，官员有地者143员，兵丁有地者2140名②。可以看出奉省失去红册地的官员几乎达有地官员的三倍，失去红册地的兵丁为有地兵丁的七倍。说明东北旗人赖以养家活口的旗人红册地与京畿地区一样，大部分转归民人手中。为强化旗人红册地，保护旗人生计，清廷采取与畿辅旗地同样的措施，对民典旗地动帑金回赎，进行整理。

乾隆三十四年（1769年）二月，清廷派裘曰修会同户部侍郎瓦尔达等酌议回赎方法。彼等上疏说，盛京出典地亩，与近京旗地不同，"盛京旗民交易均属白契，所开价值或系零星凑算，或以实物准折，甚至随意虚开"。如按近京旗地官赎后，仍准原业主五年交银或指扣俸饷自行回赎之例。盛

① 《清宣宗实录》卷一百零二。
② 《军机处满文月折档》乾隆十二年。

174

京旗人因"生计尤为淡薄，五年之限，为期稍迫，恐不及按银扣还"①。为旗人生计起见，采取变通之法。规定："无论年份远近，契价多寡，总以现在租息为断。"②如核计租息为一钱，回赎价银一两，"均就租息之重轻定价银之多寡"③，并酌宽年限。京师官赎旗地准令原业主扣俸交银，定限五年。今盛京回赎酌定十年，从旗人俸饷扣俸充典价银。于是派户部侍郎喀尔崇义会同奉天府尹博卿额、奉天将军弘晌等办理回赎旗地事宜。《户部则例》载是年十二月：清查土地入官、业主、售主俱照隐匿官田律治罪。此次清查后，违例典卖业主、售主俱照违制律治罪，土地、价银撤追入官。又议准："盛京民典旗地，凡旗人出租地亩，统以三年为限，违者照长租例办理。"④乾隆三十五年（1770年）始照上述加赎办法办理回赎旗地。文献记载："民典旗人红册地亩奏明动帑备价赎回，仍归旗业。"⑤即将回赎旗地再次编入旗人红册地。在查办民典旗地的档案中，查出旗人典卖旗余地四万二千余亩⑥。说明当时民典旗地中不仅是旗人红册地，也有旗余地。旗余地是旗人红册地以外旗人违例私自开垦的土地。此余地也载入红册地，称旗余地。清廷将其入官，让旗人佃种，其租银解交盛京户部，以备旗丁急需⑦。又据乾隆四十八年版《盛京通志》卷十七《田赋一》：乾隆三十五年（1770年）查出民典旗地有永远征租地、暂行征租地。永远征租地。据《开原县志》卷五载："乾隆三十五年，民典旗地案内，照契查出出典旗人绝户无营业者，将地另受典民人耕种，按亩输租，拨归知县衙门永远征租。"民典旗地中，出典旗人绝户无力回赎，使受典民人佃种，永远由州县征租。又据《奉天省财政沿革利弊说明书》云："各属旗地，经

---

① 《八旗通志续集》卷六十六，《土田志五》。
② 《八旗通志续集》卷六十六，《土田志五》。
③ 《八旗通志续集》卷六十六，《土田志五》。
④ 《户部则例》卷六。
⑤ 《开原县志》卷五。
⑥ 嘉庆朝《大清会典事例》卷二百三十二。
⑦ 《开原县志》卷五。

人盗卖与民户，嗣后发觉，奏请不准赎回，作为永远余地，由民户承种，交纳租项。"实际此地目已由原旗人红册地，变成民地，暂行征租地。据《开原县志》卷五载："民典旗地案内，照契查出王公门下壮丁并喇嘛官下壮丁，是否主地，抑是己产，须清查明确始行办理……拨归知县衙门，暂行征租。"即典卖与民之地是壮丁还是主人的不清，暂归州县征租。如开原县于乾隆五十一年"奉文除销原业主自行回赎地一百二十九亩外，今存地三百七十二亩"①。此"存地"就是不清是壮丁、还是主人的暂行征租地。旗人业主暂无力回赎，归州县征租，俟有力回赎时，可备价回赎，将土地再编入旗人红册地。《盛京内务府地亩稿档》有备价回赎记载。厢黄旗石应屏佐领下壮丁王俊呈称，其父王孝堂坐落厢红旗界郭家台张洪道名下，原红册地二百七十日曾"按价钱三百吊，典于民人王菜地十五日"。在整理民典旗地中"无力回赎，当蒙归与暂行征租项下，俟原业有力时，备足原价回赎管业"。至乾隆四十五年呈报地方衙门备价回赎。地方衙门批复："王孝堂包衣厢黄旗石应屏佐领下人，情愿备价回赎张洪道名下纳粮地亩等情，核与底册出典受典人名地数，均属相符，"②准予回赎，作为旗人红册地。不仅如此，另民典旗人红册地以外的浮多地也归入此地目。据《奉天财政沿革利弊说明书》载："此项地亩原系旗地典与民人，其地边浮多，经民人开垦，嗣由官查明，除将原段回赎外，私开地段仍由民人承种，作为暂行征租余地。"故暂行征租地亦称暂行征租余地。由上可见，永远征租地、暂行征租地原为旗人红册地，前者典卖与民人后，回赎时旗户无主，变成民地。后者分二种情况，旗户清楚，有能力备价回赎可由暂行征租地变为旗人红册地。否则暂行征租地也同样属于民地。

清廷从乾隆三十五年始至三十八年整理民典旗地，据钦差尚书裘曰修三十八年二月上书中云："民典旗地计十二万余垧，蒙恩动帑回赎，请嗣

---

①《开原县志》卷五。
②《盛京内务府地亩稿档》乾隆四十五年正月二十九日。

后原业旗人自行耕种。"①乾隆皇帝依其议，交户部侍郎瓦尔达办理。瓦尔达因侵占房地事发被革职。同年八月由户部侍郎喀尔崇义同奉天将军弘㬷、奉天府尹博卿额共同办理。是月彼等上奏云："臣等共同确查，应动帑回赎旗地十二万六千八百二十六垧，已经钦差尚书裴曰修等履勘，奏准照户部原议办理。"②可见，上文所述回赎旗地数字是比较可信的。据乾隆四十八年版《盛京通志》卷三十七《田赋一》：乾隆四十五年（1780年）承德（沈阳）、辽阳、海城、盖平、开原、铁岭、复州、宁海、岫岩、兴京、锦县、宁远、广宁、义州十四城，民典旗人余地为二十一万零八十一亩五分，永远征租地一万八千二百八十三亩七分，暂行征租地四万一千五百三十一亩一分。由此可知民典旗人余地二十一万八十一余亩，比乾隆三十五年的四万二千余亩比，增加五倍多，从民典旗人余地中除去，归入州县管辖。永远征租地与暂行征租地合计为五万九千八百十四亩八分，其原为旗人红册地，现从红册地中除去。这样从前述官赎旗地十二万余垧中，扣除永远征租地与暂行征租地合计数五万九千八百余亩，剩下六十八万余亩，应为动帑金回赎给旗人，重新编入旗人红册地的土地。关于乾隆年间的回赎旗地及所动银两，乾隆五十年八月二十一日的档案记载如下：

> 为奏明动帑回赎民典旗地案内余剩银两事。切查乾隆三十五年经原任盛京将军恒鲁等将盛京等十四城查出民典旗地分别条款，酌拟回赎，所发帑银分作十年扣交归款。等因，具奏，经部覆准，随行据各该旗、民官查明，各项旗人典与民人地共六十八万七千零二十二亩七分七厘，册报到部。当经照依原定条款，将契价过昂者按租作价，凡每年征租一钱者，发给价银一两；其典价本轻而租银较重者，照契发价。于三十八年共发价银二十万零三千五百五十八两四钱六分三厘六毫，照数赎回，

---

① 《奉天通志》卷三十四。
② 《清高宗实录》卷九百四十。

随案分别办理，具奏报部，核销在案。①

上述档案中所载回赎旗地"六十八万七千零二十二亩七分八厘"，与前文所记基本相符。回赎这些旗地所需"价银二十万零三千五百五十八两四钱六分三厘六毫。"

嘉庆朝再次清查民典旗地。盛京将军富俊上奏说："伏查盛京旗地，本身耕种者十不及半，大率租与民人耕种。一时缓急相通，借贷在所不免，久之易租为典，遂成积弊，旗产不为旗有。检阅旧卷，清查并非一次，办结后，越十余年复蹈故辙，甚至交争构讼，两造隐匿私典，受典之情，假为他词饰说，部员逐层追究得实，随案照例科拟，并有租给民种，无故加租夺佃，兴讼每年不下数十起。推原其故，皆因旗民杂处，其始议租，久遂为典，旗界官役，但知其租，未悉其典，迨旗人不能纳粮，夺佃增租，始行破案。该处乡保，以旗地非伊所管，即明知民人受典，亦难报官，此皆不能责成互相稽查之所致也。"②

由上述引文可知：第一，盛京旗地已大部典与民人，旗人生计穷苦"借贷在所不免"。第二，多次清查民典旗地，但"越十余年复蹈故辙"。第三，旗界官员、各地乡保"明知民人受典"皆不报官，"不能责成互相稽查之所致也"。对此，嘉庆九年（1804年）八月，嘉庆帝上谕，清查民典旗地事，户部遵旨议定："勒限一年，准其首报，其旗人首报者，撤地入官，即佃原业旗人，按则输租免罪，免追典价，民人照例治罪，并追历年租息入官。民人首报者免罪，免追租息，即佃原首民人输租，并免征一年租银，以抵典价，其出典之旗人，照例治罪，并追典价入官。如旗民公首者，均免治罪，免追典价、租银，仍令民人佃种，三年后将地入官，交原业旗人承种输租，当经降旨施行。"③盛京将军富俊等奉旨通饬旗民地方官，转谕旗民作速首报，自嘉庆九年九月二十六日起，至十一年二月底止，业据旗

①《军机录副》乾隆五十年八月二十一日。
②《军机录副》嘉庆十一年七月二十八日。
③《军机录副》嘉庆十一年七月二十八日。

民呈首者一千六百余案，应追典价租息不下万人①，"业据旗民首报地，约二十一万余亩"②，三十年后民典旗地又达二十多万亩。富俊等鉴于"此项民典旗地事阅多年，且尚有辗转接典旗地等事，头绪繁多，该旗民等均系穷苦之人，今即将各地亩呈首，而一则应追典价，一则应追租息，俱不免追呼之扰，且尚有应得罪名，其情究属可悯。兹格外施恩，著将业经首报地亩，所有旗民人等应得之罪，并应追典价租息银两一并宽免"③。

嘉庆朝盛京将军富俊奏称："现在各城册开，实系旗人将己身红册地亩典与民人，并指地借钱巧典之案，共地二万一千五百七十九亩九分，价银五千四百三十九两，小数钱三十一万六千一百零六吊二百六十文。出典旗户八百七十二户，受典民人八百六十九户。"④奏折中提到的回赎地的数字，肯定不是回赎的全部，但从出典旗户与受典民人的数量来看，回赎旗地的数量不在少数。这些回赎旗地可想而知又再次编入旗人红册地。

二、水冲沙压地的拨补

所谓水冲沙压地是指旗人红册地中，受水灾不堪耕种的土地，乾隆朝以后用其他土地拨补。乾隆三十一年（1766年），丈量旗地民地，查出许多余地，将其中一部分拨补旗红册地中的水冲沙压地⑤。乾隆五十七年（1792年）查得兴京、开原、辽阳诸城的闲地，以此一万一千亩，拨补锦州旗兵的水冲沙压之地⑥。《盛京内务府地亩稿档》记载：乾隆四十四年（1779年）二月，内务府庄头夏铎于奉天城镶黄旗界朴家坨，"开荒拨补水冲沙压地六十一日五亩"⑦。嘉庆十四年（1809年）九月，正蓝旗下宗室崇秀，以

---

①《国朝耆献类征初编》卷三十九。

②《军机录副》嘉庆十一年七月二十八日。

③《国朝耆献类征初编》卷三十九。

④《军机录副》嘉庆十一年七月二十八日。

⑤《清朝续文献通考》卷五。

⑥《八旗通志续集》卷六十六。

⑦《盛京内务府地亩稿档》乾隆四十四年二月。

自己所有红册地一百五十四日，拨补水冲沙压地三十二日①。旗人红册地与旗人生计有密切关系，所以，用其他开荒或余地拨补，保证了旗人红册地的数量。

三、红册地旁滋生地

红册地滋生地是指旗人于红册地旁私自开垦的土地，清廷给予承认，入红册地纳粮。乾隆四十九年（1784年）六月档案：

> 佐领英敏等呈为出首红册地边滋生地亩入册纳粮事。据掌仪司催长高铭等呈称，据园丁屈灿、屈振基、佛保柱、屈习、屈茂基等呈称，情内身等六人有祖屈世功名下，坐落广宁正白旗界内庙儿沟营盘山处入广宁仓纳粮红册地二千零六十四亩一分。身等于乾隆四十七年间，在红册地边滋生地一百八十余亩；又于四十八年间，滋生地一百四十余亩，每人名下约有滋生地五十三亩有余。今身等不敢隐匿，情愿首出入广宁仓纳粮。伏祈转咨查文，注册纳粮。②

乾隆五十七年（1792年）七月，镶黄旗文兴佐领下的旗丁韩正高呈称：情因辽阳正白旗界坐落七家子处有身祖韩忠孝名下入内仓纳粮红册地一百五十五亩，身于四十九年间，在红册地边滋生地六十二亩九分，业蒙文给注册纳粮在案。今于五十七年三月间，复在红册地边滋生约有二十余亩，不敢隐匿，情愿首出入内仓纳粮。③

嘉庆朝红册地旁滋生地也很多。嘉庆八年（1803年）八月，正白旗旗丁马连兴在呈请查滋生地的呈文中说："情因身名下坐落辽阳正红旗界代家房身处入内仓纳粮红册地六十亩，于嘉庆六年在地边滋生并另段滋生约有四十五亩余，于嘉庆七年又滋生地约八十八亩余，共计十二段。又小的名下在辽阳厢白旗界长沟沿入辽阳仓纳粮红册地一百三十八亩，于嘉庆七年在地边滋生地约二十四亩余。又于嘉庆八年又滋生地约有四十二亩余。共

---

①《盛京内务府地亩稿档》嘉庆十四年九月十二日。

②《盛京内务府地亩稿档》乾隆四十九年六月。

③《盛京内务府地亩稿档》乾隆五十七年闰七月。

记五段，不敢隐匿，情愿一并首出升科，照例输租。"①滋生地已超过纳粮红册地旁滋生地，可见滋生地发展之快。清廷规定：红册地旁滋生地，令"赴各该官处，呈报首出之数"②，每年交纳租银。乾隆、嘉庆二朝旗人于红册地旁开垦的土地首报均加入旗红册地，使红册地数量有所增加。

四、退圈地的设置

旗人红册地的强化表现在裁减一些地目，即将沙薄瘠地从旗人红册地中退出，设立退圈地，以此确保旗人红册地的质量。

退圈地的起源很早，据光绪朝《大清会典》载："退地旧例拨给内务府庄头地亩，如有沙薄不堪耕种者，查明原拨地亩，退交官佃征租。"③又据《奉天省财政沿革利弊说明书》载："奉天各王府于国初多有圈占地段，后经退出，故名曰退圈地。"退圈地清初就存在。大规模的退圈地的设置是在雍正五年（1727年）以后，雍正五年规定："锦宁等州县庄头圈余退出地亩，照各州县征粮数目一例征取。"④乾隆朝《会典》卷八十七也载：将"锦、宁远、广宁、义州四州县官庄余田"照州县征粮数目征收。可见，退圈地指各庄头额地中的余地，将此退出，照州县征粮。当然退出土地一般都是沙薄不堪耕种的土地。如雍正十二年（1734年）"锦县退圈地三十六万七千九百九十七亩七分，征银三千八百六十三两九钱七分五厘八毫五丝，征米八千三百九十九石九斗七升零六勺九抄九撮"⑤。可见，此退圈地一般是沙薄瘠地，从红册地中退出，照民地例征收钱粮。奉天的民地赋则是银米兼收。即银地上则地每亩三分；中则地每亩二分；下则地每亩一分。米地；上则地每亩米六升三合八勺三抄；中则地每亩四升二合五勺

---

① 《盛京内务府地亩稿档》嘉庆六年十二月。
② 《盛京内务府地亩稿档》乾隆五十七年闰七月。
③ 光绪朝《大清会典》卷二十。
④ 光绪朝《大清会典事例》卷二百八十九。
⑤ 乾隆四十八年版《盛京通志》卷三十七。

五抄二撮；下则地每亩二升一合二勺七抄六撮①。退圈地应照此征收。雍正十二年退圈地数量及征银米如下表②：

地区	数量	征银数	征米数
锦县	367997亩7分	3863两9钱	8399石9斗
宁远州	328749亩4分	3451两9钱	7670石7斗
广宁县	75578亩2分	793两6钱	1653石3斗
合计	772325亩3分	8109两4钱	17723石9斗

乾隆元年（1736年），退圈地米地改征黑豆，米一石改征黑豆二石③。乾隆四十五年（1780年）奉天所属退圈地数量如下表：④

州县	征银地	征银数	征豆地	征豆数
锦县	135047亩	2836两4分	135047亩	12370石4斗
宁远州	163692亩	3437两5钱	163692亩	15277石8斗
义州	74835亩	1571两5钱	74835亩	6743石3斗
广宁县	12627亩	265两1钱	12627亩	1104石9斗
合计	386201亩	8110两5钱	386201亩	354556石4斗

据表所示，当时退圈地数量是很多的，并且黑豆与银是"分三则，折中征收"。退圈地的耕种方式，据光绪朝《会典》载："奉天、山西有先是旗地，后给民垦种者。"⑤此退圈地乾隆中叶前，由旗丁佃种。按上中下三则银豆兼收。上则地亩征银三分，豆一斗三升四勺三抄；中则地亩征银二分，豆八升六合九勺五抄；下则地亩征银一分，豆四升三合四勺七抄⑥。乾隆末年以后，由旗丁招民人耕种，或由"旗民伙种退圈地，"⑦共分其收获，以此来维护旗丁的生计。

如上所述退圈地从红册地中退出，照民地例银米（豆）兼征，由旗丁佃种，或民人佃种，或旗民伙种，其性质纯属官地。如文献所说："退圈米

①乾隆元年版《盛京通志》卷二十四。
②乾隆元年版《盛京通志》卷二十四。
③嘉庆朝《大清会典事例》卷二百三十二
④乾隆四十八年版《盛京通志》卷三十七。
⑤光绪朝《大清会典》卷十七。
⑥《东三省政略》卷七，财政。
⑦乾隆四十八年版《盛京通志》卷三十七。

东北旗地研究

豆地……无非官地民佃，纳租而不纳粮，惟地亩究系官产，与民间私产有别。"①清廷通过设退圈地将沙薄瘠地从红册地退出，从质上强化红册地，而退圈地招旗民佃种，由官征收租粮，间接接济旗丁的生计。

五、出旗民人随带地

出旗民人随带地，原为旗籍的旗地，现脱离旗籍入民籍，允许其由红册地中带走其土地。乾隆七年《户部则例》卷十规定：

> 八旗另户汉军出旗为民，无论离京远近，其老圈并自置各旗地，均准随带出旗。

乾隆二十一年规定：

> 八旗另记档案养子开户人等出旗为民，其原有老圈及置典置买各旗地，俱令报明官赎，不许随带出旗，若自置民地及开垦地亩，准其随带。

由于旗丁户口繁衍，生计严重，为保护满洲及蒙古旗人生计，清廷允许汉军及另记档案人（即汉人旗人）出旗为民，自谋生计。此地目于奉天承德县、辽阳州、海城县、盖平县、铁岭县、宁海县、锦县、宁远州等地区为多②。据《开原县志》卷五，民户口条载，乾隆二十三年，增加八旗另户及耿尚二属壮丁入民籍为民的人丁八丁。据此可知，耿精忠、尚之信等三藩属下原为汉军旗人，此时出旗为民。出旗为民随带地在奉省编入民人红册地，在吉省列入陈民地，分三则银米兼征。乾隆四十八年版《盛京通志》卷三十七，《吉林田赋》载，乾隆十四年至乾隆四十五年，"零丈出并开户入籍民人随带地共增地七十七万五千九百二十亩零一分五厘"。《伯都讷田赋》条载，乾隆二十六年至乾隆四十五年，"零丈起科并开户入籍民地实在原额新增共地十七万四千零二十七亩八分五厘"。

可见，乾隆朝清廷为保护满洲、蒙古旗人的土地，允许汉军旗人出旗，

---

①《满洲旧惯调查报告·一般民地》86页，大同印书馆。
②乾隆四十八年版《盛京通志》卷三十七。

土地从红册地中带走，以此从质上强化旗人红册地。

第二节　三省新设旗地

一、随缺地

随缺地即职田。奉省随缺地的起源，据《八旗通志》卷六十六，《土田志五、奉天规制》载，乾隆四十一年（1776年）五月户部议奏："乾隆十三年（1748），军机大臣会同盛京将军，酌议兵丁随缺地亩，于现在闲空荒甸，就近均匀拨给，令其耕种，仍交该将军留心查访，务须抵缺交代，勿使私自典卖。"《清高宗实录》四十一年五月条又载："原令将现在闲空荒甸，就近均匀分拨"[①]旗丁耕种。为保护旗人生计，乾隆十三年（1748年）设随缺地。随缺地分兵丁、官员二种。兵丁随缺地规定：马兵支给十垧，步兵支给五垧。如乾隆四十一年（1776年）四月，奉天将军弘垧上奏：奉天马兵一万五千六百五十九名，每名支给随缺地十垧；步兵三百三十八名，每名支给随缺地五垧[②]。此马步兵随缺地计十五万八千二百八十垧。官员随缺地据《盛京通鉴》卷一规定：城守尉、协领每员拨给三十垧，防守尉、佐领二十四垧，防御二十一垧，骁骑校十八垧。这样奉省驻防官兵均照官员等级、旗丁兵种分拨随缺地亩。乾隆五十七年（1792年）五月，乾隆皇帝上谕："从前原拨各城官兵，按品分等，给与地数……独三陵官兵未经一律拨给"，命盛京将军等"详晰查明，据实具奏。"[③]是年八月，奉天将军琳宁拨出兴京、沈阳、开原、辽阳、凤凰城、广宁、牛庄等地空闲荒地九万八千余亩，支给三陵官员、兵丁。

①《清高宗实录》卷一千零八。
②《八旗通志续集》卷六十六。
③《清高宗实录》卷一千四百零五。

吉黑两省官兵随缺地较奉省晚。据档案记载："查双城驻防官兵随缺地方，自道光初年，因此项官兵原由京都、奉天、吉林三处，挑拨携眷而来，边荒远戍，贫无恒产，筹给随缺地，以资养赡。共拨有随缺地六千五百五十垧，每垧纳租粮八斗。"[①]由此可知吉省双城堡随缺地是道光初年设立的。伯都讷地区随缺地是咸丰初年设立的。据档案文献记载："查讷城于咸丰元年，由珠尔山禁荒内，拨给讷属官兵随缺实地，计一万九千九百一十垧零二亩一分二厘九毫，每垧年征租钱五百五十文。"[②]五常堡是同治九年（1870）设立的。是年由霍伦川拨给堡署两旗甲兵随缺地三千二百四十垧，每垧收大小租钱六百六十文，共计全年收大租钱一千九百四十四吊，小租钱一百九十四吊四百文[③]。三姓地方是光绪年间设置的。据档案记载，"光绪七年，因三姓办公竭蹶，官兵苦累，仰承奏准，拨给随缺官地，以资津帖。当经省派委员佐领台斐英阿，会同敝衙门派出之协领依英阿等，驰赴姓属管界，遍履查勘。由城西南乌斯珲屯界边小封堆起，斜向东北巴虎力河北，直至音达木河西止一带闲荒，近靠封堆旗屯界边，系属犄角形势，作为三姓官兵随缺地亩之区"[④]。勘拨荒地二万七千垧，招户承领，俟开垦后，所得租钱拨归旗署办公[⑤]。

吉省随缺地的拨授额因官荒多的缘故，高于奉省。据《吉林通志》记载："协领每员六十垧，佐领四十垧，骁骑校三十垧，兵丁十六垧。"[⑥]下举档案开列吉林十旗[⑦]，官兵应领的随缺地明细：

> 本城十旗等处，额设协领十一员，参领一员，总管一员，每员随缺地六十垧；佐领六十九员，主事二员，四品官二员，每员四十垧；

---

① 《清代吉林档案史料选编·吉林旗人生计》86页。
② 《清代吉林档案史料选编·吉林旗人生计》89页。
③ 《清代吉林档案史料选编·吉林旗人生计》85页。
④ 《清代吉林档案史料选编·吉林旗人生计》72页。
⑤ 《清代吉林档案史料选编·吉林旗人生计》93页。
⑥ 《吉林通志》卷三十。
⑦ 八旗加蒙古旗和鸟枪营为十旗。

防御三十五员，五品官二员，骁骑校七十三员，六品官四员，总站官二员，助教官二员，笔帖式五十五员，每员三十垧；领催三百八十八名，前锋七十九名，每名二十垧；披甲四千一百六十九名，关防领催二名，站领催四十七名，水手领催一名，每名十六垧，共计应拨地八万五千八百七十八垧。①

黑龙江省素无随缺地亩，据文献记载："当时，但患旗兵之不谙稼穑，于占地授田，从无限制也。是以旗丁趁解甲、牧畜之暇，从事耕作者有之，雇人佃种坐收租利者有之。"②清中叶以后，承平既久，生齿日繁，坐耗口粮，习为游惰。光绪末年，东三省总督徐世昌奏陈"江省旗丁生计情形，并酌定办法，清丈附郭荒地，详查省城无地官兵，计口授田，藉苏其困"③。

随缺地作为"旗人之公田"，④其经营方式当初多于各城附近拨给，兵丁多自行耕种。后各城近处空闲荒地不够分配，拨离城较远之地，兵丁往往不能自种，招佃取租较普遍。故文献记载，"或自行耕种"，"或招佃取租"⑤。吉省档案也载，距居住地远的，因"耕作较远，诸多不便，则将地统归一处招佃食租，举本屯乡长经理其事，秋后得租，按部均匀分润。当经招有佃户耕种，每年按垧纳租钱一二吊不等，立有租契，迄今多年。"⑥清廷规定：招佃民人，旗丁"不准夺佃"。如佃"民抗不交租，照例换地"，交旗丁自种，有"私相典卖者，丁民俱一体治罪。"⑦《东三省政略》载："旗地租额定数甚微；不及民地十分之一二，而官兵随缺地租，其数尤少，且有不照定章交纳者。"⑧可见，清廷的用意并非于租赋，而在于资旗

①《清代吉林档案选编·吉林旗人生计》83 页。
②《东三省政略》卷八。
③《东三省政略》卷八。
④《东三省政略》卷七。
⑤《盛京通鉴》卷一。
⑥吉林行省档案 [6—1]—281。
⑦《清仁宗实录》卷三百五十二。
⑧《东三省政略》卷八。

人生计。奉省征银地每亩分七分、六分、五分三则。征钱地每亩六十文、五十文二则①。据《开原县志》卷五，旗田赋条记载："代催盛京陵随缺下则官地三万一千九百二十二亩七分，每亩征租制钱五十文，共征租制钱一千五百九十六零百三十五文。领催兵等自行招佃取租随缺地一万零九百日。"②《东三省政略》卷八，旗务统计，奉省八旗官兵随缺地官员地约七千六百九十一垧，兵丁地十五万八千七百八十二垧。吉省随缺地，据吉省档案记载：全省随缺地亩，共计207114垧余③。其中吉林城占一半左右。

下将吉林城各处官兵随缺地亩列表如下④：

地别	数量	地别	数量
镶黄旗	5950垧	正黄旗	5948垧
正白旗	5938垧	正红旗	5400响
镶白旗	5930垧	镶红旗	5990垧
正蓝旗	5960垧	镶蓝旗	6036垧
蒙古旗	7314垧	鸟枪营	10624响
水师营	380垧	乌拉	11442垧
伊通	3508垧	额穆赫索罗	2754垧
五常堡	410垧	乌拉 额赫穆	956垧
金珠鄂佛罗	684垧	官庄	80垧
四边门	64垧	合计	85868垧

由表说明随缺地的数量是很大的。

二、旗余地

旗余地是旗人红册地以外旗人私自开垦的土地，最早见于记载是雍正五年（1727年），"盖平界内红册地二万九千六百二十一亩一，丈出余地六万八千八百八十亩八分"⑤。乾隆二十七年（1762年）六月，清廷限三

---

① 《东三省政略》卷七。
② 参见周藤吉之：《清代满洲土地政策研究》269页。
③ 《清代吉林档案选编·吉林旗人生计》86页。
④ 《清代吉林档案选编·吉林旗人生计》80—82页。
⑤ 乾隆元年版《盛京通志》卷二十四。

年于每年冬三个月、春两个月，丈量奉天旗人私自开垦的土地①。至三十年（1765年）结束，丈出很多余地。是年，据署将军印务刑部侍郎朝诠言："奉天各项旗人原红册地，共二百五十五万七千四百垧有奇，现今丈出自首地三十三万六千一百垧有奇；民人红册地四十六万零二百垧，丈出并自首余地七万四千七百垧有奇，二共四十一万零八百垧有奇，"②旗人余地是民人余地六倍左右。翌年三月，盛京户部侍郎英廉请求将此旗民余地准令无地兵丁及闲散旗人认买，资其生计。户部议覆："此等无地人户，贫富不齐，其有余者，置产必多，而无力之家，未必能一律承买，恐于伊等生计，仍无实济。"③不如"将此项余地内，酌派征租，每年赏备资装，于该兵等殊有裨益"④。因此，乾隆帝令尚书新柱出差盛京之际，会同奉天将军、府尹等确勘该地实在情形妥协定议具奏。三十三年（1768年）二月，新柱等议言：丈出余地四十一万八百余垧，加之移驻塔尔巴哈台兵一千名，随缺地七千垧，二共四十一万七千八百垧，内除应拨官兵随缺地，水冲沙压、学田、水手、公户等项，共三万九千九百余垧。其余三十一万二千四百余垧⑤，"一并入官，即令原种人等按数认种，或有转租与人者听其自便，应输租仍于该户名下催追。中有事故情愿更替，许其呈明本旗，方准退领。倘有拖欠租银，以及实系无力承种之户，俱由各该旗查明撤出，另行招佃，仍将征租地亩花户、姓名，原认地数造册分送各衙门存查"⑥。此余地也载入红册，称旗余地。但与旗人红册地不同，红册地系官拨额地或允许旗人私开的土地，而旗余地是旗人私开土地自首或被官查出的土地。清廷将其入官，让旗人佃种，征收租银。《清朝文献通考》卷五载，凡旗人余地"按各处地亩之高下肥瘠、粮额之等差，照依上中下

---

①《清高宗实录》卷六百六十四。

②《清朝文献通考》卷五。

③《清朝文献通考》卷五。

④《清朝文献通考》卷五。

⑤《清朝文献通考》卷五。

⑥嘉庆朝《大清会典事例》卷二百三十二。

三则，分别核计。每垧应征租银自四钱八分至二钱四分不等，折中每垧合租银三钱六分"。清廷将乾隆三十一年丈出余地三十一万余垧征租银，"每年共征租银十一万二千四百两有奇"。从中支给"冬围兵丁一千三百名，每丁拟赏银十五两"，计一万九千五百两，"其余银解交盛京户部"①，以备旗丁急需。奉省旗余地的数量，据《盛京通志》卷三十八，《田赋二》统计，乾隆四十五年（1780年）奉天所属旗余地为223557日3亩，征租银83393两9钱。此旗余地除一般旗余地外，也含盛京内务府、盛京户部、锦州城等官庄余地，一并征收租银②。

　　乾隆年间吉省旗地也丈出余地，但与奉省旗余地不同的是吉林省照奉省民地例征收。吉林地方旗地设置很早，入关之初，因抗俄需要，加强吉林等地的八旗驻防，旗地渐多。雍正四年（1726年）设立三州县，置民地。是年，查出吉林乌拉各边驿站地、近城八旗庄屯、宁古塔等地私垦地三万一千七百八十二亩，照奉省民地例征收钱粮。并规定："若有附于原主名下未经查出者，佃户首报该县，给与印票，即令其交纳钱粮。"③这是吉省旗余地的起源。乾隆朝以来，关内汉人流入吉省地方渐多，旗民杂处，私开地亩激增。乾隆六年（1741年），严令旗人"现在地亩，尽行清丈"，如有隐匿地亩，"将隐匿人与代隐人，一并治罪，地亩入官。"④十四年（1749年）十月，宁古塔将军永宁上奏："吉林乌拉、伯都讷等处旗地现丈出余地三万八千五百八十六亩。"⑤十八年（1753年）十二月，"户部议覆，船厂将军傅森奏称，宁古塔地方丈出裁汰泰宁县交粮地亩及闲散民地，并寄入旗人名下开垦地，共一万六千七百四十四亩……其寄八旗人名下开垦地亩，应撤出归公招佃"⑥。即将此旗人私招民人开垦余地入官，招佃户租

---

①《清高宗实录》卷七百五十六。

②周藤吉之：《清代满洲土地政策研究》256页。

③光绪朝《大清会典》卷二百一十五。

④《清高宗实录》卷一百五十。

⑤《清高宗实录》卷三百五十一。

⑥《清高宗实录》卷四百五十二。

种，照奉天民地例，分三等征银米。银地每亩一分、二分、三分；米地每亩二升二合、四升四合、六升六合①。

第三节　奉省新设旗地

一、银米兼征加赋地

银米兼征加赋地与旗余地同样也是旗人私自开垦的土地，入官增加租赋。据《开原县志》卷五载：乾隆四十五年（1780年），"旗人招佃民人，私开地一百六十六亩二分，每亩照私开例征银八分，征米四合四勺二抄五撮。"②每亩征银八分，米四合四勺二抄五撮，合每日（六亩为一日）征银四钱八分与旗红册地米地每日二升六合五勺的并征，负担较重。所谓"照私开例"，即照流民私垦额征加赋余地等则征收。据光绪朝《会典事例》卷二八九，乾隆四十六年（1781年）定："查出流民私自开地一万一千三百八十八亩。照直隶、山东民地赋则，每六亩征银四钱八分，仍在旗仓交米二升六合五勺。"可见，流民私垦加赋地是仿山东直隶民地赋则，带有惩罚性质。如《清朝文献通考》所云："乾隆四十六年，定惩匿报之令，盛京、吉林民人私垦地亩曾经查出者，每亩岁征银八分，仍在旗仓纳米四合四勺二抄五撮，以惩匿报之弊，著为令。"③由此看来，银米兼征加赋地的租赋仿流民私垦额征加赋余地等则征收银米，与旗人红册地每亩折银1.77厘比，负担重几十倍。很明显，这是对旗人不自行耕种，招民人私自开垦，并隐匿不报的一种惩罚。这项土地仅在辽阳、开原、铁岭、岫岩、复州等地，其他地区为数不多。据《东三省政略》卷七载，为

①乾隆四十八年版《盛京通志》卷三十八。

②咸丰七年版《开原县志》卷五。

③《清朝文献通考》卷五。

二万六千五百三十二亩①。

二、旗升科地

旗升科地是旗人私垦地亩自首入官照旗余地折中或减半征收租银的土地。嘉庆四年（1799年）十二月，奉天将军琳宁上奏："奉天旗民私垦余地，隐占日久，若不清查办理，恐致妄起争端。请将从前私种之罪，并地方官失察处分，俱行宽免，赏限二年，令各业户将浮多地亩，自行首报。不拘数目，照依红册纳粮之例，一律交纳。"②嘉庆帝批示"所奏尚是"。但认为"照依红册地亩纳粮一节尚未妥协，向来纳租，余地亩交银六分。今著加恩减半，每亩酌中纳租三分，折交钱文，自于旗民生计为便"③。因此，旗升科地亩折中征银三分。嘉庆五年（1800年）又定："所首红册地等滋开之地，仍作为私产售卖，听其自便。其另段私开及纳租余地边开出之地一体首报入官，仍交原佃承种。如无力耕种，另行召佃，不准私相授受。"④

旗升科地档案也有记载。《盛京内务府地亩稿档》嘉庆十八年（1813年）四月十二日载，镶黄旗防御常禄呈称："……黄俊之祖黄连名下，坐落一旗界平台子处纳粮余地八十七亩，黄连名下余地十五亩。又一旗界尖山子处，黄自清名下纳粮余地十七亩七分，黄恩得名下余地六十亩。又一旗界平台子处，黄俊名下升科地十五亩。共纳余租及升科二百零九亩七分，亦退与身名输租。"档案中所说的"纳粮余地""余地""升科地"，就是嘉庆五年会典所规定的"另段私开及纳租余地边开之地"，即旗升科地。这种土地按规定，入官后交原佃承种，如无力耕种，可退回佃权，但不准私相买卖。所以档案中载，旗丁黄连、黄思得等无力耕种纳粮余地"退与身名输

①《东三省政略》卷七。
②《清仁宗实录》卷五十六。
③《清仁宗实录》卷五十六。
④嘉庆朝《大清会典事例》卷二百四十一。

租"。嘉庆朝旗开科地的数量，据《盛京通鉴》卷一载为414135 亩2分①。

三、伍田地

伍田地是嘉庆五年（1800年）设立，将奉省堪以耕种的马厂地中的闲荒支给旗丁佃种，征收租钱。嘉庆四年（1799年），嘉庆帝命盛京将军，查奉天各城马厂中较远的不堪放牧的闲荒地，让旗人耕种升科，征收银两、钱文。据《清朝续文献通考》卷十七载，嘉庆五年"盛京查出各城旗可垦马厂地三十八万九千八百七十四亩，听各城旗开垦"。每亩征银四分，这是伍田地的由来。嘉庆六年（1801年）九月，将军衙门通报各旗认领。其咨文曰："此项马厂堪种荒甸，已经本衙门奏明，奉部议覆，赶紧查丈，分领作为伍田。并令预备牛具，籽种，务于来春开垦试种，分年起科。案件难再缓，相应再行飞催各该城镇，限文到日，立即照依前札，作速分领。"②伍田地由旗丁"分领"后，先是由旗丁自种，后是由旗丁招民佃种，征收租银。旗丁由所收租银中向官交纳。伍田地作为官地禁止卖买甚至更换。嘉庆八年（1803）六月，旗人庄头黎永贵所领之地"生长芦苇"不能耕种，"呈请将古同山等处马厂闲荒（嘉庆五年已改伍田）兑换"。嘉庆帝批驳："今该庄头承种地亩，既查明并非碱片不毛之地，辄欲换马厂边沿，恐启觊觎肥沃之端。除此次违例恳请之庄头黎永贵等，不准更换外，嗣后如有将额拨官地率请更换……即著照违例治罪。"③嘉庆朝奉省旗丁伍田数量，据《盛京通鉴》卷一载，为389730亩，征租数15593亩。

①周藤吉之：《清代满洲土地政策研究》261页。
②《盛京内务府地亩稿档》嘉庆六年十二月。
③《清仁宗实录》卷一百一十四

第四节　吉黑两省新设旗地

一、义仓地

义仓地主要设在吉省，与奉省旗仓具有同一职能，贮备粮米，以备歉年接济八旗兵丁。奉省旗仓由旗地征收粟米，而吉省"旗地向不纳租"[①]。所以派拨旗丁耕种一定数量的土地，将收获物交官存义仓。吉林义仓地雍正五年（1727年）从将军哈达奏请设立。当时规定："每年添置耕种牛、农器以及修理仓廒，均系兵力自备，并不动用官项。"[②]这样"拨兵耕种以来，毫无裨益，兵丁反有苦累"[③]。至乾隆七年（1742年）十二月，宁古塔将军鄂弥达奏请重建义仓地。兵丁所用牛具、农器及义仓修理，由库贮余银中支给。近期整理宁古塔档案，发现大量嘉道时义仓籴谷银两数目清册，对了解义仓情况很有价值。现抄录嘉庆二十年（1815年）一件档案如下：

> 宁古塔副都统衙门为造送义仓籴仓银两数目清册事。旧管嘉庆十九年底余剩银四百十二两四钱八分五厘八毫，等因报销在案。新收苦拆造补仓共给银一百九两三钱，每百两照街平戥余银二两，计扣银二两一钱八分六厘，共银四百四十四两六钱七分一厘八毫。内开除二十年宁古塔义仓二十八年间内，五间年久梁柱望板橡木糟朽，墙垣闪裂，实难存贮谷石。此仓五间，拆造重修给过银八十六两一钱。其余仓二十三间苦补给过银三十三两二钱，共用过银一百九两三钱。义仓种地牛内例毙五条，每条价银七两，计应给银三十五两。每牛皮变价银三钱，除变价银一两五钱外，实给银三十三两五钱。义仓种地用铧子八条，每条二

---

①《东三省政略》卷七，财政。

②《吉林通志》卷三十九。

③《清高宗实录》卷一百八十。

钱八分，计给银二两二钱四分。千斛五个，每个银三钱三分，计给银一两六钱五分。镰刀九张，每张银二钱计给银一两八钱。汤头六个，每个银二钱六分，计给银一两五钱六分。计给银二两四钱。以上共给过银一百五十二两四钱五分，实在银二百九十二两二钱二分一厘八毫。①

此件档案明确记载了嘉庆十九年（1814年）兵丁耕种义仓地所需牛具、农器及义仓修缮等所需银两，均由义仓库贮余剩银中支出，减轻旗兵的负担。

据《清实录》乾隆八年（1743年）闰四月规定："应按照各该处佐领若干员，每一佐领编立农器一具，每农器一具，派三人垦种。"②吉林八旗四十八佐领及所属各边台驿站等共编立农器九十四具。"各于本处垦田耕种，每丁征仓斛谷十六石，交纳本处之仓收贮，倘遇籽粒不获，或值歉收，散给贫苦兵丁年。"③吉林派兵丁二百八十二名，每年纳义仓谷四千五百十二石。吉林所属宁古塔、伯都讷、阿勒楚喀、三姓、珲春亦仿吉林一体办理。宁古塔十二佐领编立农器十二具，阿勒楚喀八佐领编立八具，三姓二十佐领编立二十具，珲春三佐领编立三具，伯都讷满洲十佐领编立十具，蒙古二佐领编立一具④。宁古塔旗兵三十六名，每年纳义仓谷五百七十六石；阿勒楚喀旗兵二十四名，纳义仓谷三百八十四石；三姓旗兵六十名，纳义仓谷九百六十石；珲春旗兵九名，每年纳义仓谷一百四十四石，伯都讷满蒙旗兵三十三名，每年纳义仓谷五百二十八石。

旗兵耕种义仓地的数量，据《吉林通志》卷三十《田赋下》"三姓义仓"条载："乾隆八年（1743年），置义仓地四百五十垧由十五牛录耕种，共纳仓谷七百二十石。"据此可知，十五牛录（佐领）耕种义仓地四百五十垧，纳仓谷七百二十石，一佐领耕种三十垧，纳谷四十八石，而一佐领派

①《宁古塔副都统衙门档案》241 函。
②《清高宗实录》卷一百八十。
③《清高宗实录》卷一百八十。
④《清高宗实录》卷一百九十一。

旗丁三人，每丁耕十垧，纳谷十六石。

义仓存谷主要用于被灾之年接济旗丁。请看下面档案记载：

> 道光十二年（1832年）年底，宁古塔地方义仓存谷八千二百三十一石，内十三年春季青黄不接之际，接济兵丁借给谷三千二百伍十伍石，余剩谷四千九百七十六石。①

从档案记载中看到几乎吉林各地区，每年都有受灾地区，所以吉林所属各地义仓均存有一定数量的粮米。如嘉庆十六年（1811年）档案载，宁古塔十五年"义仓存谷一万一千石，其剩余五百七十六石，俟十六年青黄不接之际"②接济兵丁。吉林所属义仓额定存贮银谷数量，据道光年间成书的《吉林外纪》载，嘉庆朝仓额存粮，吉林34000石，宁古塔11000石，珲春2500石，伯都讷10000石，三姓30000石，阿勒楚喀5000石，拉林5000石③。可见其存贮数量是很多的。

二、马厂地

马厂地乾隆五十九年（1794年）设。清初吉林八旗均设马厂。《东三省政略》载："我朝于开国之初，吉林八旗，各给荒场一区，作牧养官马，练习骑射之用。"④然而乾隆中叶以来，吉林八旗官庄庄丁除"每年每丁交纳官仓粮三十石"⑤外，"衙门有公费，皆取办官庄。"⑥庄丁因而多逃亡，致使官庄粮额滞纳。因此，五十九年请求将马厂"马匹陆续裁撤，其原拨荒场始准招佃开垦，按垧输租"⑦，充官庄庄丁缺额之粮。是年，嘉庆朝《大清会典事例》有载：

> 吉林八旗官兵向有马厂，官兵马匹从未至彼放牧。正红、镶红二旗

---

① 《宁古塔副都统衙门档案》336函。
② 《宁古塔副都统衙门档案》222函。
③ 萨英额：《吉林外纪》卷五。
④ 《东三省政略》卷七，《财政》。
⑤ 《宁古塔副都统衙门档案》283函。
⑥ 吴桭臣：《宁古塔纪略》。
⑦ 《东三省政略》卷八，《旗务》。

马厂无力壮丁，募民拣择开垦，照本地之例，五年后按垧起租，以抵官庄缺额之粮。其余六旗马厂，一并募夫开垦，照例五年起租，为官兵修建房屋操演火药等项之用。①

马厂地纳租分粮租、银租。粮租"为正红、镶红两旗地所从出，即旧名二旗马厂地也。按年输纳官仓，抵充文职廪粮，并在官人役工食之用"②。"钱租"为镶黄、正黄、正白、镶白、正蓝、镶蓝各地内所从出，即旧名六旗马厂也。按年照额征收，抵充十旗制兵一切犒赏之用"③。清末民初吉林全省旗务处在《为将六旗马厂官地出放收价作筹划人生计经费的呈文》中载："兹查有六旗马厂官地一项，系国初赏给各旗牧马之区，后因官马陆续裁撤，嘉庆年间始议招民开垦。地分上中下三则，仅输租钱，未收荒价，但不准私自典卖。苟无力耕种，报官另招佃户，按年应征租钱。由十旗轮流值年，派员征收，解司存库，作为春秋季旗兵操演马步枪箭赏犒及年终奖赏兵丁之需，迄今百有余年从未清丈。"④可见此项马厂之地自嘉庆以来招佃征租百有余年，从未清丈，"熟地则日见增多，租赋则患仍其旧，于公家所亏实大"。故呈请派员清丈，无论熟地夹荒、牧养山林，一律勘丈。

三、公田养育兵地

公田养育兵地，嘉庆九年（1804年）设立于黑龙江省。乾隆末年嘉庆初年，黑省八旗官屯"屯丁日贫"⑤，应交官屯粮额滞纳。清廷无奈只好缓免。如嘉庆元年九月，"免齐齐哈尔、黑龙江两处官庄人等旧欠粮石"⑥。二年九月，"缓征齐齐哈尔旗人应还仓谷"⑦。四年十一月，"免黑龙江种地兵丁本年未

---

①嘉庆朝《大清会典事例》卷一百四十一。

②《东三省政略》卷八，《旗务》。

③《东三省政略》卷八，《旗务》。

④《清代吉林档案史料选编·吉林旗人生计》104页。

⑤《清仁宗实录》卷九。

⑥《清仁宗实录》卷二十二。

⑦《清仁宗实录》卷五十五。

完粮"①。因此嘉庆朝官庄纳粮额反比乾隆朝少。据《盛京通志》卷三十八及《黑龙江外纪》卷十二载：乾隆、嘉庆二朝官庄壮丁纳粮额如下：

地区	官庄	壮丁	乾隆朝纳粮额	嘉庆朝纳粮额
齐齐哈尔	30	300	7，500石	6，600石
墨尔根	15	150	3，750石	3，300石
黑龙江	40	400	10，000石	8，800石
呼兰	51	510	12，750石	12，750石
计			34，000石	31，450石

即嘉庆朝由乾隆朝三万四千石减至三万一千四百五十石。为资助旗丁生计，解决欠纳粮谷，嘉庆九年（1804年）设公田养育兵地。公田养育兵地系由屯田而来。据西清的《黑龙江外纪》载："先是康熙五十五年署将军玛哈礼，请拨旗营兵三百五十名，在乌宁克尔珠尔亨（齐齐哈尔以南嫩江与绰尔河汇合处南岸地方）等处屯田，以偿积欠。雍正六年欠项完结，将军富尔丹请留兵一百八十名屯田，余并撤还应役。乾隆三十九年将军傅玉，请将屯田改在齐齐哈尔附郭地方。"②嘉庆九年（1804年），因黑龙江官庄庄丁交粮积欠甚多，改屯田为公田养育兵地。将原"屯田马甲一名，为养育兵二，并墨尔根、黑龙江屯田者，亦归画一"③。规定"齐齐哈尔三百二十名，墨尔根一百八十名，黑龙江三百名"④，计设置养育兵八百名，兵丁每名岁交粮二十二石⑤。嘉庆朝公田养育兵纳粮额，据《黑龙江外纪》记载如下：

地区	公田养育兵	纳粮额
齐齐哈尔	320名	7，040石
墨尔根	180名	3，960石
黑龙江	300名	6，600石
计	800名	17，600石

---

①《清仁宗实录》卷五十五。

②《黑龙江外纪》。

③《黑龙江外纪》。

④《黑龙江外纪》。

⑤《黑龙江外纪》。

光绪十六年（1890年）墨尔根纳公仓粮石数目清册载，墨尔根"额设承种公田养育兵一百八十名，向随年分交粮，遇满收之年每名应交额粮二十二仓石，计共交粮三千九百六十仓石，因是年收成歉薄，不及分数，照例蠲免"①。说明额设养育兵无天灾水患必须年年向公仓交纳额粮。

综上所述，乾嘉时期东北新设旗地共八项，其土地来源一是由牧场、马厂等空甸闲荒地中拨出，由官控制，招旗人或民人佃种，征收租银；另外是将旗人或旗人招民私垦的土地即红册地以外的旗地，通过国家政权的力量，查丈出来强行没入官有，使旗人佃种。义仓地、随缺地、马厂地、伍田地、公田养育兵地属于前者；旗余地、银米兼征加赋地、旗升科地属于后者。新设旗地的土地所有制与旗人红册地比，在土地所有权上存在明显不同。旗人红册地是清廷法律上承认的"本旧日旗人之私业""实系私产并非官地。"②新设旗地纯属官地，由政府保留旗地所有权，只赋予占有权与使用权。因此，乾嘉时期东北新设旗地所有权由政府所有。招佃征租，严禁买卖是其重要特征。

①《清代黑龙江历史档案选编》第183页。
②《东三省政略》卷八，《旗务》。

第四章　京旗余丁移住与吉林地区的开发

第一节　京旗吉林的移住

一、八旗生计与京旗余丁移住的缘起

顺治元年（1644年），清兵入关，从龙入关的八旗劲旅大约有二十万。清廷将八旗兵丁视为"国之根本"，是维护和加强统治的重要支柱。为此在官制上，划定固定的满洲缺，满洲八旗在入仕任职方面占有法定的优势。同时建立八旗俸饷制。旗官按九品文官级别领取薪俸，旗兵按五等级别领取粮饷，并且远比蒙古、汉军八旗和绿营兵优厚。又通过圈地或拨补的方式在北京周围五百里之内用暴力手段圈占当地居民的土地，以及明朝宗室贵族因战乱被杀或逃散后留下的空地。在八旗内部，按封建等级进行分配，在京畿地区建立了数量众多的皇庄、王庄、官庄、一般旗地，以此解决八旗官兵的生计问题。清初的统治者本以为上述这一套以官俸、兵饷、土地收益为三大支柱而又相互补充的优惠制度，可以一劳永逸地解决各旗旗人的生计问题。

然而，事态的发展不以统治者的意愿为转移。到康熙中叶，旗人内部开始出现了明显的分化。其中一小部分人仕途顺达，倚仗权势增值财富，在经济生活上保持继续上升之势，而大部分旗人丧失了或部分丧失了原来

的经济来源，有的人甚至债务缠身。至乾隆中叶，八旗生计问题逐渐成为棘手的难题，甚至出现贫苦旗人隐瞒身份冒充民人卖身为奴的事件。乾隆三十二年（1767年）五月，有正白旗惠保管领下食米苏拉（余丁）杨立住，本人曾在内务府当差，被辞退后度日艰难，同其妻富氏谎称民人，以价银十六两，自愿卖给正黄旗西明保佐领下户部笔帖式富尔宏阿家为奴。因不堪辱骂逃走，为主人抓回拷打，才被迫说出自己的旗人身份①。这种情况说明八旗生计问题已发展到相当严重的程度。

八旗生计的日趋恶化，表现在如下几个方面：

首先，旗丁不识撙节超前耗费。当时规定，旗丁额定粮米按季由八旗系统发放。这种定时定量的供应粮饷制，目的是为了供养旗丁及其家属的基本生活，保证无虞于饥馑。但事实上，从康熙中叶开始，多数旗人都是粮米刚领到手即变卖，康熙为此事曾下谕指出："八旗官兵将所给之米，未及抵家，止贪得一时小利，辄行变卖，在所得之利甚微，而银两耗去，米价又增，于是众皆恐悔无及。"②这些旗丁用卖粮的钱不识撙节大肆挥霍，有的因以负债。下引雍正五年（1727年）的一段上谕，反映八旗兵丁奢侈腐化的具体情况：

> 雍正五年四月十三日管理旗务诸王及满洲文武大臣等奉上谕："近年满洲等不善谋生，惟恃主上银粮度日，不知节俭，妄事奢靡……看来满洲不知节俭，多有以口腹之故而鬻房产。即如兵丁等每饭必欲食肉，市肉一斤，其价可抵数日之蔬食，以贵价市肉而食，则一月所得之钱粮，不过多食肉数次，即行罄尽矣……猪肉既厌，必更思别味，如此每月不计出入，随得随费，以致失其生计。且又将每季米石，不思存贮备用，但图数日之肉食，违背禁令，以贱价尽行粜卖，沽酒市肉饮食，至于无余。"③

①《内务府奏销档》乾隆三十二年五月。
②《八旗通志初集》卷六十六，《艺文志二》。
③《上谕八旗》雍正五年。

东北旗地研究

不仅粜卖口粮，有不少旗丁还"指饷借债"。所谓"指饷借债"即旗丁以未到期的应领兵饷作为抵押物借进的高利贷，当时称为印子钱。此类高利贷索要加五加六的利息。当时放印子钱的多系各旗的"佐领"和"骁骑将"。如雍正帝上谕所说："有佐领、骁骑校，但思网利，串通领催人等，指称他人名色，或于该管佐领，或于其弟兄所管佐领下，借放印子钱两。有十个月扣完者。亦有十二个月扣完者，每月关领钱粮之时，勒令清偿，不许暂缓，因而将利作本，利又加利，以致兵丁生计，往往因此匮乏。"①这种驴打滚式的高利贷剥削，必然使一部分旗兵倾家荡产，忍受债累的煎熬。为此雍正下令："嗣后除兵丁等自相借贷不行禁止外，其佐领等支放印子钱两，坐扣钱粮之处，概行禁止"，如有违者治罪②。

其次旗人生计的困窘，也表现在从旗地上取得的收益日渐枯竭。清入关之初，八旗兵丁所得地亩或自家耕种，或设置庄头招民人耕种，自己坐收租谷，旗地收益"足以养赡"。康熙中叶由于八旗人口激增，而兵额饷数所增有限，不少旗人都感到难以用原有的收入赡养以倍数增加的人口，在难以周转接济之时，往往将名下"田房率多转售于人"③。清律规定：旗地一般只允许本旗内交易，特殊情况下才允许卖给外旗，旗民交产严厉禁止。但事实上民典旗地多有发生，至乾隆五年（1740年），山西道监察御史在奏疏中提到"旗人地亩入民间者十之六七"④，尤其中下层旗人在旗地中取得收益枯竭或所剩有限，相当一部分人已陷入"无钱粮，又无产业，实无糊口之资"⑤的地步了。

康熙、雍正二帝有鉴于此，花了很大力量解决八旗生计问题。康熙帝曾"发帑金五百四十一万五千余两，一家获赏俱至数百。"但杯水车薪，无济于事，一二年间荡然无存。四十二年（1703年）又发帑金

①《八旗通志初集》卷七十，《艺文志六》。
②《八旗通志初集》卷七十，《艺文志六》。
③《八旗文经》卷二十七。
④《内阁大库档案》乾隆五年十二月十六日。
⑤《内阁大库档案》乾隆五年十二月十六日。

"六百五十五万四千余两，赏赐兵丁人等"，也和从前一样，"立时费尽"①。雍正朝，除特行赏赐外，赏给八旗兵丁钱粮数次。"每次所赏，需银三十五六万两"，可是此银，一至兵丁之手，也"不及十日，化为乌有"②。雍正深有感触地说："即将仓粮国帑，尽行颁赐，朕固不惜，但随得随尽，曾不浃旬，遽即荡然，亦何济之有？"③京旗"数十万之众，生齿日繁，聚积京师，不农不贾"④，优游坐食，成了清廷用国帑、仓粮填不满的无底深渊。

为了寻求更根本、更长远的解决办法，朝臣们纷纷上书，指出"未有举数十万不士、不农，不工、不商、非兵、非民之徒安坐而仰食于王家，而可以为治者"⑤。这一切只是进一步滋长了八旗兵丁的寄生与奢侈，更何况"国家之经费有定，户口之滋息无涯，于此而欲博施济众，虽尧舜犹有所不能也"⑥。这就迫使清统治者另辟蹊径，这就是将部分京旗苏拉派回到他们的故乡东北，自筹生计，而不再由"官养之"，即所谓京旗苏拉的移住。

二、乾隆朝京旗的移住

京旗苏拉移住，发端于雍正二年（1724年），都察院副都御史塞德请设立井田。具体办法是：内务府交出余地及户部所收官地内拨给新城县一百十六顷、固安县一百二十五顷八十九亩，制为井田。令八旗挑选无产业之满洲五十户、蒙古十户、汉军四十户前往耕种。自十六岁以上，六十岁以下，各授田百亩，周围八分为私田，中百亩为公田。公田之谷，俟三年后征收，于耕种所余地内立村庄、造庐舍四百间，每名给银五十两，以为一年口粮及牛种、农具之用。设管理、劝教二人，俟有成效，分别议

---

① 《清世宗实录》卷五十六。
② 《清世宗实录》卷五十六。
③ 《清世宗实录》卷四十一。
④ 《皇朝经世文编》卷三十五，《户政十》，八旗生计。
⑤ 《皇朝经世文编》卷三十五，沈起元：《拟时务策》。
⑥ 《皇朝经世文编》卷三十五，范成：《八旗屯种疏》。

叙①。这种从解决八旗兵丁"恒产"上着眼，解决京旗"苏拉"的办法，得到了雍正的肯定。雍正帝于同年六月二十三日上谕："所议甚好，著照依施行。"②户部遵旨施行，遣官于直隶固安县，择官地二百顷为井田，如以一户按五口之家计算，则有五百口左右的京旗苏拉，走上了移住的道路。雍正朝的井田之设实为京旗苏拉移住的先声。

乾隆之初，御史舒赫德、范成、梁诗正等人多次上疏，分析京旗的状况，认为京旗地亩，由于旗人典卖，"近京五百里者，已半属于民人。"③主张"目前所尤宜急筹者，莫若满洲八旗之恒产"。然而内地已无闲旷之地，惟有"根本之地"的东北，确有可耕之土。雍正末年京旗移住东北"已有定议，未及举行。"④在诸上疏中，乾隆二年（1737年）御史舒赫德的奏疏最具有代表性。他指出：

> 伏思盛京、黑龙江、宁古塔三处，为我朝兴隆之地，土地沃美，地气肥厚，闻其间旷处甚多，概可开垦。虽与八旗满洲不可散在他方，而于此根本之地，似不妨迁移居住。且八旗之额兵将及十万，复有成丁闲散数万，老稚者不在内，若令分居三处，不惟京城劲旅原无单弱之虞，而根本重地更添强壮之卒，事属两便。由是合计，京师及三处地亩均匀摊给，务使家有恒产，人有恒心，然后再教以俭朴，返其初风，则根本绵固，久远可计矣。⑤

舒赫德的奏议入情入理，周密稳妥，使乾隆皇帝终于下定决心，移住京旗苏拉于东北。

乾隆六年（1741年），派大学士查郎阿查勘东北可耕之地。奏请在吉林地区的拉林（今黑龙江省五常县）、阿勒楚喀（今黑龙江阿城）两地，为京旗苏拉移住区。他们在上奏中称：拉林、阿勒楚喀距船厂（吉林）很

① 《清朝文献通考》卷五，《田赋考》。
② 《上谕旗务议覆》雍正二年。
③ 《皇朝经世文编》卷三十五，舒赫德：《八旗开垦边地疏》。
④ 《皇朝经世文编》卷三十五，梁诗正：《八旗屯种疏》。
⑤ 《皇清奏议》卷三十四，舒赫德：《敬筹八旗生计疏》。

近，土地肥沃，宜植五谷，故先移京旗一千户于此。第二年五月，议政王大臣裕荣、王广禄等议准大学士查郎阿等的上奏。决定每户支给屋三间，地三顷，根据八旗分土地为八区，设立边界。八旗各在自己的界内分配土地、房屋，每旗设村屯二处，村屯各设乡长一人，每旗设虚职骁骑校一人管辖移居京旗①。又议定拨给京旗的土地，"遣吉林闲散余丁与驿站壮丁等开垦"②。待京旗移住时，将开垦的土地拨给京旗。

第一批京旗于乾隆九年（1744年）秋季开始移居。从乾隆七年十一月到乾隆九年秋季不足两年时间，钦差户部侍郎与副都统巴灵阿奉命筹办此事。首先每旗设二村屯，八旗共设十六村屯，每村凿四眼井，设乡长一人。又"建官署二十一间，副都统住房三十六间，地十二顷，协领住房十八间，地八顷，满洲兵住房五千间"③。这些住房的劳力"即拨白都讷、三姓二处兵三百名营造"④，建房之木料由伯都讷、三姓兵丁"在拉林河源处砍伐，明年河水融化，即顺流运致"⑤。先前定拨吉林闲散余丁和驿站壮丁替京旗开垦土地，感到吉林等处余丁多年不能耕种，驿站壮丁各有差使，改"派吉林乌拉兵八百名，阿勒楚喀兵二百名，驿站夫五百名开垦"⑥。垦地兵丁、站夫共一千五百名，"应采买耕牛一千五百头，额外采买一百头"，以备补给，给每人一头。每三人三牛为一具，共为五百具。第一年开田一千二百顷，第二年仍耕成熟地亩，每具止用牛二头，计剩牛六百头，再派六百人加垦，约得五百顷，"俟移驻之满洲到时，每人按所垦地亩匀给，并与耕牛，其余地亩，随力开垦"⑦。将移居此地的京旗"归入阿勒楚喀八旗，每旗补委虚职骁骑校一员，每庄（村屯）补放七品乡长一员，

---

① 《清高宗实录》卷一百六十六。
② 《清高宗实录》卷一百七十八。
③ 《清高宗实录》卷一百七十八。
④ 《清高宗实录》卷一百七十八。
⑤ 《清高宗实录》卷一百七十八。
⑥ 《清高宗实录》卷一百七十八。
⑦ 《清高宗实录》卷一百七十八。

拨虚职骁骑校地五顷，乡长地四顷"。"过三年后，遇有本旗骁骑校缺出，将虚职骁骑校与本处领催等，一体补放。虚职骁骑校缺出，于七品乡长内拣放，乡长缺出，于移驻之满洲内拣放"。移居的京旗"如有情愿当差者，亦过三年后，俟各佐领下披甲缺出，与彼处闲散幼丁，一体挑取"①。

乾隆九年（1744年）九月，首批京旗闲散如期启程，当年到达拉林750户，第二年又到达250户②。同年设副都统衙署以加强对京旗的管理。是年据宁古塔将军巴灵阿奏称，"拉林、阿勒楚喀地方，现补放副都统，添设左右二翼协领，移驻满洲一千户屯田，请于拉林、多欢、蒙古边卡二处各设一站，每站壮丁各十名，笔帖式各一员，领催各一员"③。移垦到拉林、阿勒楚喀的京旗各户不谙农耕，多雇工或由"赏与奴仆"垦种地亩。这些奴仆多为发遣流放该地的罪犯。对此军机大臣议复，"但于遣犯内拨给，恐不安分之徒，错处滋事，应令该将军等，择其初犯乡愚，尚知畏法者，赏给"④。

乾隆十年（1745年）十二月，拉林副都统巴尔品遵旨报告了移住拉林京旗的情形。据他所称："孤寡、年老及十五岁以下不能力作者百余户；年力虽强耕耘未谙，不能尽地力者十六七；力胜耕耘，兼有协助之人者十二三。大约以五口计之，种一顷者日用外，所余不过三四十石，种五六十、六七十亩者，所余不过一二十石。再下，仅堪糊口。缘初学耕种，且无协助之人，安家银两渐次用完，不能多种，牛只等项毙坏，无力置买，不免拮据。"⑤有鉴于此，乾隆皇帝令每年由国库支出银五千两，交付该副都统，对那些"孤寡及老幼不能力作者，生计艰难，余或勉力耕作，而尚未谙习，或农具牛只损毙，不能置立均应量为补助……如一年内所用尚有余剩，令存为下年添补之用，每年总以五千两为率，俟居处已定

① 《清高宗实录》卷一百七十八。
② 《清高宗实录》卷二百二十五。
③ 《清高宗实录》卷二百二十一。
④ 《清高宗实录》卷二百三十六。
⑤ 《清高宗实录》卷二百五十五。

无须补助时，奏明停给"①。乾隆十二年（1747年）四月，又据宁古塔将军阿兰泰奏："所给拉林居住满洲等牛二千只，今仅存五百余只，且俱疲瘦。其所住房屋圮坏及火焚者，三分内几及一分。至所给地一千顷，去年只耕种六百三十余顷，其余俱已荒芜。"②对此乾隆皇帝勃然大怒，斥责拉林副都统巴尔品，"并未以此为事，尽心办理，惟曲徇所属，博取好人之称。且伊立心，只欲回京，诸事俱因循苟且，以致如许牛只倒毙，房屋塌毁，地亩荒芜"③。命令将巴尔品革职治罪。十七年（1752年）九月，乾隆又发上谕："八旗发往拉林、阿勒楚喀种地人等，多未携家同行，恐不能在彼安心，或私自逃回，或逃往他处，皆未可定。"④著传谕八旗大臣等，嗣后咨送拉林、阿勒楚喀种地人等，将家属一并咨送，不准留京。这样做既增加了劳动人手，又断绝京旗回归之心，迫使他们在拉林安心生活。

乾隆十八年（1753年）八月，吉林将军傅森回奏"前移驻拉林满洲一千名，近年生计渐裕"⑤。乾隆皇帝决定第二次移京旗于拉林地区。乾隆帝在上谕中说：

> 数年以来，朕念满洲生计维艰，曲为筹划。除八旗额设前锋护军马外复特降谕旨，添设领催养育兵额缺，伊等生计，较前已有起色。但念现在，京中满洲生齿日繁，额缺有定，恃一人钱粮供赡多口，终恐拮据，是以于拉林开垦地亩，建造房屋，挑选八旗满洲前往屯种，此欲我满洲世仆仍归故土，生计充裕至意。⑥

据乾隆十九年（1750年）吉林将军傅森等奏称："现在阿勒楚喀附近，肥饶地亩，可凿井者，共荒地六处，计三千余顷，可设村落四十八处，足

---

① 《清高宗实录》卷二百五十五。
② 《清高宗实录》卷二百八十九。
③ 《清高宗实录》卷二百八十九。
④ 《清高宗实录》卷四百二十三。
⑤ 《清高宗实录》卷四百七十五。
⑥ 《清高宗实录》卷五百零四。

容三千户，请于现驻一千名外，再派驻三千名。"①乾隆帝同意再移驻三千户，从丙子年（乾隆二十一年，1756年）至辛巳年（乾隆二十六年，1761年）分六回派遣，每回500户。这次京旗移居援引乾隆九年之例，首次移居一千名京旗，每年赏银五千两，这次派驻每年五百名，"每年交给赏银二千五百两，十年后减半，又十年停支"②。并且移住京旗内"有媚妇残废不能耕种者，令该副都统查明行文将军，将发遣人内，拣派代耕"。③乾隆二十一年（1756年）二月，第一起京旗到达拉林，因中途一户逃跑，实际仅有499户，在阿勒楚喀的海沟立村屯八所安置。同年十一月于拉林瓦浑地方修建第二批500户京旗的房屋。二十二年（1757年）春移住于此。同年十二月在拉林西沟地方修建第三批京旗500户的房屋，于二十三年（1758年）春移住于此地。同年十一月在拉林霍济墨地区修建第四批京旗500户的房屋，翌年春移住此地④。从乾隆二十一年至二十四年，共移京旗二千户，而这些京旗因久居京华耽于逸乐，移居东土，实非所愿，"立产银"花完，相率逃回京城。对此乾隆帝颇有感触地说：

> 朕因满洲生齿日繁，酌量拨往拉林种地。自京起程时，赏给整装银两，复令在拉林建盖房屋，又赏给牛具等项。原为伊等生计充裕起见，伊等自应感戴朕恩，安静循分。乃年来逃回者甚众，情殊可恶，是以拿获者，俱经解回，正法示众⑤。

斥责也罢，正法也罢，无济于事，事实上乾隆朝的"京旗"移住失败了。

三、嘉道时期双城堡的移住

嘉庆道光时期，大清帝国国运中衰，各族人民反清起义高潮迭起，内

---

① 《清高宗实录》卷四百七十五。
② 《清高宗实录》卷四百七十五。
③ 《清高宗实录》卷四百七十五。
④ 《八旗通志续集》卷六十六，《土田志五》。
⑤ 《清高宗实录》卷六百。

库大耗，京旗生计，愈加严重。对京旗苏拉除移住外，别无良策。双城堡的移住是嘉庆十七年（1812年）嘉庆帝提出的。是年四月嘉庆帝在上谕中说：

> 八旗生齿日繁，京城各佐领下户口日增，生计拮据，虽经添设养育兵额，而养赡仍未能周普。朕宵旰筹思，无时或释。前日举行大阅典礼，各旗营队伍整齐，在南苑先期训练，只遵约束。朕嘉旗服习教令，更念养先于教，为之谋衣食者益不可不周。国家经费有常，旧设甲额现已无可复增，各旗闲散人等为额缺所限，不获挑食各粮。其中年轻可造之材，或闲居坐废，甚或血气方刚，游荡滋事，大为可惜。因思东三省原系国家根本之地，而吉林土膏沃衍地广人稀。闻近来柳条边外采参山场日渐移远，其间空旷之地不下千有余里，悉属膏腴之壤，内地流民，并有私侵耕植者。从前乾隆年间，我皇考高宗纯皇帝轸念八旗人众，分拨拉林地方，给予田亩，俾资垦种，迄今该旗人等甚享其利。今若仰循成宪，斟酌办理，将在京闲散人陆续资送前往吉林，以闲旷地亩拨给管业，或自行耕种，或招佃取租，均足以资养赡。将来地利日兴家计日裕，旗人等在彼尽可练习骑射，其材艺伏娴者仍可备挑京中差使，于教养之道实为两得。①

由此可知，八旗生计拮据，东三省地广人稀，存有大量空旷之地，以此拨给京旗，足资养赡。此为嘉道时京旗移驻的缘起。于是传谕吉林将军赛冲阿、副都统松宁，查明吉林地方"自柳条边外至采参山场，其间道里共有若干，可将参场界址，移近若干里"②，此外，所有空旷之地悉数开垦，其中可移住京旗多少户，酌盖多少房间，每户旗人，约需多少牛具、籽种，包括增派佐领、骁骑校管束诸事"一并详细妥议章程，并给图帖说具奏，候朕酌定"③。并再三嘱托"此事经营伊始，该将军等毋得畏难观

---

① 《双城堡屯田纪略》卷一。
② 《吉林外纪》卷十。
③ 《吉林通志》卷三十一，《食货志四·屯垦》。

望，务尽心筹划，以副委任"①。吉林将军赛冲阿、副都统松宁奉旨派员先往吉林、宁古塔附近地方查勘，该城方圆十里内外，早经该处旗人开垦，查阅旧卷，只有拉林闲荒未垦。于是前往勘查。他们在上奏中说："现勘拉林东北闲荒一处，自鞍子山至桶子沟约可垦五千余垧，拉林东南夹信子沟一处约可垦二万余垧。"②赛冲阿、松宁以为旗人移住之地，必须有将军、副都统等就近管束，而今勘得拉林闲荒之地距阿勒楚喀副都统衙门四五十里之远，对新移住京旗"恐不足以资约束"③。又以吉林"近年收成不丰"为由，请求"将此项拉林闲荒暂行缓办，容臣等从容熟商妥议，于三五年后，查有丰熟之年再行奏办"④。嘉庆帝得此奏报后，对赛冲阿、松宁提议甚为不满。当即指出："移驻闲散旗人以裕生计，今既勘明拉林附近有可垦地二万五千余垧，是该省未经垦种旷土甚多，与其每年派人前往查管，何如一并筹划使旗人前往耕种，俾收地利而成恒产。至拉林某地，离城虽四五十里，亦不必专在近郊。如从前拉林专设副都统稽查，旋即裁汰，至今该处旗人久安生业，亦无庸吉设大员就近约束。若谓该处近年收成不丰，此时原不能即将旗人移驻，其一切垦荒计亩章程，则须预为筹办，不必延至三五年后，推诿时日。"⑤将军赛冲阿未及筹办，奉旨调任。富俊为吉林将军。富俊会同松宁细心商办，查阅从前旧卷，乾隆朝移住京旗盖房垦地，均是吉林各城兵力赶办，"其地但垦而不种，虽酌留数人教耕，一年裁撤"⑥。新移京旗苏拉往往不能耕作，"始而雇觅流民代为力田，久之多为民有"⑦。有鉴于此，富俊等提出"此时预筹试垦，莫若先计屯田，通盘核算"⑧。具体办法是，京旗移住之前，请先于吉林所属无业闲散旗人

---

①《双城堡屯田纪略》卷一。

②《吉林通志》卷三十一，《食货志四·屯垦》。

③《吉林通志》卷三十一，《食货志四·屯垦》。

④《吉林通志》卷三十一，《食货志四·屯垦》。

⑤《吉林通志》卷三十一，《食货志四·屯垦》。

⑥《双城堡屯田纪略》卷二。

⑦《双城堡屯田纪略》卷二。

⑧《双城堡屯田纪略》卷二。

内，选旗丁一千名，出结保送，作为屯丁。每丁给银二十五两，官为置买牛具，自行搭盖窝棚，由阿勒楚喀公仓内赏给籽种谷二石，每名拨给荒地三十垧，垦种二十垧，留荒十垧，试种三年后，每垧交谷粮一石，计自第四年起交粮贮仓。十余年后移住京旗苏拉时，将熟地分给京旗十五垧，荒五垧，所余熟地五垧，荒五垧作为原种屯丁的恒产，免其交粮。富俊等认为此法"因利而利，并不多靡国帑，吉林穷苦旗丁获沐殊恩，即将来京旗苏拉移驻到吉得种熟地，与本处旗屯众丁犬牙相错，易于学耕伙种，殊与移驻有益"①。此种办法深得吉林各旗拥护。当年吉林旗协领、佐领等，"已将各旗苏拉内情愿往屯勘种者保出七百二十名。尚短二百八十名"②，于阿勒楚喀、伯都讷各旗苏拉内各派百名，打牲乌拉八旗苏拉内派八十名，共合屯丁一千名。

与此同时富俊等定屯田章程十款。主要内容如下：第一，对种地的千名屯丁派官兵管理。设委协领一员总司其事，佐领二员，各管一翼。骁骑校二员为佐领副手，下有领催、甲兵五六十名，管理屯丁。第二，管理屯田丁的官兵分给随缺地及房间。协领一员，拟给荒地四十垧。佐领二员，拟各给地三十垧。骁骑校二员，拟各给地二十垧。领催六名，拟各给地十垧。甲兵五十名，各给地八垧。委协领拟给房十间，佐领各给房八间，骁骑校各给房六间，领催六名各给房四间，甲兵五十名给房三间。第三，对屯丁的管理。以四丁四牛为一具，核算成屯，每旗设立五屯，镶黄、正黄二旗，每旗住屯丁一百二十八户，计住二十四户者三屯，住二十八户者二屯。其正白、镶白、镶蓝、正红、正蓝六旗住二十四户者四屯，住二十八户者一屯，共屯丁一千名。每屯设十家长二人、屯达一人，五屯设总屯达一名，副屯达一名，俱由屯丁内拣选补充，以资约束，有事禀官办理。第四，屯丁出缺，由其弟兄子侄内挑补，这样所种地亩可作恒产，不致潦草从事。四丁合为一具，应令四人互相结保，有逃懒等事，同具互保人当即

①《双城堡屯田纪略》卷二，《奏略》。
②《双城堡屯田纪略》卷二，《奏略》。

报明。有逃者，由其子侄兄弟充补。第五，屯丁土地试种三年后，自第四年起，每垧交谷粮一石贮仓。

从嘉庆十九年（1814年）开始，修道盖房挖井，即"以双城子名为双城堡，咨报礼部，铸给委协领关防，左右二翼委佐领钤记"①。嘉庆二十一年（1816年）春双城堡屯田开垦。是年秋天双城堡一带连降大霜，收成只有四分，所得谷粮尽敷当年糊口。恳将二十四年起征之粮缓一年，在阿勒楚喀仓贮内借来年春天的口粮、籽种二千石，秋后照数足仓。

嘉庆二十二年（1817年）二月，富俊奉旨调任盛京。同年上奏说："因查双城堡尚有荒地二分未垦，拟于盛京、吉林八旗无论满洲、蒙古、汉军旗人内，挑丁二千名，置买牛条器具，刨挖井眼，搭盖窝棚。"②于嘉庆二十五年（1820年）春，前往垦种，名为双城堡左屯、右屯，将前垦处所名为中屯。鉴于先前耕垦情形，一丁一牛竭力耕作，只能垦种十垧，"必须丁力稍裕，加雇牛条长工帮作，始能开足二十垧"③。决定双城堡左、右屯的开垦，于二十五年先征十垧粮石，其余十垧恳恩再缓二年，即二十七年升科征粮。除建盖官兵房间外，其余一切事宜均照初次设立中屯章程划一办理。

关于京旗的移住，富俊设计从嘉庆二十八年起，每年移住二百户，每一旗满洲拟派二十名，蒙古五名，共合二十五名。八旗合二百户为一起，每户盖房银一百二十两，赏给治装、盘费银三十两。双城堡置买牛粮器具安家银五十两，每起共用银四万两④。每户京旗给车一辆，由顺天府官雇送至奉省，由盛京照数备办，送至吉林双城堡，车价均照例价报销。每起派佐领等官二员，领催四名押送。拟于正月由京起程，二月内到屯，以便耕种。自二十八年起，每年由京派拨二百户，计十五年即能陆续移住三千

---

①《吉林外纪》卷十。
②《吉林外纪》卷十。
③《双城堡屯田纪略》卷二。
④《双城堡屯田纪略》卷二。

户。如此，京旗"苏拉等各得田产，安居乐业。内可分八旗户口之繁，外可联边城巩固之势"①。嘉庆二十三年（1818年）富俊上嘉庆皇帝移驻京旗章程后附"移驻京旗苏拉每户应给房地器具清单"。此清单《吉林通志》《吉林外纪》等书均未记载，唯孤本《双城堡屯田纪略》收载，兹抄录如下：

> 每户给草房四间，每间进深二丈二尺，周围土院墙长二十丈，宽十丈。熟地十五垧，荒地五垧，计两顷，各随原种地户旗人一名，初到或自耕种，或与伙种听便。耕牛二条、犁杖一付、铧子一条、犁碗子一个、千斤一副、怀爬信子一个、铁锄一把、镰刀一把、镢头一把、铁斧一把、石磙子二人一个、铁锹一把、磨四人一盘、碾子四人一盘、木轮车一辆（绳套全）、铡刀一把、大锯一把、口袋二条、铁锅大小二口、大缸一口、盆子一套、磁碗四个、磁盘二个、黑豆二石、草五百束、小米二石、炕席三领、水桶一副（扁担全）、木锹一把、水瓢一百束、木勺一把、铁勺一把、笊篱一把、铁火筷一把、竹筷一把、笤帚一把、簸箕一个、油灯一盏、木柜一个、条桌一张、杌凳二个、食盐十斤、苏油十斤、喂牛木槽一个。计以上共合银四十二两，仍剩银八两，交给本人备用。此外，皇上赏治装、盘费银三十两，各本旗笃念桑梓，由各项兵丁名下公帮每名银二十两，俾路费从容，仍禁私债勒扣。每起定于正月望间由京起程，二月内到屯，以便料理耕种。②

由此可见，清廷对移住京旗考虑之周详，计划之细密。移住旗丁"金称荷蒙圣主厚恩，赏给美地、窝棚、牛具、农器、口粮，纤悉皆备。虽父母爱子，未必能如是周全。"③

京旗的移住实际上始于道光二年（1822年）。原计划移驻京旗三千户，

①《吉林外纪》卷十。
②《双城堡屯田纪略》卷二。
③《双城堡屯田纪略》卷二。

"自道光四年（1824年）始，每年移驻二百户，分为四起送屯"①。从道光二年始至道光六年京旗移住如下表：

道光二年	28户	道光三年	31户
道光四年	53户	道光五年	74户
道光六年	180户		

　　道光九年（1829）年，清廷迫于京旗闲散移住不景气，将原定三千户改为一千户。至道光十八年（1838年）止，共移住到双城堡的京旗仅六百九十八户，按一千户还差三百零二户。到咸丰时，到堡的京旗由于逃亡、绝产，至同治元年（1862年）充其量不过三百七十户②。远未达到预定的目标，双城堡的京旗移垦实际上没达到目的。但以此屯垦为契机，吸引了许多汉族流民是应予充分注意的。

　　首先，探讨代垦的旗丁与民人间的关系。清廷鉴于乾隆年间，拉林、阿勒楚喀屯垦为流民占种的历史教训，屡申防止流民混入开垦地方。道光二年六月上谕："双城堡开始屯田，原为移驻京旗而设，现既查明开垦地亩及屯田耕种情形，未能悉符原议。"③即发现有流民混入垦种。所以命吉林将军再行"体察情形，逐一详检"④。同年七月，吉林将军遵旨，覆奏双城堡界内屯田，"不准民人携带家眷，分别示禁"⑤。而实际娴于农耕的流民是封禁不住的。尤其农忙时节不谙于农耕的旗人，因劳动力不足，往往雇用民人，容留民人在屯田区域内。道光二年，据吉林将军奏报："双城堡此次开垦屯田，中屯一千丁，多系旗丁自行耕种，其雇觅民人帮工及分种者二十一户。"⑥同年又在奏报中说："小封堆以内旗丁（垦）既须雇工。大封堆内若无民，一遇农忙添工雇觅于百数十里以外，谁肯远来相就。此小封

----

①《清宣宗实录》卷二。

②《清宣宗圣训》卷一百二十九。

③《清宣宗实录》卷三十七。

④《清宣宗实录》卷三十七。

⑤《清宣宗实录》卷三十八。

⑥《清宣宗实录》卷三十七。

第三编　清中叶以后旗地的发展与变化

213

堆以内断不可容留民人，而大封堆以内断不能不容留民人。"①

小封堆是中屯。左右二屯周围的各屯分界，由双城堡三屯佐领分辖。大封堆是绕双城堡屯田区周围，由拉林、双城堡协领管辖。

移驻双城堡的京旗居京华，耽于佚逸，不能生产，优游坐食。到堡后自己不能耕种，不得不恃流民雇工，或者将地"租于民人耕种"，"按年取租，以资养赡"②。面对事实，清廷只好允许雇觅流民。道光九年（1829年）三月，清廷不得不决定："其京旗闲散，素未习耕，著准其契卖奴仆，注明旗册，代其耕作或雇觅长工，助其力穑。所有应得地亩不准私行典卖，务使各有专业以期经久。"③京旗除地亩禁止典卖外，清廷准契买奴仆，使役耕作，也允许雇用流民长工。由此，京旗与流民之间，结成流民出力，京旗出地的互相依赖的关系，同时潜伏着流民逐渐侵种旗地的危机。道光六年（1826年）八月，清廷命驱逐流民。驱逐令中云："此等无业流民，始而为雇工远出，投身服役，继则渐向旗人佃种亩亩，迨佃种既多，旗人咸图安逸，不知力作，必致生计日蹙。"④流民与旗人的关系先是雇佣关系，进而转向租佃关系，最后转为典卖关系。双城堡屯垦体现了这一过程。

四、道光朝伯都讷的移住

伯都讷筹备京旗移驻始于嘉庆二十三年（1818年）。是年八月富俊⑤在"查勘伯都讷围场堪种荒地折片"中提出：伯都讷现有围场一处，四处平川，约有一百数十里，并无山树牲畜，界外多系民田熟地，可耕荒地若干万垧，以备开垦屯种⑥。清廷批示"因国家经费有常，请俟双城堡屯田征租后再行开垦"⑦。道光元年（1821年）十二月，将军富俊又在筹开伯都

①《吉林通志》卷三十一，《食货志四·屯垦》。
②《清宣宗实录》卷五十三。
③《清宣宗实录》卷五十三。
④《清宣宗实录》卷一百零二。
⑤富俊由嘉庆二十二年二月调盛京将军，二十三年九月又调回任吉林将军。
⑥《双城堡屯田纪略》卷二。
⑦《吉林通志》卷三十一，《食货志四·屯垦》。

讷屯田以备移住京旗苏拉上奏中说:"臣伏查伯都讷空闲围场,既无林木又无牲畜,实可垦地二十余万垧。"①并提出伯都讷屯田"若仍令旗人开垦,恐各该处勉强拨派,多致潜逃,转于旗务屯田无益,莫若招民开垦成功较易"②。所谓"招民开垦"即改先前清廷派旗丁代垦为有组织、有计划招汉族民人代垦,垦熟后,待京旗移住再交给京旗耕作。关于由旗丁代垦改为汉族民人代垦的原因,富俊在道光元年的奏疏中列举了三条:其一,鉴于双城堡代垦旗丁"一人竭力耕耘,一年只能种地十垧",所以不得不"雇觅帮丁助耕"③。吉林奉天所拨旗丁不谙农耕,再加上开垦新荒倍艰难于种熟地,"若多开新地,恐熟地转致抛荒,故一正丁之力,种地不过六七垧而止,其多至十二三垧者,乃系各有帮丁"④。这样以来欲多垦荒地必添雇帮工,"惟外雇帮工,必需庸值,势不得不酌加津贴"。当时"每帮工一名,每年酌帮制钱三千"⑤。与其雇觅帮丁助耕,徒縻经费,不如招民人代垦。其二,吉奉二省旗兵闲散已无丁可派。"计双城堡三屯前后拨移吉林、奉天无业旗丁三千户,男妇大小已万余人,此外率皆有地可耕及家有当差食饷之人,生计既裕,谁肯轻去其乡"⑥。并且各旗多有"勉强拨派,多致潜逃"⑦。如宁古塔地方的旗丁"多藉打猎为生,彼处地亦肥美可耕,不愿轻离乡土"。所以"往往潜逃"⑧。又据各逃丁供称:"丁等本皆穷苦,所有屯种牛条,农具一切,均系官为备办,丁等并未得有分文,拮据难度,是以逃出在外佣工,图得现钱。并因妻子在家无养系念,衣破乏人缝补,逃回事实,委无别情等语。"⑨足见双城堡屯垦派拨旗丁具有一定的强迫性。伯

①《吉林通志》卷三十一,《食货志四·屯垦》。
②《吉林通志》卷三十一,《食货志四·屯垦》。
③《吉林通志》卷三十一,《食货志四·屯垦》。
④《双城堡屯田纪略》卷二。
⑤《双城堡屯田纪略》卷二。
⑥《吉林通志》卷三十一,《食货志四·屯垦》。
⑦《吉林通志》卷三十一,《食货志四·屯垦》。
⑧《吉林通志》卷三十一,《食货志四·屯垦》。
⑨《双城堡屯田纪略》卷二。

都讷屯田如强迫旗丁屯垦恐无处派拨。其三，招旗丁所费实多，招民人所费甚少。双城堡旗丁每人用银四十七两，而伯都讷招民代垦，每丁赏给盖窝棚银四两，三十户为一屯，每屯官为打井三眼，每井给银十八两，"计每丁共合用银五两二钱"，在"征租之年，地三十垧，每丁合纳制钱九吊，一年归款尚有敷余。较前旗丁每人用银四十七两所省实多"①。富俊所论俱系实情，合情合理。

对招募伯都讷屯垦的民人耕种，富俊认为"吉林、伯都讷、阿勒楚喀等处，现有纳丁纳粮民八万九千四百余户。此等民户安居已久，生齿日繁，地不敷种亦冀认荒开垦，当必争先恐后"②。富俊的分析是正确的，后来招垦的事实证明了这一点。

富俊设计招垦办法：所有认垦荒地，牛具、籽种、农器，均系自备，每人准领地三十大垧③。四人联名互保。第六年升科，每垧地征制银三百文，小租钱三十文。俟移住京旗闲散到日，交京旗地二十垧，这二十垧，免旗人纳租，不准旗人典卖与民，违者治罪。其余十垧作为领地民人己产，仍按数纳粮，给予印结执业，听其典卖，照例税契过粮④。

富俊改旗丁代垦为流民代垦，触犯清廷的禁律，所以嘉庆帝对此提出疑义，下诏曰："吉林乃我朝发祥根本之地，一旦招集无数民人，不知其意何居。且聚之易而散之难，其理易见，即如所言随时移驻京旗闲散裕如也。但此项民人日久安居，又将何以措置，可再明白回奏。钦此。"⑤同年三月，富俊遵旨覆奏，他说："因查伯都讷围场荒地亦系肥美，天地自然之利，可资旗人万年之养，与其使之就荒，何若垦之为田。第吉林旗人……派赴双城堡一千数百户，再无领赴伯都讷开垦之人。始议奏请招募民人认垦。查吉林现有纳丁、纳粮民二万九千二百九十八户；伯都讷现有纳丁、

① 《吉林通志》卷三十一，《食货志四·屯垦》。
② 《吉林外纪》卷十，伯都讷屯田。
③ 奉天一垧为大亩，吉林一垧为十亩，故称大垧。
④ 《吉林通志》卷三十一，《食货志四·屯垦》。
⑤ 《吉林通志》卷三十一，《食货志四·屯垦》。

纳粮民一万四千四百二十八户;阿勒楚喀纳丁民三千零七十三丁。此等民户安居已久,滋生不少,地不敷种,亦冀认垦荒地,并不招集流民。缘查民情,有地有产谁肯轻去其乡,即赴各处飘流,均系无业贫穷之人,今认荒垦地牛具、籽种、农具均系自备,流民势所不能认领。"①富俊奏文所列吉林、伯都讷、阿勒楚喀纳丁、纳粮民实系乾隆朝流入吉省的流民,现已入籍纳粮。而"赴各处飘流"的"无业贫穷之人",仍是流民无疑。嘉庆帝见此奏文立即回示:"令该将军覆奏原议,系由吉林现有纳丁、纳粮民人认垦,并非招集流民,将来不必另筹安置,于是尚无窒疑。"②

道光四年(1824年)十一月伯都讷正式开始招民开垦。计划垦地二十万垧。招垦章程规定:招募民人,每名给地三十大垧。四人联保,不准转租典卖,违者撤地追价入官,另行招佃。自所领地之年起第六年,每垧纳租制钱三百文,小租钱二十文。京旗苏拉到日,民人交出熟地二十大垧,余十大垧即给领地民人作为己产。可见与双城堡屯垦极力防止汉民混入的方针有明显不同,纯属民垦。是月十三日,奉谕旨,以伯都讷副都统衙门名义,出示晓谕招垦,其文如下:

> 奉谕旨,遵咨行伯都讷副都统等衙门出示晓谕招垦,派员丈地分屯,申画经界,名其地为新城屯。以道光五年为始,分八旗二翼,每旗立二十五屯,每屯各设三十户,以"治本于农务滋稼穑"八个字为号,每一次各编为二十五号,共计二百屯。③

初报之户积至三十户为治字第一号,即令归入镶黄旗头屯,拨给地段垦种。续报再积至三十户为本字第一号,归入正黄旗头屯,以后依号按旗挨拨。

道光五年(1825)招民认佃,当年认佃一千一百二十七户,按八旗分拨四十三屯。翌年,认佃九百十九户,分拨三十一屯。七年认佃

---

① 《吉林通志》卷三十一,《食货志四·屯垦》。
② 《吉林通志》卷三十一,《食货志四·屯垦》。
③ 《吉林通志》卷三十一,《食货志四·屯垦》。

一千五百五十六户，分拨四十六屯。三年认佃总数达一百二十屯，达到预定数量①。如以拨给每户三十大垧计算，地亩总面积达十万八百垧，三年达计划屯垦的一半以上。由此，可见汉族民人是如何欢呼雀跃响应招垦的，然而垦熟之地京旗却无一户移住。屯垦完全为汉族流民所占种，归流民所有。光绪三年（1877年），吉林将军铭安在奏疏中，谈及伯都讷屯田的原佃户的后人听到京旗移住，令他们退地三分之二的消息，各个莫名惊诧，其文说：

> 其号荒（新城屯）各佃领种多年，传衍数世。小民无知，不谙旗二民一之义（东旗二十垧，原垦佃民十垧），以为此地是伊等祖产，群相疑惧，今若遽令退出，生计维艰，已属可悯。且恐流离失所或致别滋事端。②

至光绪初年，仅六七十年，原佃子孙已不知祖先传下的土地是佃种的，有的佃户已将所领之地辗转典卖。伯都讷之民垦，以移住京旗为目的，由民人代垦佃种，开拓十万余垧荒地，促进了本地区的开发。

第二节　京旗移住的失败与吉林西北部的开发

一、京旗移住的失败

从清中期开始的京旗苏拉的移住，从乾隆初年筹划移住三千户，中经嘉道二朝，其结果只移六百九十八户，尚未到原计划三分之一的京旗苏拉，到咸丰三年（1853年）"京旗绝产并陆续携眷逃走删除外，实有京旗五百二十六户"③。到同治九年（1870年）双城堡的京旗只有"四百七十三

①《吉林通志》卷三十一，《食货志四·屯垦》。
②《吉林通志》卷二十九，《食货志二·田赋上》。
③《黑龙江志略》卷八。

户"。而与阿勒楚喀相邻的呼兰，乾隆时曾议定：呼兰土地肥沃，作为京旗苏拉移住区。事搁一百三十年，到光绪二年（1876年），"嗣拨京旗十户二十八人到屯"，"其后相率逃去，仅余三户"。就是仅余这三户，仍"屡求将军咨回，部议未准"①。

历经乾隆、嘉庆、道光三朝的京旗移住吉林的活动，意在解决京旗生计，但事与愿违，没有达到预期的目的。

首先，首崇满洲的基本国策是京旗生计问题不能解决的根本原因。清朝统治者一向认为："八旗为本朝根本，国家莫有要于此者。"②首崇满洲这一基本国策集中体现两个方面：一是八旗的禁锢政策；二是八旗的恩养政策。八旗禁锢政策造成旗人不事生产劳动。清廷曾下令"我朝发祥以来，列圣垂训，八旗兵丁均以弓箭为生，必须永远遵行"③。雍正帝说："士农工商，各执一业……八旗兵丁所司者，皆战斗之事。"④八旗披甲，即使在贫困已极的情况下，也不许在服役之外从事其他谋生活动，八旗余丁（闲散，满语苏拉）即使没有生活来源，也不许从事谋生活动。结果造成旗兵"不士、不农、不工、不商、不民，而环聚于京师，闲散百里之内，于是其生计日蹙，而无可为计"⑤。所以，不许旗人参加劳动是京旗生计问题不能解决的根本原因。而八旗的恩养政策促使旗丁厌恶劳动，耽于奢侈生活，加剧了生计的恶化。"八旗子弟，国之世仆，皆以国力豢养之。"围地，占房，食粮饷及各项挽救八旗生计的措施都是恩养政策的体现。清初一个甲兵所得超过一个上品官员的俸禄。清初规定，上品官员的俸禄额，每年银四十五两，米二十二万五斗⑥。所以雍正帝对满洲兵丁曾说："从前满洲人等虽不能咸各饶裕，凡遇出征行走俱系自足备，并无遗误之处。此

---

① 《黑龙江志略》卷八。
② 《上谕八旗》雍正四年。
③ 《成都县志·武备志》（同治年版）。
④ 《上谕八旗》雍正十年。
⑤ 《皇朝经世文编》卷三十五。
⑥ 《清朝通志》卷七十一。

皆由其平日节俭，勤于生计，故其家赀，皆足自给。今兵丁等钱粮较前加一两，又有马银，计其所得，已多于七八品官之俸禄。即此有能谋生之人尽足具用矣。"①京旗移住本身就是恩养政策的集中体现，京旗未到之前，先由旗民代垦，京旗移住时由户部发治装银、食宿银、生产银，到达后又给官房、牛具、籽种、口粮等。每人各需国帑一二百两。故清廷大臣允禄说，清廷对八旗兵丁"若父母之育子，保惠殷勤……特赏则动盈千万计，其衣食，发内帑以资生赡。其喜丧，裕公储以待用"②。这种恩养政策使旗人"恃有无庾之供"③，而好逸恶劳，加剧生计的恶化。旗兵嗜酒沉湎，争夸靡丽，或是放荡不羁赌博于歌场戏馆，或提笼架鸟，养花吮烟，泡茶馆。"以致诸凡用度，皆涉侈靡，不识撙节之道"④，因以贫困，更有变卖房地产业者，生活陷入困窘。康熙时基于巩固统治的需要，"曾发帑金五百四十一万五千两，一家获赏俱至数百"。但无济于事。雍正朝，除特行赏赐外，赏给八旗兵丁钱粮数次，"每次所卖，需银三十五六万两"。可是赏赐一到兵丁之手，也"不及十日，化为乌有"⑤。雍正五年（1727年），清帝申斥八旗兵丁说："近年满洲等不善谋生，惟恃主上钱粮度日，不知节俭，妄事奢靡……看来满洲不知节俭，多有以口腹之故而鬻房产。即如兵丁等每饭必欲食肉，市肉一斤，其价可抵数日之蔬食，以贵价市肉而食，则一月所得之钱粮，不过多食肉数次，即行罄尽矣……猪肉既厌，必更思别味，如此每月不计出入，随得随费，以致失其生计。且又将每季米石，不思存贮备用，但图数日之肉食，违背禁令，以贱价尽行粜卖，沽酒市肉饮食，至于无余。"⑥不事生产，优游坐食，奢侈靡费，不识樽节成了清室用国帑、仓粮填不满的无底深渊。这个越背越重的政治赘瘤是首崇满洲基

①《八旗通志》卷六十七。
②《上谕八旗》雍正五年。
③《清朝文献通考》卷二十六。
④《清仁宗实录》卷一百一十五。
⑤《八旗通志》卷六十七。
⑥《八旗通志》卷六十七。

东北旗地研究

本国策所种下的恶果。

其次，双城堡、伯都讷的屯垦证明，清廷对吉林的封禁政策，以政府优待旗人之故，自已破除。在清廷看来，东三省是其祖宗发祥重地，山水草原，一草一木皆为满洲旗人所有。因此，满族贵族一再强调"注意根本，封禁甚严"，"向例不准流民耕种"。顺治六年（1649年），清廷下令旗人不准将"汉人带出口外"。即使在顺治十年至康熙七年所谓的大力招民开垦期间，民人出入也实行密令开禁。规定旗人出关由兵部或守关章京处给票即可出关。而民人必须至临榆县领取印票，经过守关章京验收方准出关，并有种种刁难或限制。如民人出关时，城守尉、揽头、店主、保人等乘机勒索敲榨，只身一人索钱三十三文，有车辆者索钱五六十文或百文不等，然后"验票记档收贮"放行。乾隆五年（1740年），鉴于民人日多，厉行封禁。以后，继前之策，屡申禁令，或"明令限期，禁止出口"或"严密关禁之道"，"力为拦阻"，对民人"私行出口者"实力查禁①。吉省"东近参山，西近围场"封禁更严。乾隆二十七年（1762年），颁布宁古塔地区禁止流民例，严令宁古塔界内"外来流民不使入籍，应得流民驱回……嗣后严禁私垦"②。乾隆四十一年（1776年）对吉林全部封禁。是年，乾隆帝上谕："盛京吉林为本朝龙兴之地，若听流民杂处，殊于满洲风俗攸关，但承平日久，盛京地方与山东接壤，流民渐集，若一旦驱逐，必至各失生计，是以设立州县管理。至吉林原不与汉地相连，不便令民居住。今闻流寓渐多，著传谕傅森查明办理，并永行禁止，流民毋许入境。"③至嘉道时期进入吉省流民猛增，并于事实上无法严禁，然而仍重申封禁之令。清代封禁原因：一是保持关外满洲淳朴风俗。清入关后，受汉族高度封建经济文化影响，渐失"满俗之本习"。清廷常以不学汉语告其族。以"国语骑射"为至宝。封禁汉人流入东北，使关外旗人"恪守满洲淳朴风俗"。二是特殊

---

① 《清仁宗实录》卷二百四十九。

② 光绪朝《大清会典事例》卷一百七十八。

③ 《清高宗圣训》卷二百六十四。

物产之独占及旗人产业之保留。东北人参、珍珠,向由皇室独占,并将参山及采珠之河流加以封禁。围场为马匹产地,兵政攸关,事属经武,故亦在封禁之列。产业之保留主要在于土地。乾隆帝说:"东三省地方,为满洲根本重地,原不准流寓民人杂处其间,私垦地亩,致碍旗人生计,例禁有年。"① 把田亩"作为本地官兵及京旗官兵随缺地亩之用",或留着"以备退革兵丁作为恒产",以免八旗官兵"无容身糊口之处"②。一言以蔽之,"八旗为本朝根本,国家莫有要于此者",所以"皆以国力豢养之"。嘉道时期双城堡、伯都讷之屯垦正是这一精神的集中体现。清廷对京旗移住"按户授田,给资治具,几于纤悉无遗","旗人等犹复惮于移徙者"③。事实证明,京旗移住没有达到"内可分八旗户口之繁,外可联边城巩固之势"④的目的。清廷之封禁以移京旗之故,自已破除。屯垦实为流民之先导,冲破封禁之先锋也。前引富俊奏称"新移京旗苏拉,往往不能耕作,始而雇觅流民为力田,久之多为民有",可为最好明证。京旗移屯之地为封禁之区,向禁流民垦耕,今既允许京旗雇觅劳工,则流民乘隙而入。

二、吉林西北部的开发

乾嘉道时期为移住京旗派遣吉林盛京八旗闲散代垦和招民人佃耕,使拉林、阿勒楚喀、双城堡、伯都讷等地得以开发。据档册记载:拉林开垦八旗旗田六万四千九百一十二垧九亩六分,阿勒楚喀开垦旗田九万八千六百四十垧零三亩,双城堡开垦旗田十五万一千一百四十五垧四亩六分⑤。共约三十多万垧,均由代垦的吉林八旗闲散开垦。加上伯都讷招民开垦的二十余万垧,共五十多万垧。

咸丰以后,关内山东、河北、河南等地民人流入双城堡、伯都讷地区开

①《清高宗实录》卷一百三十三。
②《吉林通志》卷三十一,《食货志四·屯垦》。
③《吉林通志》卷三十一,《食货志四·屯垦》。
④《双城堡屯田纪略》二。
⑤《吉林通志》卷三十,《食货志四·田赋下》。

荒势不可阻，清廷不得不予以承认。

双城堡地区的荒地开垦：

（1）开垦双城堡剩荒地。此荒地是圈给京旗屯垦剩余的荒地，咸丰十一年（1861）由吉林将军景淳奏请开放，少征押租，第六年升科①。光绪十四年（1888年）勘明纳租地四万四千五百四十四垧七亩二分，丈出浮多地一千四百零七垧三亩九分②，加上附近土地计五万四千一百四十四垧多。

（2）开垦恒产夹界荒地。咸丰元年（1851年）奏准，以恒产夹界内垦成之地九千余垧，均拨给原佃陈民输租。光绪十四年（1888年）勘明纳租地八千七百六十垧九亩八分，以外还丈出浮多地八百八十一垧零七分③。

（3）开垦八千垧荒地。道光二十四年（1844年）奏准，开垦双城堡屯荒地八千余垧，故称八千垧荒地。光绪十四年（1888年）勘明纳租地八千七百七十三垧八亩，此外又丈出浮多地一百七十八垧二亩五分④。

（4）开垦拉林剩存圈荒地。咸丰十一年（1861年）奏准开垦拉林剩存圈荒二万三千八百九十一垧余。光绪十四年勘明纳租地一万七千二百九十九垧五亩八分，丈出浮多地六千五百九十一垧六亩九分，一律升科纳租⑤。

伯都讷地区的荒地开垦：

（1）蕴梨场荒地开垦。此地位于伯都讷以东数十里，原是封禁贡山。道光二十七年（1847年），查出私垦地一万二千余垧，后咸丰十年（1860年），准许开放闲荒⑥。同治九年（1870年），勘放四万四千四百五十八垧六亩二分六厘荒地，每垧征荒价二千文，自流民承领六年后升科。垧征大

---

① 《清朝续文献通考》卷四。
② 《吉林通志》卷三十，《食货志四·屯垦》。
③ 《吉林通志》卷三十，《食货志四·屯垦》。
④ 《吉林通志》卷三十，《食货志四·屯垦》。
⑤ 《吉林通志》卷三十，《食货志四·屯垦》。
⑥ 《吉林通志》卷三十，《食货志四·屯垦》。

租六百文，小租六十文①。光绪四年，派候选通判王绍元对此地毛荒三万余垧"先尽旗产并附之站丁等备价承领，余则搭放民户"②。

（2）珠尔山荒地开垦。此地也是封禁贡山，道光二十七年（1847年），查出私垦珠尔山地八千余垧③。同治九年（1870年）开放，实则耕地八千八百十三垧零三分，升科征收押租钱。

（3）北下坎荒地开垦。此地位于伯都讷城东北，其开放年代大致为咸丰十年（1860年）。光绪十四年勘明纳租地二千三百一十二垧七分，丈出浮多地九百四十八垧二分，升科纳税④。

（4）八里荒地开垦。此地位于伯都讷城附近，长百余里，宽三四里至七八里不等。道光十九年（1839年）查出"北路驿站私开八里荒地亩擅作津贴，撤地入官征租"⑤。光绪十四年，勘明纳租地二万七千六百七十六垧二亩，丈出浮多地六千三百二十三垧八亩，升科纳租⑥。

（5）隆科城荒地开垦。此地位于伯都讷城以东。同治九年（1870年）奏请开放闲荒四万四千四百五十八垧⑦。光绪十四年（1888年）勘明纳租地三万七千六百四十二垧九分三厘三毫，丈出浮多地六千六百六十二垧三亩六分六厘七毫，升科纳租⑧。

①《吉林通志》卷三十，《食货志四·屯垦》。
②光绪朝《大清会典事例》卷一百六十二。
③《谕折汇存》光绪二十三年三月八日。
④《吉林通志》卷三十，《食货志四·屯垦》。
⑤《吉林通志》卷三十，《食货志四·屯垦》。
⑥《吉林通志》卷三十，《食货志四·屯垦》。
⑦光绪朝《大清会典事例》卷一百六十二。
⑧《吉林通志》卷三十，《食货志四·屯垦》。

东北旗地研究

第四编　清末东北官庄旗地的丈放

第一章　咸同以后官荒旗产等封禁地的开放

第一节　边疆危机与移民实边

一、咸同以后东北边疆的全面危机

道光二十年（1840年）的鸦片战争，西方资本主义列强恃武力打开了中国的大门，逼迫清政府签订了一系列丧权辱国的不平等条约，从此中国逐渐沦为半殖民地半封建社会，成为列强瓜分的对象。十九世纪末二十世纪初，我国内地与边疆普遍出现危机。东北地区界临日俄，其侵略魔掌伸入东北各个领域。请看下述事实：咸丰十一年（1861年）营口开港，外国资本主义正式侵入东北，他们倾销商品，争夺市场，掠夺原料，东北开始沦为半殖民地半封建社会。《瑷珲条约》《北京条约》沙俄割去东北黑龙江以北，乌苏里江以东约一百多万平方公里的土地。咸丰八年（1858年）至光绪二十三年（1897年）间，沙俄非法侵入松花江十多次，无理要求在松花江上航行，实欲鲸吞我国东北。沙俄不断蚕食吉省东部边疆。咸丰十一年（1861年）以后，擅自将界碑向我方移动，安设俄卡，强设兵营。在黑龙江则大肆掠夺我漠河矿产。日本也不示弱，甲午战争给中华民族带来了沉重的灾难，战后列强开始瓜分中国，并将大量的资本输入东北。沙皇俄国在中日甲午战争后以干涉日本退还辽东半岛为借口，向清廷索取报酬。光绪二十二年（1896年），签订《中俄密约》，取得了在中国东北修筑和经营中东铁路的特权。光绪二十六年（1900年），沙俄以义和团运动为口实，悍然出兵占领东北，制造了骇人听闻的"血洗江东六十四屯"和"海兰泡惨案"。光绪三十年（1904年）至光绪三十一年（1905年），日俄战争给中国人民造成了巨大损失，战后缔结《朴茨茅斯和约》，将南北满划为日俄帝国主义的各自势力范围，东北边疆危机日益深重。帝国主义的侵略，清政府的腐败，加上反动的封禁政策，使东北人民无法生活下去。于是东北大地上"马贼"横行，"金匪""矿匪""参匪"遍地，义军蜂起，对此清廷实行"安内攘外"的政策，将主要兵力用于镇压人民起义。由于清廷对内频繁征调，对外大量赔款，造成了整个国家财政危机和边防废弛的局面。《清实录》记载，咸丰二年（1852年）至咸丰七年（1857年）五年间，"吉林、黑龙江马队官兵，先后调往各路军营助剿，为数约有一万三千余名。"而留在原防者"吉林省尚有六千余名，黑龙江兵尚有二千余名"[①]，东北兵员严重不足，边疆空虚。东北地区因封禁政策造成地多人少，财政经费不能自给，原由户部领取，咸丰初年改为各省调拨，解至盛京户部，三省分别关领。同治以后，各省拨济东三省经费，几乎年年缺额。农民反清斗争，兵丁内调，财政危机，客观上削弱了东北的对外防御力量。

二、移民实边以固边陲思想的提出

面对龙兴之地沃野千里，地广人稀，边备空虚，人财两乏，东北的守疆

---

①《清文宗实录》卷二百二十八。

大吏发出弛禁官荒旗产，移民实边的呼声^①。清代东北移民实边的思想，自清初东北封禁始，持续到清末，先后提出者不下数十人。而近代以来提议者愈多，呼声亦愈紧迫。道光二十一年（1841年）正月，给事中朱成烈奏称：盛京地方腴田甚多，若查明垦种，以地利所入添补海防，实为久远之策。

咸丰七年（1857年）二月甲午，御史吴悼上奏："黑龙江呼兰城迤北蒙古尔山地方，有荒原百余万垧，平坦肥腴，毗连吉林境界，并非参貂禁地……咸丰四年，该处将军曾派员查勘，出票招佃……并称，招佃时不收押租，按垧祇收公用京钱数百文。开垦之初，山林木石，听民伐用，樵采渔猎，一概不禁，以广招徕，所得钱粮，可充俸饷之需。"^②咸丰八年（1858年），盛京将军庆祺奏请试垦横樗废林，将所有无数闲荒分别等则，试垦三年，从咸丰十一年起，按照等则，一律征租，作为宫殿贴补之需^③。咸丰十年（1860年），吉林将军景淳奏称："查得吉林地方凉水泉南界，舒兰迤北土门子一带禁荒，约可垦地八万余垧，阿勒楚克迤东蜚克图站约可垦荒八万余垧。"^④咸丰十一年（1861年），鉴于俄人内逼之甚，黑龙江将军特普钦上奏云："惟地方辽阔，稽查难周，且向无居民，易启觊觎，尤宜豫为之计。是前因招垦恐与防务有碍，今因防务转不能不亟筹招垦者也……与其拘泥照前封禁，致有用之地抛弃如遗，而仍不免偷种，莫如据实陈明，招民试种，得一分租赋，即可裕一分度支，且旷地既有居民，预防俄夷窥伺，并可藉资抵御，亦可免临时周章。"^⑤关于移民实边，招民开垦的益处，特普钦归为四点：一是充实边陲，以御俄人；二是安插流民，以杜私垦；三是招垦征租，以裕俸饷；四是封禁参珠，不若放垦之

①《奉天通志》卷三十九。
②《清文宗实录》卷二百一十九。
③《清文宗实录》卷二百五十七。
④光绪朝《大清会典事例》卷一百六十七。
⑤《黑龙江通志·经政志·垦务》。

有益民生①。

　　同光以来关内汉族流民迁徙东北如波涛汹涌，封禁之令频频下达，移民实边之议，接踵而上。同治七年（1868年）六月，吉林将军富明阿等在《请开垦围荒以济饷源一折》中云："直隶、山东等逃往吉林难民，尤须随时稽查，妥筹安插，免贻后患。"②光绪十二年（1886年）五月，署黑龙江将军恭堂，上任伊始，锐意筹边，复以垦政向朝廷提出封禁五端，开垦十利的建议。其云："详其所以封禁之故，约有五端，论地脉则恐碍参山珠河，论牧场则恐妨旗丁生计，而且垦户杂则盗贼潜入，揽头出则贩卖架空，兼之奸民易滋，不免异族暗结。"③恭堂以为此五端"无一足虑者"。他指出："历代备边以屯田为上策者"，并举吉奉两省为例云："如双城堡、伯都讷等处，经将军松筠、富俊条奏开垦，当时或议其难，至今悉蒙大利。奉天东边试办开垦，将军崇实亦力排众论而定，不二十年，鸭绿江、凤凰城之间，遂成沃壤，此又近今之明效大验也。"④所以他认为："寻东三省根本大计，无过兴屯。"⑤并提出开垦兴屯有十利："黑省旧饷三十七万，呼兰地赋所入，已抵至十有余万，加以扩充，部拨可节，此利国帑者一也；齐齐哈尔、墨尔根、黑龙江等城，皆恃呼兰粮运接济，收获愈众，积蓄愈多，此利民者二也；盗贼之炽，皆由守望之稀，若于放荒时酌定村户，修筑堡寨，严订保甲之法，藏奸无所，此利保卫者三也；关内外失业游民所在麇集，或之他邦，一定土著，富者乐业，贫者佣工，各治其生，庶免流徙，此利辑绥者四也；押租缴价，或依旧章，或仿吉林新例，参酌而取，以资办公，此利经费者五也；开垦既熟，以次升科，查照奉天章程，酌定亩银额数，足济俸饷，此利征收者六也；呼兰粮产除接济本省，尚行东南各境，加以地辟年丰，转输益众，此利商贾者七也；斗称烧锅，税捐诸资，

①《呼兰府志》卷十二。
②《清穆宗实录》卷二百三十六。
③《黑龙江述略》卷七。
④《黑龙江述略》卷七。
⑤《黑龙江述略》卷七。

补益积谷，日盈税捐，自有起色，此利厘税者八也；通肯四境与齐齐哈尔、布特哈、墨尔根诸城相联，户口渐增，人烟日盛，贫瘠荒区，可成殷富大镇，此利生聚者九也；人有恒业，地无旷土，内守足固，外患不生，此利边备者十也。"①恭堂将军的奏文有理有据，语重心长。中心是封禁有害，开禁有利。然而呈上朝廷后，被轻易否定。但是要求弛禁的呼声势不可挡。有识者继续上奏，强烈要求移民实边，开放官荒旗产以杜外人。

光绪十五年（1889年）九月，黑省地方奏请"呼兰地方土甚膏沃，若招民开垦，措置得宜，当可有利无弊。"②同年十一月，黑省将军依克唐阿奏："通肯荒地开禁招垦，有利无弊。"③光绪二十一年（1895年）七月，护理黑龙江将军增祺又上《请开垦闲荒》一折，云："今强邻逼处，军食空虚，揆度时宜，不得不以垦辟为筹边之策，黑龙江之通肯河一段，著即开禁，与克音、汤旺河、观音山等处，准旗民人等一律垦种，每年所得租银，既留备军饷之用。"④清廷在内外形势交逼之下被迫允诺，但弛禁仅限局部。光绪二十九年（1903年）三月，又有人上奏："东三省时局日亟，宜及筹抵制之法。俄人兴修铁路，三省形势险要皆失，惟有招民实地，力图抵制。"⑤光绪三十三年（1907年）十一月，东三省总督徐世昌提出流遣罪犯实边，拟复遣犯旧例，仍发黑龙江隶庄屯田，家属愿随者听，以图实边。此议颇得清廷大员赞同。河南巡抚吴重喜云："中国腹地诸省，生齿日繁，罪人日增，边省户口畸零，地多遗利。上年东三省督臣徐世昌等奏，准军流人犯移以实边。盖此项囚徒，罪不至死，禁之内地，督令服役，何如流诸边境，俾充垦荒、开矿等苦工，较为有益。臣以为无期徒刑，不如改为有期流刑。其配所除东三省外，新疆、藏、蒙，一律遣派。"⑥总之，

①《清德宗实录》卷二百四十六。
②《清德宗实录》卷二百七十四。
③《清德宗实录》卷二百七十九。
④《清德宗实录》卷三百一十三。
⑤《清德宗实录》卷五百一十三。
⑥《清德宗实录》卷四百三十七。

道咸以来长达半个多世纪之久的移民实边，弛禁开荒交产之议，目的是内固国防，外御强敌，充实根本之地。

清廷在内外形势交逼之下，在国内舆论的压力下，在如潮的流民冲击下，为了缓和日趋尖锐的国内外矛盾，不得不逐步开放官荒旗产。

第二节 流民涌入与官荒旗产的开垦

一、八旗牧场地的开放

道咸以来，清廷为摆脱内外交困，从增加财政收入和抵御外敌的需要出发，逐渐弛禁，汉族流民纷纷涌向关外，东北汉族流民迅速增加。据统计，道光三十年（1850年）至宣统二年（1910年），东北人口由二百八十九万八千人增长为二千一百五十八万二千二百人，六十年间净增加一千八百六十八万四千人[①]，平均每年增长三十万人。汉族流民的增加和清廷的弛禁放垦政策使八旗牧场地得以垦殖。

清代在奉省设有三大牧场或称马厂。即大凌河牧场、盘蛇驿牧场、养息牧场。大凌河牧场位于锦州南部大小凌河流域，"东至右屯卫，西至鸭子厂，南至海，北至黄山堡，东西长九十里，南北长十八里至六十里不等，计地万七千九百余顷[②]。盘蛇驿牧场原为大凌河牧场一部分，位于"广宁迤南，距城自四五十里至七八十里不等"，"东西斜长一百二三十里，南北横亘三十里至七八十里不等。"[③]养息牧场，原为满语suruke（音译苏鲁克，汉语为养息），因苏鲁克河而得名。位于"锦州府广宁县北二百十里，牧场

①许道夫：《中国近代农业生产及贸易统计资料》第4页，上海人民出版社，1983年版。

②《清朝文献通考》卷十二。

③《奉天公署档》第4389号。

设杜尔笔（都尔鼻）山下①。"东至科尔沁左翼前旗九十里，西至吐墨特左翼界（今承德府朝阳县）六十里，南至彰武台边门五十里，北至科尔沁左翼前旗二百里②"。牧区"东西百五十里，南北距二百五十里"③。今当彰武县全境。上述三大牧场皆设于清初。据光绪朝《大清会典事例》记载：顺治五年（1648年）题准："奉天中前所、前屯卫、中后卫三处地亩，今八旗均分为牧场。自东迤西先给两黄旗，次两白旗，次两红旗，次两蓝旗。"④同书又载："顺治年间定，大凌河骟马每群岁给黑豆三百仓石。"⑤可见八旗牧场设在清初无疑。清廷对牧场的管理，因牧场牲畜种类不同，有所不同。养息牧场分两部分，即陈苏鲁克与新苏鲁克。新苏鲁克在牧场西北，新开河（流经彰武境内者，注入新民县境称柳河）的上游，长宽各四十里的狭窄地区。此外，全牧区95%属于陈苏鲁克。陈苏鲁克清初直辖于内务府庆丰司，后归盛京礼部，乾隆三十年（1765年）交盛京将军管理。牧场人员"额设月食二两银翼长二员，食一两银副翼长四名，牧长十四名。"⑥新苏鲁克系康熙三十二年（1693年）设立，由盛京将军管理。"额设日食二两牧长一员，月食一两副牧长一名，领催二名，牧牛人十五名"⑦。大凌河牧场最初直属兵部，康熙九年（1670年）以后移内务府上驷院，乾隆十五年（1750年）归盛京将军管理。清代八旗牧地属清廷的封禁之区。所谓"留为牧马地，不许民间开垦"⑧。而事实上，乾隆以来汉族流民就已进入八旗牧场开垦土地，咸同以后逐渐开放。

1.大凌河八旗牧场地的开放 大凌河牧场地的开垦始于乾隆十三年（1748年）。是年将原放牧的一万八千余匹马，划拨蒙古王公及商都达布

---

①《蒙古游牧记》卷一。

②《沈故》卷二。

③《清朝文献通考》卷十二。

④光绪朝《大清会典事例》卷一百六十一。

⑤光绪朝《大清会典事例》卷一百六十一。

⑥《彰武县志》卷一。

⑦《盛京典制备考》卷六。

⑧嘉庆朝《大清会典事例》卷一百三十七。

逊诺尔总管一万匹，余下八千匹编成二十群。原来马厂地有余，于是沿马厂西部向东划分方圆十里，允许八旗官兵耕种。如文献所记："今既裁减马群，应于马厂西界横截十里，给予官兵就近耕种，以资养赡。"①嗣后大凌河牧场逐渐开垦。乾隆四十年（1775年），"岫岩城五块石各兵丁牧马官厂内有山东流来民人偷垦地亩，私造房间"。户部议："不必拆毁，令其入官，仍著伊等，居住耕种纳租。"②乾隆四十六年（1781年）户部议："口外牧场辽阔，近来王公牧放渐稀，流寓小民渐渐聚成屯落，势难禁其垦。不若准其耕种升科，作为有牧之土。惟实与游牧毗连者，仍禁私垦。地利渐兴，耕与牧不相妨也。"③此议当时未及实行。十年后，即乾隆五十六年（1791年）奏准："大凌河东西牧场荒地三十一万八千余亩，按地亩数目，分别肥瘠，应设二等庄头三十八名，每名拨给地五千一百亩。三等庄头二十六名，每名拨给地四千五百亩，备令开垦。"④咸同以后冒禁偷垦牧场地者愈加增多。咸丰六年（1856年）四月，户部查出锦县民人穆亭扬偷垦大凌河牧场地达八千亩之多⑤。同治元年（1862年）四月，户部奏称：查明大凌河一带闲荒，并非牧马之地，理应招垦，咨文盛京将军"详细稽查，将民人私种地亩一概报明入官，按亩升科，造册送部，以收地利而裕饷源"⑥。大凌河马厂地全面丈放是在光绪二十七年（1901年）。是年七月，清廷批准盛京将军增祺上《拟将大凌河牧场招垦收价以裕饷糈一折》，认为"所奏尚属实在情形，著照所请，由该将军遴派妥员，详细开办，并将未尽事宜，酌定章程，奏明办理"⑦。增祺奉旨后，遴派候选知府李淦为总办，带同各员役，前往设局丈放，察勘土地肥瘠，分别酌定荒

①光绪朝《大清会典事例》卷一百六十一。
②《清朝文献通考》卷五。
③王庆云：《石渠余纪》卷四。
④光绪朝《大清会典事例》卷一百六十一。
⑤《清文宗实录》卷一百九十五。
⑥《清穆宗实录》卷二十六。
⑦《谕折汇存》光绪二十八年二月一日。

东北旗地研究

价，制定《丈放大凌河牧场地亩酌定章程》①。章程规定：（一）丈放地域。锦州杏山、女儿河以东，大凌河以西，四甬碑以南至海，"东西斜长六七十里，南北约二三十里不等"，约有土地四十六七万亩，准备由该地域从东至西划分为礼、义、仁、智、信五段。（二）设丈放机构。在奉天省城设清丈总局，在牧场内设行局。行局内设总办、帮办、委员、夫役管理丈放事宜。（三）报领原则。章程规定牧群官丁、旗人、民人"于此次招垦地内，准其一体交价报领，不愿承领者，听其自便"。（四）对牧场内私垦土地的规定。章程规定："私垦各地，非止一年，现在令从实报出，复加勘丈，仍准原户报领，按照土地每亩交库平银二两一钱，均请免追从前花利。倘敢隐匿，抗违不报，或以多报少，即行撤地另放，以剔宿弊。"（五）征收地价。依土地分为平地与山荒。平地分为四等，上地每亩收库平银二两一钱，中地亩收一两四钱，下地亩收七钱，最下亩收二钱八分；山荒地分为三等：上等亩收库平银三钱五分，中等亩收一钱七分，下等亩收八分四厘。大凌河牧场从光绪二十七年七月开始丈放至第二年已丈出地约四十六七万亩。而且"其私垦熟地暨山荒尚不在内"，"收价已逾五十余万两，颇济目前之急，而报领者仍复接踵而至"②。光绪三十三年（1907年）档册记载："大凌河牧场升科地粮地五十二万一千八百八十亩九分六厘八毫五丝三忽，又丈放浮多山荒地九十四亩八厘七毫五丝，地共五十二万一千九百七十五亩六毫三忽。应征正课银一万三千二百三十二两八钱七分六厘六毫三丝九忽三微，耗羡银四千五百九十六两二钱一分八厘三毫二丝三忽。"③至此，大凌河八旗牧场地全部丈放，变为一般民人的私有地。

2.盘蛇驿八旗牧场地的丈放 盘蛇驿八旗牧场即大凌河东厂。这里因汉族流民潜入早，道光年间即部分开放。同治元年（1862年），户部称："大

---

①《谕折汇存》光绪二十八年二月一日。
②《谕折汇存》光绪二十八年二月一日。
③《内阁官报》第一百二十号，宣统三年十一月二日。

凌河一带闲荒，并非牧马之地，理应招垦。"①咨文盛京将军"详细稽查，将民人私种地亩一概报明入官，按亩升科"②。同治二年（1863年）十一月，据副都统恩合奏称："广宁属界牧场，经该副都统督率佐领分段查丈，招佃认垦荒地二十二万余亩。按上中下则共收押荒银二万两，查出私开地亩，依照上则共收押荒银四百两。"③盘蛇驿八旗马厂地全部开放是在光绪二十九年（1903年）。是年九月，盛京将军增祺上奏云："窃查奉天广宁县迤南之盘蛇驿旧有牧场一区，东西斜长约一百二三十里，南北横亘三十里至七八十里不等。前于同治初年经锦州副都统恩合奏请丈放招垦，收租赋……迄今共实剩升科地二十一万余亩"，"现拟派员普律绳丈逐户清查，凡现在交纳官租之地，仍归原户管业……下余闲荒亦即按地之高下，以定价之等差，一律招户认领。"④增祺的上奏得到朝廷的批准。同年十月，增祺会同锦州副都统钮楞额，盛京户部侍郎溥颐筹办开放事宜，于三十一年（1905年）三月，制定了《酌定丈放盘蛇驿牧场地亩章程》⑤八条。其要点如下：（一）酌定地价。生荒地定为上中下三等：上等亩收库平银一两四钱，中等每亩收库平银七钱，下等亩收银二钱八分；其私垦成熟之地大半膏腴，定为上中二等，每亩均照生荒加价七钱，上等每亩收库平银二两一钱，中等每亩共收一两四钱。（二）设局派员。于牧场地适中之处沟帮子设行局，简派各员专司其事。（三）酌收经费。奉省丈放各地荒地，均于正价外，收一成五厘经费，作为"设局派员薪工车马等项之需"；"收取一成五厘经费，俾资办公"。（四）丈放地亩标准。皆以二百四十弓为一亩，二百四十亩为一方，其不足一方者，仍按亩计算。（五）收价给照。为避免"拖欠假拖诸弊"，援照大凌河放垦章程，规定"领户交价，由行局收支处兑收讫，发给执照，赴地所听候委员挨次拨放"。土地丈放至翌

① 《清穆宗实录》卷二十六。
② 《清穆宗实录》卷二十六。
③ 《清穆宗实录》卷八十六。
④ 《谕折汇存》光绪二十九年九月二十六日。
⑤ 《谕折汇存》光绪三十一年三月二十五日。

年四月结束，"共计上中下生熟地五十七万四千二百一十一亩三分六厘八丝，应征正价库平银三十二万一千零八十九两五钱零八丝，经费库平银四万八千一百六十三两四钱三万八厘一丝二忽，现已一律收齐"①。

3.八旗养息马厂地的丈放　清初名其地为苏鲁克。康熙三十一年（1692年），"科尔沁左翼前宾图郡王旗及土默特旗献束鲁荒为永陵、福陵、昭陵祭牲牧养"②，所以清代"彰武县属全境地亩，本系牧放官牛羊厂甸"③该牧场地也早为流民与蒙人私垦。嘉庆九年（1804年），查出"蒙古人等垦地二万四千四十六垧"，清廷将"有碍游牧地九千四百四十六垧全部平毁"。其无碍游牧地一万四千六百垧，按蒙古户口三千五百三十名，每名给地四垧。其中翼长四员再给二十垧，牧长、牧丁四十员，每员再给十垧作为随缺地；"永远定额，不准多垦"④。嘉庆十七年（1812年），钦差大臣松筠、盛京将军和宁会同办理大凌河试垦，同时在养息牧场划出一部牧场地招旗人、民人开垦。至十八年秋，"已开垦成熟八千四百顷（一万六千八百亩）"⑤。据其所奏，五年以后，可得开垦熟地八十八万亩。嘉庆帝阅此奏章，以为"此时若尽行裁撤，平毁沟濠，拆逐窝铺，转多纷扰。此事既不糜国家经费，每年又增收租谷，竟以仍行开垦为是"⑥。命晋昌前往查明养息牧场试垦地，议定适宜办法具奏⑦。晋昌等确定试垦地以后，议奏六条办法⑧。主要内容如下：（一）试垦五年间垦地八十四万亩，其中锦州属旗丁领垦三十二万亩，广宁属旗丁领垦十三万亩，义州属旗丁领垦六万亩，苏鲁克三营牧丁领垦十二万亩。（二）领垦土地准雇民人开垦，或租与民人耕种，及与民人伙种分种，均听其便。（三）领垦地五年后，照奉

---

① 《谕折汇存》光绪二十三年五月三日。
② 吴廷燮：《奉天郡邑志》卷二。
③ 《奉天公署档》第4236号。
④ 光绪朝《大清会典事例》卷一百六十一。
⑤ 光绪朝《大清会典事例》卷一百六十一。
⑥ 光绪朝《大清会典事例》卷一百六十一。
⑦ 《仁宗睿皇帝圣训》卷六十。
⑧ 光绪朝《大清会典事例》卷一百六十一。

天伍田升科之例，每亩征银四分，责成该管官催征，汇解盛京户部充饷。

（四）领垦地的管理。由广宁义州佐领内拨派总管官一员，由省城八旗防御内选拔界官二员，并派马兵二十四名，步兵九十五名以充差役。养息牧场地全面丈放始于光绪二十二年（1896年）五月，允许汉人交价认领。丈放的区域即"新陈苏鲁克八十四村屯所留草牧场段六十五万余亩，牧丁排地十四万六千亩，前后共放生熟各地五十八万余亩"①。丈放过程援照盛京围场定例，"每亩叁钱叁分交纳荒价，三年后起科"②。并派盛京户部侍郎溥顾为垦务大臣，下设委员，管理土地丈量，征收地价诸事。二十五年（1899年）五月，又划出作为蒙汉杂居马厂地余荒八万九千六百四十九亩，及救恤贫穷蒙人为目的的余地三万五千三百十九亩③。至光绪三十三年（1907年）由盛京将军赵尔巽主持拟定章程全部清丈。清丈章程要点如下：（一）征收地价。熟地每亩收价六钱六分，以三钱六分作为经费，荒地每亩收价三钱三分，以三分作为经费。（二）浮多地亩，如系熟地先尽原垦之户承领；倘系荒地，归首先呈报之人具领，统限于丈明后二十日内，交清地价。（三）所放熟地当年起科，生荒三年后起科，每亩岁征银三分。这次清丈土地连同前此丈放土地在内一并发给土地执照。下举一份光绪三十三年清丈之际发给领户的土地执照。全文如下：

钦命镇守盛京等处将军　兵部尚书都察院右都御史　奉天旗民地方事务兼粮饷　赵为发给印照事。照得彰武地亩原丈底册经乱遗失，但地照多未换给，无凭稽核。必须普律覆文，其养息牧试垦续垦租地缺额甚巨，亦应彻底清查。经本军督部堂拟定章程，奉准设局并按清丈，除彰武县原放地亩免交地价外，其余无论租地及浮多闲荒一律收价丈放。前以出示晓谕，并派员勘办在案。兹据领户白令阿承领补辰字第叁百七拾叁号段地五拾亩，应交地价并一五经费共库平银拾六钱，已遵章交清，合行发给印照。粘连原给丈

①《谕折汇存》光绪二十四年六月十三日。
②《谕折汇存》光绪二十三年二月二十八日。
③《满洲旧惯调查报告·一般民地》31页。

236

东北旗地研究

单，收执管业，照章于光绪三十四年起科，每亩按年完正课银二分，耗银一分，毋得拖欠，须至印照者。[1]

土地执照为领户土地所有权的法律象征。执照载明领户承领土地的数量，应交地价以及起科年限。这是八旗牧场地向一般民间私有地转化的法律依据。

至此，清代八旗三大牧场地全部丈放。据不完全统计：总计出放土地一百八十多万亩，也就是说上述原为官荒旗产牧场地，现转化为一般民人私有地。这种转化对改变清末土地占有关系格局有着深远的影响。

二、八旗围场地的开放

清代八旗围场系供帝王及八旗兵演武狩猎兼向皇室进贡兽肉生鹿的场所，为专属旗人使用的八旗公有地。清廷先后在东北设置盛京围场、吉林围场、黑龙江围场。围场最初设于天命年间。光绪三十四年版《西安乡土志》载："国朝天命四年，灭叶赫后设大围场。"《东三省政略》也载："天命四年九月壬申，克叶赫东城，降西城，设盛京围场协领管守。"[2]可见，天命四年，努尔哈赤于叶赫故地草创东北围场。天聪、崇德年间，清太宗皇太极经常至围场狩猎。天聪六年十月丁亥，皇太极"率诸贝勒出地载门，往猎于叶赫地方"[3]。翌年十二月"率诸贝勒往猎于叶赫地方"[4]。崇德二年又"率诸王往猎于叶赫地方"[5]。清入关统一全国后，为保持满洲八旗跃马弯弓，纵横驰骋，研习武备，以防染指汉习，清廷遂于康熙初年按地域划分盛京、吉林、黑龙江三大围场，定行围之例。

盛京围场 东北最大围场，南起三通河，北至伊通河，东自辉发城，西至威远边门，东西180里，南北490里，相当今海龙、辉南、东丰、西

---

① 《满洲旧惯调查报告·一般民地》附录，11页，大同印书馆。
② 《东三省政略》卷六。
③ 《清朝文献通考》卷一百九十六。
④ 《清朝文献通考》卷一百九十六。
⑤ 《清朝文献通考》卷一百九十六。

安（原东辽县与辽源市合治）、西丰等五县。盛京围场由大围场和鲜围场两大部分组成。大围场"为肆武之地"，"鲜围场"专备捕打鲜品，呈进贡物。鲜围场范围即现海龙境内。大围场根据围内大小河流流向分为东流水围场、西流水围场。此东西流的区分，据《西安县志》卷一载："东流水指辉发诸水东入松花江者言之；西流水指叶赫诸水入辽河者言之，其界在西安东平间钢叉岭一带。"即以松辽分水岭为界将向西流入辽河诸水域称之为西流水围场，将向东流入松花江诸水流域称之为东流水围场。盛京围场依围猎方式，分为御围、王多罗束围、鲜围、鸯远及历年应扑围五种，计105围。御围（十围）、王多罗束围（十一围）为盛京内务府捕牲丁的狩猎区域，作为定规年年捕获进贡物。鲜围（十四围）生擒鹿或捕获可作乾肉的鹿。鸯远（含六围）意为僻远之狩猎之地。历年应捕围（含六十三围）又称大围场，为八旗兵每年肆武狩猎之地。

吉林围场 吉林为清朝发祥重地，其原住民大多为满洲八旗。吉林地区山多林密，便于野兽生息，自古以来就是狩猎之地。吉林围场较小，围场的围数，咸丰十一年景伦在奏折中云，吉林"尚有围场二十一处"[①]。吉林围场各围互相连接，相对集中。根据地域分为吉林西围场、伯都讷围场、阿勒楚喀所属蜚克图围场。吉林西围场位于吉林省城之西而得名。据《吉林外纪》记载：其卡伦十一处，即"恩格木阿林、萨伦、依勒们、苏瓦延、伊通、库尔讷窝集、呢雅哈气、依巴丹、玛法塔嘎尔罕、汪邑、古拉库"[②]。据此考其境域，南于盛京围场为界，北达伊通县伊勒们站的驿路，东由伊勒们河岸至西威远堡门。其中心应在伊勒们河至伊通河一带[③]。大致相当于今天的伊通、磐石境内。伯都讷围场位于沿松花江曲折处西行到拉林河附近，南达通浩色、陶赖昭驿站以北的松花江一带。大致相当于今吉林省的扶余、榆树两县。阿勒楚喀所属蜚克图围场位于蜚克图以东老营口

238

---

① 《吉林外纪》卷三。

② 《吉林外纪》卷三。

③ 《清穆宗实录》卷一百零一。

山、大青背山、甬子沟、香炉砑子一带，大致在今黑龙江省的宾县境内。吉林西围场与盛京围场相联成狭长形。乾隆十九年（1754年），乾隆东谒祖陵，巡幸吉林围场，曾赋诗云："吉林围接盛京围，天府秋高兽正肥。本是昔年驰猎处，山情水态记依稀。"①

黑龙江围场　文献难征，仅据光绪朝《大清会典事例》载："索约尔济围场，周一千三百里，西界喀尔喀车臣汗部落，南界科尔沁乌珠穆沁部落，东与北俱界黑龙江，共设卡座四十处。"②乾隆五十五年（1790年），奏准将索约尔济围场分赏黑龙江索伦巴尔呼及蒙古各部落札萨克等，"以索约尔济山为界，东自哈哈河口，至索约尔济山根，北自察汗库图勒，至索约尔济山根，为黑龙江所属地方，分给索伦等"③。由此可知，位于黑龙江省西南部的索约尔济围场，乾隆五十五年分别赏给索伦巴尔呼及蒙古部落的札萨克，以索约尔济山为界，将其东北部为黑龙江所属之地分给索伦部为围场。然而黑龙江所属的索伦围场经嘉道咸三朝至同治七年（1868年），行围之举，因"争兵以来，东三省官兵征调频仍，且俸饷未能如期照数关领，由是行围之事，久已停止"④。清代八旗围场地的开放始于吉林伯都讷围场⑤。继伯都讷围场开放的是吉林西围场。吉林西围场连接奉省，流民经常偷越卡伦、封堆进入围场，甚至有在围场内建房居住者。道光七年（1827年）二月上谕："围场内私行放入民人偷砍树木之员，已分别议处。盛京、吉林围场，每年捕杀牲兽，原为我满洲官兵操演技艺而设，向来牲兽甚多，兹据富俊奏称，上年行围，猎行数围，未获一鹿。且围场内时有贼人支搭寮棚"⑥。咸丰十年（1860年）十二月，吉林将军景淳、麟瑞等奏请：吉林"省西围场边，约可垦地八万余垧，阿勒楚喀迤东

---

①《吉林通志》卷六。
②光绪朝《大清会典事例》卷七百零九。
③光绪朝《大清会典事例》卷七百零九。
④《清穆宗实录》卷二百四十三。
⑤参见本书第四章第二节。
⑥《吉林通志》卷三。

蚕克图站，约可垦荒八万余垧"①，为吉林西围场开垦之始。然而当时仅限于围场边处、封堆以外之地。同治三年（1864年），续放吉林西围场之地。是年四月乙未，据景淳、麟瑞等奏请，户部议奏："东由伊勒们河起，西至伊通河上，并其间裁撤伊巴丹等五处废围，除留建公所外，净可垦地二万八千六百六十五垧。又东自庙岭起至一座毛地方，复由该处南面折至迤西之钓鱼台止，西以伊勒们河为界，北以旧设卡堆为界，并其间裁撤之孤拉库等两处废围，除留建公所外，净可垦地八千二百三垧五亩。"②并"将倒木河之北旧有佛斯亨、海兰两围挪移，并将萨伦河等处各围一并移设，所有空旷闲荒地亩一并开垦"③。同治七年（1868年），清廷调吉林八旗兵前往镇压太平天国。八旗兵因"需饷孔亟，请开垦围荒"④。同治帝在户部上奏的《请开吉林围荒》的奏折中批复："吉林围场原为长养牲畜以备狩猎之用，设堆置卡，封禁甚严。乃该处游民借开荒之名偷越禁地，私猎藏牲，斩伐树木，迨林木牲畜既尽又复窜而之他，有招佃之虚名，无征租之实效，数百年封禁之地利，遂至荡然无存。"⑤表明封禁政策破产。清廷对围场土地，除一部分用作家屋凿井、道路用地外，其余全部从同治八年（1869年）起五年后升科征租⑥。至光绪七年（1881年），吉林西围场全部丈放。清廷将丈放后的土地分为八牌，东四牌为博文、笃行、诚忠、允信四社；西四牌为耕读、勤俭、敦厚、崇礼四社，收押租，领种五年后升科⑦。阿勒楚喀所属蚕克图围场，咸丰十一年（1861年）开放。据《吉林通志》记载："阿勒楚喀所属蚕克图站迤东围场闲荒柳树河子、甬子沟、三清宫、二道河子、大石头河、晾网等处垦地……咸丰十一年奏请准开垦"⑧。

①《清文宗实录》卷三百三十九。
②《清穆宗实录》卷一百零一。
③《清穆宗实录》卷一百零一。
④《清穆宗实录》卷二百三十六。
⑤《清穆宗实录》卷二百四十一。
⑥《清穆宗实录》卷三百四十七。
⑦《吉林通志》卷三十一。
⑧a《吉林通志》卷三十一。

同年咸丰帝谕军机大臣云："阿勒楚喀迤东蜚克图站约可垦地八万垧，仍照旧先取押租，俟五年升科。"①光绪六年（1880年），又派通判王绍元等履亩勘丈，共查出碍围佃民九百十余户，垦熟地亩一万余垧。阿属围场仅存"大青背山附近，斜长四五十里，宽十数里之地未经侵碍"②。清廷鉴于"近年围猎久停，官长亦耳目不及，故民愈聚而愈众，地愈垦而愈多"的事实。认为"若概予驱逐，各佃民耕凿相安转使流离失所，况人烟稠密，禽兽早无处潜踪，事隔多年，势难规复"。不得已将"柳树河、甬子沟佃民开垦碍围之地一律清丈，给照升科"③，光绪十一年（1885年）征租。据《吉林通志》载，光绪十一年"纳租地八万四千零三十万垧八亩一分，丈出浮多地九万一千五百五十八垧三亩三分"④。

　　盛京八旗围场的正式开放始于光绪五年（1879年）。盛京围场经顺康雍乾嘉道六朝，至咸同以来，由于行围经费无着，加之围场邻近吉省内的土地渐次开垦，鹿只往来道路被遮断。同治十三年（1874年）废除行围。光绪五年（1879年）奏请正式开放。盛京围场开放历经二十五年，按时间先后分三段，即鲜围场的开放，西流水围场的开放，东流水围场的开放。

　　鲜围场的开放　鲜围场约在海龙境内。光绪五年，署奉天将军崇厚遴派委员周历履查盛京围场情形。彼等回奏云："流民潜入私垦为时既久，人户众多，如那丹伯、土口子、梅河等处以及大沙河一带，垦地居民阡陌相连，并有直隶难民陆续前来搭盖窝棚者。概行驱逐，铤而走险，所关甚重，不得不急安插。"⑤其中所列私垦地区大多为鲜围之区。请求"宽其既往，已垦者概予查丈升科，未垦者划清界限……宽留大围场，以便讲武照旧举行"⑥。清廷批准，派记名副都统兵司协领文绪总办围场事宜。据文

---

①光绪朝《大清会典事例》卷一百六十七。
②《吉林通志》卷二十九。
③《吉林通志》卷二十九。
④《吉林通志》卷三十一。
⑤《东华续录》光绪十七。
⑥《东华续录》光绪十七。

绪等禀报，彼等查看围场山水形势划分界限，"鲜围场原有私垦流民就地升科"。统计开垦地亩，"自土口子起入东大沟，斜向东北至色力河旧封堆止，长三百五六十里，南北宽一百余里至四五十里不等，南与新设通化县接壤，北界现挑围壕及五石封堆辉发河南为界……除山河树木外，共计拨领荒熟各地一百零二万余亩"①。收押荒东钱一百零二万余，照东边章程，每岁征正额银二分，耗羡银一分，于本年秋后起征，按年纳课，是为盛京围场开放之始。

西流水围场的开放 光绪二十一年（1895年）十二月，盛京将军依克唐阿奏请开放西流围场。他在上奏中云："奉天大围场仿照开垦鲜围场成案，一律招民开垦，惟此八十五围数百万亩之地，非一时所能全垦，其数万户之民，亦非一时所能全招，拟先将西近海龙城一带之大围场招民开垦，以四十五围为限，其余四十围依旧封禁。"②朝廷批准，委派盛京户部侍郎良弼为西流围场垦务大臣。同年九月二十五日，良弼由省城启程，督同委员等，携带绳弓，驰赴围场。奏定勘荒章程六条，在威远堡门及开原县商家台设土地勘放分局。于降雪前"共丈得毛荒四万余亩"，所收荒价，遵照奏定章程，每亩三钱交公，共收库平银一万余两，拟即送交盛京部库储存。③然而，因东西流围界"山岭互相插入，势不能无所溢用"。光绪二十五年（1899年）七月查明，共溢占东流"闹林子等十八围，其中溢占全围者十围，半围者五围，三分之二者二围，三分之一者一围"④。翌年四月，光绪帝在上谕中批驳良弼云："办理西流水垦务，溢占多围，希冀罔利……办理全无章法，并将朱朱胡一围自行占领九十余方，"⑤擅权舞弊，将其革职，永不叙用。西流垦务著派清锐接办，命其务须彻底清理，将应办一切章程，妥为筹商，奏明办理。时值义和团运动爆发，办理围垦遂告

---

① 《东华续录》光绪十七。

② 《谕折汇存》光绪二十二年三月初三日。

③ 《谕折汇存》光绪二十二年十一月十四日。

④ 《谕折汇存》光绪二十六年三月十六日。

⑤ 《谕折汇存》光绪二十六年三月十六日。

东北旗地研究

停止。二十七年（1901年）六月，派新任盛京工部侍郎钟灵办理。钟灵受命，亲身巡视各围，发现良弼"前发执照，纷杂不一，缪辕实繁"①，"命令各领户，于一月内，将前领执照呈缴备核。"②并定章程六条，设四分局进行清丈。钟灵于任内勘放整理二十围，其中对有地无照者一律补纳地价。但因其在办理中收受贿赂，收刮民财，于二十九年（1903年）五月被参奏革职，六月由垦务大臣廷杰代之。廷杰上任伊始，首先剔除积弊，奏定章程十条，从事残部二十五围的整理。三十年（1904年）二月与海龙府知府孙昌寿协办，于适宜之地酌留数十亩乃至百余亩的义地，又于车马往来之区，酌留宽一弓（五尺）的道路敷地。同年十一月西流水全部丈放。西流水围场原四十五围，加良弼越放的十八围，计六十三围，经历九年，垦务大臣九易，制定章程四次，丈放事务纷杂，民事诉讼繁多，为奉省之最。

东流水围场的开放　东流水开放于光绪二十五年（1899年），如前所述，盛京围场，光绪二十二年（1896年）经户部议奏"西四十五围先行招垦，东四十围仍旧封禁。"③光绪二十四年（1898年）七月奉上谕："金州—旅顺等处现已划归俄人，所有租界民亟宜别筹安插，奉天围场除奏准开垦外，南有四十余围留作禁山，其地足数分拨，著依克唐阿体察情形，奏明办理。"④光绪二十五年（1899年）九月，由晋昌办理东流水围荒。据晋昌等奏报，彼等是年十一月二十八日由省城赴围，见东流水"围场地势壮阔，脉远而长，兼之山岭回环，川路纡折，内平衍而外险阻，诚为吉林之南障，而奉省备防之后路也。其围界南控海龙，北达伊通，西与西流毗连一岭，东通朝阳各镇，东西斜长一百余里，南北宽至数十里，或百余里不等"⑤。彼等商酌，拟于围内适中之区，宽留城基一处，与西流势成犄角，其四围酌设大小十二镇。"并于附近城镇地方，相其形势，如果可

①《谕折汇存》光绪二十九年二月二十一日。
②《谕折汇存》光绪二十九年二月二十一日。
③《谕折汇存》光绪二十六年三月十六日。
④《谕折汇存》光绪二十六年三月十六日。
⑤《东华续录》光绪一五九。

以屯兵或宜牧养即择划留，以备将来之用。其余但系可垦之地，均应挨次丈量，编立号数。"①因开绳已在冬初，嗣因大雪弥漫，难施绳丈，遂于腊月间停止清丈。共丈出上中下八千余号，约地三十万亩有奇。如前所述，此项荒地原为安插俄属租界金州旗民。但是，"租界以内事关交涉，当经咨由总理衙门转行执照，并令该委员赴旅面商俄员，乃几经辩论，彼坚不允"②。其主要原因，"恐众户迁徙，赋役无出，故多推拖"③。以致义和团运动爆发，此事遂搁止。光绪二十七年（1901年）春，命副都统衔协领英凯，修正章程，续放东流围荒，规定："无论旗民均准一体交价报领，"④于三十九年（1904年）九月底一律丈放完竣。"除西流占用拨补酌留各项地亩不计外，共二十二围，放过地一百一十六万七千二百七十亩，城基地二千一百四十八亩四分，镇基地三百一十二亩五分，共收过库平银一百四十五万一千零二十九两，经费库平银二十一万七千六百五十四两二钱五分。"⑤然而在开放过程中"新辟围荒，隐匿浮地，弊混丛滋"⑥。光绪三十三年（1907年）十二月，东三省总督徐世昌定清丈东流水围地试办章程，派员设局清丈收价放领⑦。至宣统二年（1910年），东流围荒全部丈放。

三、各种官荒封禁地的开放

咸同以来伴随八旗牧场、围场地的开放，各种官荒封禁地陆续开放。

1. 东边开垦地的开放 东边位于奉省东南部凤凰城、安东、通化、柳河、桓仁、宽甸、辑安、临江等县，即明朝所谓东边外地区，清代划为封禁地。清廷开放东边地区始于光绪初年。但该地区于道光年间已发现流民

① 《东华续录》光绪一五九。
② 《东华续录》光绪一五九。
③ 《东华续录》光绪一五九。
④ 《谕折汇存》光绪三十一年四月一日。
⑤ 《谕折汇存》光绪三十一年四月一日。
⑥ 《政治官报》光绪三十三年十二月十六日。
⑦ 《奉天官报》宣统三年三月十七日。

私垦。道光二十七年（1847年）二月，查出该地区"瑷江西岸四十二道私垦田地若干亩，构舍若干间，居民男妇若干名口"①，已垦土地三万余亩。清廷严令将私垦流民驱逐，设"卡伦十八处"派兵稽查，"嗣后不再有流民潜往构舍垦田之事"②。翌年，凤凰城界地方也发现有大量私垦地。清廷派盛京将军亲自勘查，"于光土山西坡下，左右斜向取直为边，设立封堆，定为界址。"③"其私垦成熟地亩及尚可私垦之闲荒，一并饬令地方官分别招佃征租，"并仍责成边界各官协力巡查，"如再有潜越偷垦情弊，立即查拿究治；倘巡缉不力，即将该管员弁严参惩处，以专责成而肃边境"④。由上可知，清廷虽严禁再三，但对私垦之地，只好令地方官"分别招佃征租，"实为对私垦土地之默认。嗣后流民私垦之势愈发不可阻挡。对此，清廷以为与其严禁私垦，恐生事端，不如因势利导，酌量开垦。同治二年（1863年）二月，同治帝上谕："东边一带千有余里，良田数百万顷，从前仅垦田二万亩，其间未垦者实多。恩合系盛京旗员，必能熟悉情形，有无闲荒地亩可以开垦办理，有无窒碍，并著副都统悉心查访，一并奏闻，再行酌量降旨。"⑤同年四月，又下令盛京将军玉明等，盛京东边一带闲旷山场，林木稠密，奸民流民聚众私垦，历年既久，人数过多，经理稍有其宜，即恐激成事端，利未兴害立见，于根本重地殊有关系。著玉明会同恩合将东边自瑷阳边门以北，何处应照常戍守，何处可展垦地亩，流民之屯聚者何以化梗为良，隐患之未形者何以潜消默化，不动声色，严密访查，妥议具奏，候旨遵行。⑥同年十一月，盛京将军玉明遵旨奏报东边道一带流民私垦情形：自东边外至浑江，东西百余里至二三百里不等，南北斜长约一千余里，多有垦田、建房、栽参、伐木等事。自浑江至瑷江，东

---

①《奉天通志》卷三十九。
②《奉天通志》卷三十九。
③《奉天通志》卷三十九。
④《清宣宗圣训》卷九十九。
⑤《清宗圣训》卷一百四十六。
⑥《奉天通志》卷四十一。

西宽数十里至三四百里不等，南北斜长约两千余里，情形与前大致相同，其流民聚集甚众，已有建庙、演戏、组织团练等。且其屯聚地方又多与朝鲜边境毗连，朝鲜民人也有越垦者①。同治帝上谕："随时查看情形，总期于潜移默化之中，寓杜渐防微之意，以期周密而昭慎重。"②同治七年（1868年）十二月，将军都兴阿派延煦等查勘东边地形，鉴于流民日多，既难概行驱逐，酌定章程八条，妥筹安插之法，派礼部主事张元益踏查将有碍永陵风水之地及进贡品产地封禁。与此同时于翌年春先后派人踏查私垦地亩，仅"凤凰门迤南，至旺清门北，查得已垦熟地九万六千余垧，（五十七万六千余亩），男妇十万余人。"③十一年六月又查明，碱厂门外口垦熟地十二万五千余亩④。

东边地区开垦地正式开放于光绪六年（1880年）。是年六月，盛京将军崇实派直隶候补道陈木植、候补知县张云祥到鞍子山设局，对私垦地征压荒钱，给大照，从第二年升科征租⑤。光绪三年（1877年），据将军崇实等奏：光绪二年凤凰边门外东沟一带丈放升科地亩五十三万余亩，而光绪三年当年"旗民各户赴局投报者约可增至七十余万亩。"⑥为便于管理，将此地方的宽甸新设宽甸县，六道河新设怀仁县（现桓仁县），头道沟新设通化县，沙河镇新设安东县，由各县征收赋税。升科课则，根据土地肥瘠定上中下等则："除上则之地按亩升科之外，其余中则以两亩为一亩，下则以三亩为一亩"，每亩征正课二分，耗羡银一分。⑦至光绪三十三年（1907年）止，东边开垦地升科面积如下表⑧：

①《奉天通志》卷四十一。
②《清宗圣训》卷一百四十九。
③《奉天通志》卷四十三。
④《奉天通志》卷四十三。
⑤《皇朝经世文续编》卷三十三。
⑥《盛京典制备考》卷八。
⑦《盛京典制备考》卷七。
⑧《满洲旧惯调查报告·一般民地》中卷，136页，大同印书馆。

县名	升科面积	县名	升科面积
凤凰城	32100亩	安东县	573350亩
宽甸县	580250亩	桓仁（旧怀仁）	311600亩
通化县	167420亩	柳河县	284309亩
辑安县	215717亩	临江县	36170亩
合计	2100917亩		

上述升科土地，清廷明确规定："东边外升科各地准照各州县属地一律办理。听民间互买互卖，随时报税之契。"①据东边各县光绪十九年（1893年）赋税征收报告：凤凰厅应征光绪十九年份地粮正银陆百肆拾贰两零壹分柒厘陆毫，又耗银贰百零伍两肆钱肆分伍厘陆毫；安东县应征十九年地粮正粮壹万壹百肆拾玖两贰钱捌分肆厘，又耗银叁千伍百陆拾柒两柒钱柒分零玖毫；宽甸县应征十九年份地粮正银壹万壹千陆百零伍两壹钱伍分贰厘，又耗银叁千柒百壹拾叁两陆钱肆分捌厘陆毫；桓仁县应收十九年份地粮正银柒千陆百叁拾肆两叁钱捌分玖厘，又耗银贰千肆百肆拾叁两零肆厘伍毫；通化县应征十九年份地粮正银玖千伍百叁拾捌两壹钱壹分，又耗银叁千零伍拾贰两壹钱玖分伍厘贰毫，以上一厅四县应征十九年份地粮正银共计四万零伍百陆拾捌两玖钱伍分贰厘陆毫，又耗银壹万贰千玖百捌拾贰两零陆分肆厘捌毫。上述"正银俱各解归道库，抵放兵饷，耗银除扣倾镕火耗解费饭食，余均分别留支廉俸役食马拔等款。"②

2.永陵龙岗官山余地出放 永陵龙岗官山位于启运山以东，为长白山支脉之一。文献记载："查兴京永陵以启运山为主峰，东接长白绵延千里，皆为龙岗。"③主要分布于兴京、通化、柳河三县。《大清一统志》载："启运山在城（兴京）西北十里即永陵所在，自长白山西麓一线，绵亘屈折至此，重峦环拱，众水朝宗，万世鸿基实肇于此。"④由此可知，龙岗为清发

---

① 《盛京典制备考》卷八。

② 《谕折汇存》光绪二十年五月三日。

③ 《政府公报》，民国元年十一月二十二日。

④ 《大清一统志》卷三十六。

祥重地长白山支脉。所谓"山之灵异自昔为昭，而神圣发祥，于今为盛，万世鸿基与天无极矣"①。永陵龙岗官山清代为封禁之地。《大清律》规定：有越边关隘口，擅自砍伐树木，捕打鹿只，杖一百，徒三年或流三千里②。道光十八年（1838年），以保护龙脉的名义，封禁兴京旗界内金山及煤窑。咸丰以来令兴京旗民官督率所辖官兵，慎重梭巡永陵陵山③。可见永陵龙岗官山从清创建伊始，即为严禁旗民侵垦伐木之禁山。然而，乾隆末年嘉庆初年，流民冒禁进入边外山场偷砍树木，私运禁货，盗垦耕地之风愈来愈炽。于是，人迹罕至之龙岗官山也在所难免。同治七年（1868年）十二月，同治帝上谕云："奉天边外流民日多，既难概行驱逐，自应妥筹安插之法。惟旺清边外地近永陵风水禁地，关系紧要，必应查明封禁。"④礼部主事张元益受命由北京前往奉天，沿启运山正岭逐陵查勘。分设小荒沟门、清岭、北坡口门、邯郸坡、高岭下及边条子沟等九处之地，确定官山界址，"约长一百数十里，南北约宽二三十里至十余里不等，俱系有关风水之处，设立封堆九处，永远查禁"⑤。

龙岗官山正式开放始于民国年间。以辛亥革命推翻清朝统治为契机，民国政府决定出放永陵龙岗官山余地。民国元年（1912年）五月，龙岗官山所在地的兴京、柳河、通化三县自治会联合发起丈放龙岗官山余地的倡仪。同年八月，奉天省议会决议，咨照东三省都督着手施行。于是东三省都督由度支司选派前旗务处总办金梁及补用知府王国藩、佐领世福等前往踏查，由金梁总理其事。金梁等踏查后，上奏云："金厂岭、新开岭两处，可以开放。并松子官山森林可以采运，于陵禁均无关碍，自应饬令从速开办，收价放领，分别升科，以兴地利而裕课赋。"⑥并拟定丈放兴京龙岗官

①《吉林通志》卷十八。
②《大清律·盗田野谷麦律附例》。
③光绪朝《大清会典事例》卷九百六十。
④《十朝圣训·穆宗》卷一百五十四。
⑤《盛京典制备考》卷七。
⑥《政府公报》第235号，民国元年十二月二十二日。

山余地规定章程十三条，呈报大总统，遂于同年十二月十六日批准施行。其丈放章程主要内容如下①：（1）丈放宗旨。章程中云：兴京龙岗官山久经封禁，余地甚多，废弃可惜。此次派员勘明，将禁山以外余地开放，实与陵寝毫无关碍，以保护陵脉，便民垦殖。（2）丈放区域。此次丈放官山余地，由永陵东四十余里的新开岭起，自此岭东越金厂岭至邯郸坡止。东西长约二百里，南北宽约三里至十里不等，约共垦地一千数百方②。（3）设丈放局。总局设在兴京，名兴京官山余地丈放总局，总办丈放事宜。并于新开岭、金厂岭各设行局，新开岭名新行局，金厂岭名金行局，专办丈地拨荒诸事。（4）丈放程序。采取先丈后放办法，即先派监绳员将所有地段全数绳丈，分别等则，编列字号，一俟编丈完竣，即行拨放。凡领地各户，须先赴局报明挂号，将地价等项银两，分别缴齐，再行换号拨领，不得任意拣择，指段请领，越号清放，并不准包揽大段，以杜弊端。（5）酌收地价。官山余地均为荒地，照历次放荒成案，及当地情形、酌收地价。分为三则，以二百四十亩为一方，上地每方收价银二百四十两；中地每方收价银一百六十两；下地每方收价银八十两。其有不堪耕种者不分等则，每亩收银一钱。仍照章每地价银一两加收经费银一钱五分，以资办公。（6）发放执照。章程规定：凡领地者将地价及经费银两交齐，先由丈放局发给收据，待地段拨领时，再行填明丈单，粘连大照发给执照。（7）升科等则及年限。因龙岗官山余地，均系山荒，土地硗薄，其课赋等则，自应从轻核定，不分正耗。上地每亩征银四分、中地三分、下地二分，其不堪耕种之地，每亩征银一分。惟所放荒地瘠薄，若照历办垦章，于三年后升科，各地户不免苦累。援照丈放蒙旗荒地办法，自报领之年起，至第六年升科，以恤民力。新升科粮归兴京府按年征收造报。至民国二年（1913年），永陵龙岗官山余地约二十四万余亩全部丈放，由民间报领变为民人所有土地，归兴京、通化、柳河三县征收升科粮银。

---

①《政府公报》第235号，民国元年十二月二十二日。
②一方为二百二十四亩。

3.四合霍伦贡山的开放　四合霍伦贡山又称霍伦四合两川贡山，由流经吉省舒兰、五常、额穆三县管内霍伦川及四合川两河而命名，亦称乌拉贡山。贡山为乌拉总管衙门所属旗丁的蜂蜜、松子、貂皮等的贡品采捕场。其地域，据民国元年（1912年）十二月吉林都督覆明内务府咨文中云：四合霍伦贡山东至拉林河、西至帽子山、南至万寿山，北至杉松岭，其面积约二十万垧①，该地为清代封禁贡山。如文献所云："惟查坐落乌拉境内之四合霍伦贡山……封禁已阅二百六十余年。"②嘉道时期，舒兰霍伦地区已有流民偷垦。道光六年（1826年）七月，吉林将军富俊在《安置流民展边卡伦情形》奏折中云："舒兰霍伦等处查有流民一千余户，男妇老幼五千数百余名口。"③富俊奏请，将此流民"请免驱逐，展立卡伦，并挖封堆，安设官兵，添设乡地保甲，仍按户将所种地亩升科"④。道光帝批示："流民等潜往禁山……例干重罪，即从宽办理，亦应立时驱逐"，"惟念该流民无籍可归，未忍遽令失所，该处东近参山，西近围场，断不容令其仍前居住。该将军等当不惮繁难，另筹善策，于吉林所属各厅或盛京所属各厅州县，酌分户口，指出地方，即令迁移。务使分隶散处，不致聚集一处，方为妥善"⑤。富俊等遵旨将这些流民陆续搬进卡伦以内，分散居住。为加强防范流民偷垦，同年规定，严密查防四合霍伦贡山禁荒，于原设额赫穆屯及黄沟两卡间增设三个顶子卡伦一处。每处相隔一里筑高八尺封堆，派兵驻守，"三月一换，时加严查"⑥。四合霍伦贡山开放始于咸丰年间。据民国元年吉林都督的奏文云："打牲乌拉舒兰等处贡山荒地，亦于咸同年间，经前将军于捕贡封禁四合霍伦山场之外，先后出放。"⑦开放的地方有舒兰霍伦、

---

① 《政治公报》第 203 号，民国元年十二月二日。
② 《政治公报》第 203 号，民国元年十二月二日。
③ 《十朝圣训·宣宗》卷八。
④ 《十朝圣训·宣宗》卷八。
⑤ 《十朝圣训·宣宗》卷八。
⑥ 《十朝圣训·宣宗》卷八。
⑦ 《政治公报》第203号，民国元年十二月二日。

东北旗地研究

杉松背、干棒子河、荒沟、土门子等处贡山荒地。宣统二年（1910年）三月，民国政府于吉林北设舒兰县，派设治委员赵宗延首先勘放管内荒地。吉林民政使的批示云："所有四合霍伦两川放荒事宜，改由舒兰就近展放，以其速收实效，应请转饬该县，赶紧筹办。"①于是设治委员、旗务承办处及民政司各官员协议，分别划出捕贡区域及丈放地。经吉省都督批准，捕贡区域为"上柳树河子、大石头河子、三道河、蔡家沟、梨树沟并溪浪川内车家幔子等七处内红松稠密，应作捕贡之区永远封禁"②。可丈放之地为"龙黑沟、东西标草沟、高台子、鸭子圈、东西威虎岭六处，红松尚觉星稀，凡有可垦之处"③皆可出放，由旗民报领。在报领过程中，"先尽旗丁价领，如果无丁报田，应由该县另招民户租种"④。关于勘丈的数量，据宣统三年（1911年）二月二十二日《吉长日报》载：霍伦四合两川贡山约有五六万垧之多。至此，霍伦四合贡山全部开放。

4.黑龙江省官荒旗产的开放　黑龙江省官荒旗产开垦分为封禁时期与开放时期。封禁时期即清初至光绪初年，除特别地域可开垦外，其余全部封禁。开放时期即清光绪十九年（1893年），根据黑龙江将军达桂和齐齐哈尔副都统程德全的建议，决定开放黑省官荒旗产。其开放区域如下：

呼兰、巴彦苏苏地方的开放。呼兰放垦始于咸丰年间。咸丰四年（1854年）有招垦之议。七年（1857年），将军奕山上奏"呼兰所属蒙古尔山等处荒地一百二十万垧，堪以试垦"⑤。十年（1860年），将军特普钦"因俸饷不济，防范维艰，奏请招民试垦，藉裕度支，奉旨允准"⑥。光绪二十二年（1896年），丈放呼兰夹荒十二万三千五百四十亩，光绪三十二年（1906年），又"丈出呼兰屯自出卖与民地四万二千七十九垧

---

① 《吉林官报》宣统三年第一期。
② 《吉林官报》宣统三年第一期。
③ 《吉林官报》宣统三年第一期。
④ 《吉林官报》宣统三年第一期。
⑤ 《皇朝经世文编续编》卷三十三。
⑥ 《光绪政要》卷十二。

五亩八分，站丁出卖与民地一千八百三十七垧二亩四分……计收进押租银六万一千四百八十三两五钱四分八厘，又收进经费钱九千二百二十二两五钱三分二厘二毫"①。巴彦苏苏，绥化地方，位于呼兰正南，"自军兵俸饷积欠，地方困苦异常，于是始有开荒裕饷之议"②。咸丰十一年（1861年）勘得可垦荒地一百二十万垧，内除通肯一段六十六万余垧，于同治七年仍请封禁，其陆续招放者五十余万垧。同治元年（1862年），巴彦苏苏设同知厅。同治七年（1868年）于巴彦苏苏以北纳敏地方续行丈放荒地二十余万垧。光绪十一年（1885年），复将濠河迤北五段划出，别设绥化厅通判，以分治之。至光绪十九年（1893年），巴彦苏苏、绥化二厅"查出浮多熟地共八万一千九百余垧，续放夹荒共十九万八千三百余垧，应收押租钱二十九万一千余吊，届限升科，每岁可增租钱十四万五千余吊"③。

通肯地方的开放。通肯地方即现海伦县境。光绪十年（1884年）已有民人私垦。光绪十三年（1887年），黑龙江将军恭镗曾奏请开放通肯禁荒，未获批准。光绪二十一年（1895年），黑龙江将军恩泽又奏请开放该处禁荒，朝廷批准。于是年冬遴选委员分起驰往各段履勘，拟招垦章程十一条。开放顺序为："通肯荒地九十九万垧，先行分设旗屯，俟通肯全数放竣，再将克音荒地十二万九千垧，放给旗户承领，予限一年，如限满旗户不能全领，即招民户补之。汤旺河观音山两处勘丈完竣，无论旗民一律招垦。"④至二十四年（1898年），据通肯等处招垦行局册报：除硗确河泡不可垦之地及留作义学、义仓、公田不计外，丈放荒地一百四十井，核计二十二万四千垧。照章扣除沟洼濠道三成，照七成呈缴荒价，核计实地十五万六千八百垧，每垧征中钱二千一百文，折合库平银七钱，共计银十万九千七百六十两⑤。

---

①《政治官报》光绪三十三年十月二十二日。
②《谕折汇存》光绪十九年十二月二日。
③《谕折汇存》光绪十九年十二月二日。
④《谕折汇存》光绪二十三年一月九日。
⑤《谕折汇存》光绪二十四年三月十八日。

克音地方的开放。克音地区现为绥化县境。光绪二十一年（1895年）七月已有开垦之议。光绪二十八年（1902年）出放克音段毛荒五千七百四十八垧一亩，翌年出放毛荒八千九百五十三垧五亩四分，光绪三十年（1904年）出放克音毛荒一万七千五百六十三垧[1]。光绪三十一年（1905年），通肯、克音续放可垦夹荒五千三百一十五垧五亩，三十二年（1906年），通肯、克音、柞树冈三段续放可垦夹荒十七万八千八十三垧四亩六分八厘[2]。

柞树冈及恒升堡的开放。柞树冈及恒升堡今为青冈县境内，位于通肯西邻。光绪二十一年（1895年）伴随通肯、克音一并开放。当时规定：民人每垧交押租中钱二吊一百丈，租粮六斗为将军、副都统两衙门值班章京及五司银库等津贴。光绪二十八年（1902年）开放毛荒三千三百七十一垧五亩一分五厘。光绪三十二年（1906年）年，署将军程德全奏报，从光绪三十年十一月至三十二年十二月，计入毛荒二十二万二千七百五十三垧六亩三分七厘。又三十三年（1907年）九月奏报续放余荒一万三千五百五十三垧九亩七分七厘[3]。

巴拜地方的开放。巴拜地方位于拜泉县界内，该地东邻通肯，南连柞树冈。光绪二十四年（1898年）奏准开放，招佃民人，"于巴拜则议以大小旗署永为办公津贴"[4]。至光绪三十二年（1906年）十二月，署黑省将军程德全奏报：计放巴拜段毛荒四十七万六千六百二十六垧五亩二分一厘。光绪三十三年（1907年）九月续放巴拜段余荒二千四百九十一垧三亩[5]。

讷谟尔河地方的开放。位于拜泉县以北，今讷河县。光绪二十五年（1899年）奏请开放。是年四月布特哈副都统呈称："布城地皆山场，所属旗丁向以牧猎为生，岁有贡貂之役。近因各城开荒开矿，接界之山

---

① 《谕折汇存》光绪三十一年十一月十八日。

② 《黑龙江省垦务要览》。

③ 《黑龙江时报》民国元年十一月一日。

④ 《谕折汇存》光绪三十年十月五日。

⑤ 《黑龙江时报》民国元年十一月一日。

多有居人，人众则牲稀……糊口无计，东西百余里，南北八十余里其间荒旷无益，除去沟洼约可垦地四十万坰。应分段丈量，画井分区，放给本属旗人承种……旗人差务殷烦，领地自垦，力殊未逮。拟请援照通肯、克音章程招民代佃，民纳课粮，所供正赋，仍由官为立契，永不争租夺佃，使旗民互有恒产。"①至光绪三十三年（1907年）四月奏报，计入毛荒五十三万五千九百一十八坰。十二月奏报，续放北段毛荒六万一千九百三十一坰五分，南段夹荒六万八千九百三十坰余②。

汤旺河地方的开放。汤旺河荒地指汤旺河东西两岸水域，今汤原县及通河县一部分。光绪二十三年（1897年），将军恩泽等奏请开放。派人勘丈"无论旗民一律招垦"③。光绪三十一年（1905年），奏请将"该处改设汤原县治，檄委荒务委员同知衔候选知县刘虞卿先行试办，所有垦务事宜，即责成该县自行经理，每坰但收经费钱四百文，以广招徕"④。据《黑龙江省垦务要览》一书的报告：光绪三十一年（1905年），出放汤字段毛荒三万六千零六十八坰七亩，扣七成地二万二百四十八坰；光绪三十二年（1906年），出放汤字段毛荒七万四千七百四十五坰，出放鲁字段毛荒一十八万零七十九亩，出放洼字段毛荒九千七百七十六坰，出放梧字段毛荒七万八千九百一十六坰，出放鹤字段毛荒一万零一百八十三坰。光绪三十三年（1907年），出放汤字段毛荒二千一百四十八坰，出放鲁字段毛荒一十八万三千三百七十一坰，出放洼字段毛荒二万九千零八十七坰，出放鹤字段毛荒三万五千四百二十六坰。以上共丈放毛荒六十三万九千八百零三坰九亩，收进经费钱二十五万五千九百二十一吊五百六十文⑤。

白杨木荒段的开放。白杨木荒段为现今木兰县境。此荒段指白杨木河东西两岸及绥化县东部铁山包以北大碰子山内外一带可垦荒地。光绪三十一

①《谕折汇存》光绪二十五年四月二十七日。
②《黑龙江时报》民国元年十一月一日。
③《谕折汇存》光绪三十三年一月九日。
④《政治官报》第172号，光绪三十四年三月二十一日。
⑤《政治官报》光绪三十四年三月二十一日。

年（1905年）秋季派候选同知马六舟等勘查荒地出放。据彼等报称："有毛荒数万垧，均尚可垦。"①但又以"该段荒地逼近山林，沙砾尤多，拟定每垧实地收押租银七钱，以广招徕"②。至光绪三十三年（1907年）秋，放出毛荒九万五千一百三十二垧余，扣七成地六万六千五百九十二垧，应征押租银四万六千六百一十四两余，此未垦地亩五年后升科。同年查出熟地二千九百一十二垧七亩余，于第二年升科③。

据《满洲旧惯调查报告·一般民地》统计，上述各县从光绪年间至宣统末年前后出放荒地约四千一百六十七万六千三百八十亩。各县出放量如下：④

地区	数量	地区	数量
呼兰巴彦苏苏绥化	610876垧	通肯（海伦县）	811254垧
克音（绥化县）	119314垧	柞树岗（青岗县）	296461垧
巴拜（拜泉县）	504319垧	讷谟尔河（讷河县）	666780垧
白杨木河（木兰县）	98044垧	汤旺河（汤原县）	640508垧
甘井子地方	345690垧	绰尔河地方	43000垧
兴安岭附近	20303垧	瑷珲	11089垧

上述东三省各种官荒封禁地从清末始至民国年间陆续开放，变为由民人所有的私有地。

---

① 《谕折汇存》光绪三十二年七月二十九日。
② 《谕折汇存》光绪三十三年四月十二日。
③ 《谕折汇存》光绪三十四年四月十三日。
④ 《满洲旧惯调查报告·一般民地》下册，第179页。

第二章　东北官庄旗地的破坏

第一节　旗地私有化的加深

一、旗地所有权频繁转移

康熙中叶以来，东北一般旗地的私有化日益加强，旗地买卖现象日趋严重。旗地所有权的转移首先在旗人内部愈来愈突出地表现出来。同治十年（1871年）二月，盛京正黄旗壮丁汉军正身旗人董宽，用价钱五千吊整，买得本旗壮丁魏荣生、魏祥生等坐落本城正黄旗界内昭化屯处入内仓纳粮红册地一百三十一亩，卖主系因家道艰窘无力耕种而卖地①。光绪二十八年（1902年）三月，镶红旗壮丁汉军正身旗人金永耀，从坐落本城镶红旗界内苏胡子堡处入内仓纳粮红册地一百四十亩当中拨出十二亩，以一千一百五十吊卖与本旗一佐领下壮丁汉军正身旗人邱玉玺名下纳粮②。同年五月，盛京镶黄旗壮丁汉军正身旗人马得库，用价银四百八十五两，买得一族内壮丁汉军正身旗人马成有、马成好、马成仁等坐落本城镶红旗界内入内仓纳粮红册地一百五十亩③。据统计，光绪三十四年（1908年）秋冬二季内，盛京镶红旗界内有旗地买卖147件，镶蓝旗界有149件，正红旗界共有432件。其中有旗人相互买卖者，亦有旗人卖与民人者，每件成交亩

---

① 《盛京内务府档案》511类，1号。
② 《盛京内务府档案》611类，527号。
③ 《盛京内务府档案》611类，640号。

数，以几十亩到几百亩，上千亩不等①。至于吉林旗地买卖虽晚于奉省，但清季以来土地转移频繁程度有甚于奉省。档案记载："旗与旗户互相典卖，大抵原占之地至今尚能自守者百无一二。"②民国元年（1912年）据吉省十旗"各旗先后报称所属管下各旗户已产地亩，现有无力耕种业已售卖"均经该管旗佐查明注册，"将原发印照粘签分别注明缴回换发新照"③。同年省城正黄旗领催双兴将坐落江东口钦屯熟地一坰四亩，卖与本旗苏拉陈俊④。不仅如此，吉林六旗马厂官地，买卖现象也很严重。宣统元年（1909年），吉林全省旗务处在拟清丈六旗马厂官地章程的呈文中云："六旗马厂，自嘉庆年间裁撤官马招垦以来，业已视为己产，于原领之外逐渐滋生，百数十年，相安已久，其间不无析居分产，转相出兑各情。"⑤

旗人既然可以频繁地买卖旗地，那么旗民交产的禁令更要受到冲击，清末民典旗地的现象司空见惯。道光六年（1826年）七月汉军正黄旗季文平等"因正用不足"，将"祖业阁地一分、房一处"，"情愿出典与郭美名下居住耕种为主，同众言明，典价市钱捌千四百吊整"⑥。咸丰七年（1857年）十二月，旗人李学书"今为无力使用，将卡叉草房二间，红册地一处，情愿出典与林广名下居住耕种，同众言明，典价凤市钱贰佰吊"⑦。同治九年（1870年）十月，高连升"因手乏钱"，将"册地一段半日"，"同中人说妥，情愿典与马有名下耕种，言定接价钱九十千"⑧。光绪七年（1881年）旗人梁允汉因手内空乏，"将自己分到平正房三间菜园一处，央人说允，情愿出典于金玉龙名下，居住为主，同众盲明，典价市钱捌拾吊整"⑨。光

---

①《奉天公署档案》4373号。

②《吉林将军衙门档案》1（6—1）—157。

③《吉林行省档案》民国元年3—24—1

④《吉林行省档案》1—（6—1）—256。

⑤《清代吉林档案史料选编·吉林族人生计》102页。

⑥《满洲旧惯调查报告·典的惯习》附录，1页。

⑦《满洲旧惯调查报告·押的惯习》附录，24页。

⑧《满洲旧惯调查报告·押的惯习》附录，28页。

⑨《满洲旧惯调查报告·押的惯习》附录，27页，大同印书馆。

绪二十四年（1898年）十二月，正白旗傅宁尼佐领下闲散赫留林，因手头乏钱将"自己房场一处，册地三段二亩，山场一处，烦人说允，情愿出典与时鸿禄名下"，"同众言明，典价凤市钱四十吊整"①。在民典旗地中常常有受典者再转典与他人的情况。同治九年（1870年）十月，高连升将"原典卢姓册地一段半日"，同中间人说妥情愿典与马有名下耕种，得接价钱九十千②。光绪十二年（1886年）十二月十六日，立转典契人夏恒辉，因正用不足，将原典到胞兄夏恒秀地一段二日半央人说允，情愿转典与夏恒阁名下耕种为主，同众言明，典价市钱一千一百吊整③。

不仅奉省如此，吉黑两省也大同小异。光绪二十八年（1902年），吉林将军长顺曾云：近数十年来，旗民私自交产，旗地大都归民人垦种，"故往往考诸司册，户各依然，而产业则已更易数姓矣"④。宣统元年（1909年）十二月，据水师营总管事务佐领白家驹奏称：本管幼丁陈自奇将坐落周家屯及江右砬子等处原有纳租熟地十段，计二十四垧，卖给民户刘广纯名下六段，计十一垧四亩，又分卖给魏景和名下五段，计地十一垧四亩。同月又据闲散李成斌报称：坐落李家屯原有纳租熟地十段，计地二十九垧卖给民人王永禄名下二段，计地十三垧二亩，李成庆名下一段，计地二垧三亩，陈丰名下一段，计地二垧七亩，闲散余卖之地六段，计地十一垧六亩⑤。民国三年（1914年），据吉林府民人程超云呈称："窃于本年九月间，以程乐善堂名目价买乌拉采捕厢黄旗吉安名下纳租熟地七垧坐落万家屯，当时写立文契。"⑥同年吉林省城正黄旗云骑尉常升坐落省城以南泡子沿南二道沟的熟地四段八垧零四分价卖与吉林府民孙伯龄二段六垧一亩六分，仍剩一段一垧五亩由己经理。同旗苏拉文贵将坐落城西大小河屯，熟

---

① 《满洲旧惯调查报告·押的惯习》附录，21页，大同印书馆。
② 《满洲旧惯调查报告·押的惯习》附录，28页，大同印书馆。
③ 《满洲旧惯调查报告·押的惯习》附录，74页，大同印书馆。
④ 《东三省政略》卷七。
⑤ 《吉林行省档案》民国元年 2—15—1。
⑥ 《吉林行省档案》宣统三年 3—123。

地三段六坰五亩七分价卖与吉林府民人刘富昌名下一段二坰，又卖与刘纯一名下一段三坰，剩一段一坰五亩归己经理。又据本旗佐领下苏拉法克精阿声称：将坐落省南小风门屯熟地五坰卖与吉林府民李尽忠。同旗苏拉顺安将坐落省南务本屯地十三坰八亩卖与吉林府民赵恒才名下十一坰六亩，除卖之外剩地二坰二亩[①]。吉林省桦川县东半界的悦来镇一带为赫哲旗人所居之地。清廷为其"子孙久远之计"拨授旗地，曾"再三面谕，不准转售民间，自弃权利"。宣统三年（1911年），据该部旗人申称："此项旗地，部下图得重价，纷纷售卖"与民[②]。桦川县访查"买户业主，非殷实绅商即揽头大户"，这些人欺赫哲旗人不事农业，胸中无数，买卖中"虽云按地作价，而较之现在民间契卖价值实相去五分之四"[③]。关于黑龙江的情况，咸丰末年以来，从事农业的旗人耕地总数不超过四千五百，"即此有限之地尚卖与汉人"。因此严办再三，"迨汉族农民继续来此，满人遂尽售其所有之土地矣"[④]。光绪十一年（1885年）十月，黑龙江将军衙门档案有关内流民在黑龙江"寅缘交结无耻旗人，私自偷买旗产日无忌惮"的记载。光绪三十四年（1908年），查明呼兰府"八旗老圈地所云八万余坰者，实多兑与民"[⑤]。

上述事实表明，清廷反复申谕的禁止旗民交产的禁令已经失去了实际意义，成为一具空文。面对民典旗地日益严重的情况，清廷不得不对旗民交产有所放松。咸丰三年（1852年），有户部议奏《旗地买卖章程》。章程规定："向来旗民交产例禁綦严，无如日久弊生，或指地借钱，或支使长租，显避交易之名，暗行典卖之实。此项地亩，从前免纳官租，原系体恤旗人生计。今既私相授受，适启胥役人等讹诈勾串等弊争讼繁多，未始不由于此。若仍照旧例禁止，殊属有名无实。著照该部所请，除奉天一省旗

---

①《吉林行省档案》宣统三年1—（6—1）—256。
②《清代吉林档案史料选编·吉林旗人生计》35页。
③《清代吉林档案史料选编·吉林旗人生计》36页。
④汤尔和：《黑龙江》，1931年11月版。
⑤《黑龙江全省垦务局档案》22—1—78。

地盗典盗卖仍照旧例严行查禁外，嗣后坐落顺天直隶等处旗地，无论老圈自置，亦无论京旗屯居及何项民人，俱准互相买卖，照例税契升科，其从前已卖之田，业主售主均免治罪。"①从法律上解除了关内畿辅地区旗民交产的禁令，但明令奉天旗民交产仍在禁止之列。事实上，畿辅旗地的开禁不能不对东北旗地产生重大的影响。光绪二十八年（1902年），吉林荒务总局《酌定清赋放荒并旗地升科章程》中云："自咸丰二年暨同治二年直隶旗地两次奏明开禁，凡民置旗产概令纳税升科，于是东三省旗产亦从而效尤，私自交产，大半变为民产。"②旗民交产的合法化经历一个反复过程。咸丰九年（1859年），户部复有旗民交产的禁令，同治二年（1863年）重开禁令。但到光绪十五年（1889年）又下令禁止。直到光绪末年才正式从法律上准许包括关外在内的旗民之间自由买卖。光绪三十一年（1905年）十月癸卯，盛京将军赵尔巽奏：

> 奉省旗民不准交产，名为遵守定章，实滋流弊，请嗣后不分旗民，得以互相买卖。惟更名税契，旗册仍归旗署，民册仍归民署，均以原册为凭。至前此凭买房地，饬令补税更名，以昭一律。③

二、旗地租佃关系化

咸丰、同治、光绪以来由于旗地买卖进一步频繁，旗地"大半归民垦种"④，清廷目睹许多"膺差甲兵，鹑衣百结，疲惫不堪"的事实，只好拨荒为旗产，即所谓"当此米珠薪贵之秋，物价倍前……所幸藉以周转稍资糊口者，惟赖旗荒租赋而已"⑤。同治二年（1863年）春，清廷命查奉省闲荒地亩，酌量开垦。四月据恩合奏称："锦州牧马之区，名为西厂，

---

①《户部井田科奏资辑要》上卷，转引孔经纬《东北经济史》59页，四种人民出版社，1986年版。

②《吉林行省档案》1（6—1）—276。

③《清德宗实录》卷五百五十。

④《东三省政略》卷八。

⑤《清代吉林档案史料选编·吉林旗人生计》1—2页。

水草丰茂，足敷牧放。此外则广宁所属之闾阳驿、小黑山等界为东厂，地势平坦，内有洼陷，于牧放不甚相宜，若将东厂裁撤，一律开垦，可得田一百万亩。"清廷谕令："即照恩合所拟，令盛京六十六佐领下甲兵按名分领，招佃取租，除交升科租银外，余资津贴常差，其按年应征租银，即责成各该佐领催交造报，以收裕饷便民之效。"①吉林省这时也多拨荒地为八旗官兵的随缺地。道光三十年（1850年），吉林将军倭什纳、副都统盛桂上奏："将厅（伯都讷）属东珠尔山东西闲荒……一万九千七百九十二"作为伯都讷八旗兵丁的随缺地②。光绪六年（1880年），将军铭安、督办大臣吴大澂奏准拨三姓荒地二万九千八十垧，为三姓八旗兵丁随缺地。其他分别为珲春一万零九百四十垧、阿勒楚喀一万零六百五十二垧、拉林九千垧、打牲乌拉、乌拉协领一万二千一百三十六垧、双城堡六千七百四十垧、五常堡四百一十垧、伊通三千五百零八垧、额穆赫索罗二千零四十四垧③，均作为该处八旗官兵随缺地。光绪十九年（1893年），据伯都讷八旗十二牛录佐领奏称：因伯都讷属旗户皆沿江居住，"所有地亩均被水冲沙压，不堪住种，一千八百三十七户半恐流离失所"，各旗户因赴省联名呈垦。前吉林将军长顺恩准，奏请将蕴梨场禁荒划界迁移，以安生业。寻即"派员勘放，分清界址，计南北长二十里，东西宽四十六里。内除拨给社哩站承领荒地南北长二十里，东西宽三里外，其余即按一千八百三十七名均分，每户应得可垦之地九垧，业经发给将军衙门户司关防小票，永作旗户"④。光绪三十四年（1908年）十一月，三姓地方勘出东南旗界内畸零余夹荒地一万四千八百十四垧，以及西面旗界内黑瞎子沟迤东，勘出余夹荒地一万一千八百五十七垧五亩，二共余夹荒地二万六千六百七十一垧五亩，惟此余荒系在旗界内，是以拟请准无地之旗庄人等及挨荒之户录领⑤。

①《奉天通志》卷四十一，《清十五·穆宗一》。
②《吉林通志》卷三十，《食货志三·田赋下》。
③《吉林通志》卷三十，《食货志三·田赋下》。
④《清代吉林档案史料选编·吉林旗人生计》5—6页。
⑤《清代吉林档案史料选编·吉林旗人生计》10页。

黑龙江省也积极采取旗人领荒政策。咸丰初年齐齐哈尔附近旗丁地土连年受灾，当时提出于本城所属之东距城三四百里之呼雨尔河东岸，喜普土尔屯东边巴拜一带地方拨丁屯田，派人踏勘，该处幅员辽阔，四至平坦，地土肥沃，足可屯田。将齐齐哈尔城官庄闲丁，按其能务农者，选115名和养育兵计200名，每十丁设一屯俱令移往该处开垦耕种。当时旗地经营方式多是招佃食租。同治二年（1863年），将广宁所属之间阳驿、小黑山等不堪放牧之地约一百万亩，令盛京六十六佐领下甲兵按名分额，招佃取租①。据载旗地的"租种者有粮租钱租之别，粮租则秋成付粮；钱租则春季付钱"②。也有采用分成租的分配办法。如《承德县志》有一段记载："代种者即内地之招佃，此处又谓之榜青，按所得之粮二家均分，近年有四六平分者，主四客六，要在当时旋讲耳。"③承德县即沈阳县，当时是将收获物一半或十分之四交给旗主。不仅如此，当时旗人与佃户常常立有租契帖，帖中言明地租的分配比例、租佃年限，以及佃户承租义务等，下见光绪三十年（1904年）十月一份租帖如下：

> 立租帖人张广德，今有地三天，情愿租与李正有，言明四六分，地租主应得四成，佃户应得六成，所有牛粮子种地出纳，一概官差使费于地户无干，一租五年为期，限内不许地主另外招户夺佃。此系两厢情愿，各无异言，倘有拖欠租粮，以及为非不情等事，竟有中保人承管，恐口无凭，立此租为证。④

租帖中写明土地数量，主佃各应几成，佃户应承担的义务、租期以及不许增租夺佃等。总之排除了双方的干扰。确立了契约的合法作用。在清末旗地发达的租佃关系中，奉省广泛流行押租钱，一般是要退还的。光绪二十八年（1902年）二月二十日，民人卢崇万因无地耕种，烦人说允，情

①《奉天通志》卷四十一，《清十五·穆宗一》。
②《承德县志》。
③《满洲旧惯调查报告·租权》附录，46页，大同印书馆。
④《满洲旧惯调查报告·租权》附录，46页，大同印书馆。

愿租到旗人车生保名下房地一份，同众言明，交押租钱叁千伍百吊，其钱笔下交足，分文不欠，每年租粮贰石，青红二色均不拘年限银归赎，此是两家情愿①。黑龙江省咸丰以后有弛禁官荒之奏，内地民人趋之若鹜。八旗官兵争占闲荒招民佃种。据《呼兰府志》载："初旗丁自垦转租于民，或招民户开垦……并按年按垧收取租粮三、二十等，谓之小租，及后民户私垦，认旗户为东，亦按年交纳小租，或钱或粮不等，均书立永不增租夺佃契约。"咸丰末年"查出该丁自垦租给民户之地四千五百余垧，旗营屯站界内历年旗招民垦地八千余垧，民户二千五百余名。大荒沟等处私垦地一万五千余垧，民户四千一百余名"②。黑省土地肥沃，旗户官庄较奉吉两省少，内地民人佃种旗地"岁收所入，较内省事半功倍，闻风而附，盖至蚁聚蜂也，势难禁遇"。而旗户亦觉"利其工勤值钱，收为赁用"③。通肯克音地方光绪末年勘放土地九十九万垧，分设旗屯，"惟旗丁人等差务纷繁，领地自垦人力或有未逮，业已从中酌定招民代垦章程，将来届期起科除旗丁自纳官租外，如佃户现交押契者每垧完课粮六斗，其未交押契者，每垧完课粮一石，均由官中刷发印契，注清仓粮数目，并注明永不增租夺佃"④。吉林省旗地情况也大体相似。光绪十九年（1893年），伯都讷所属沿江所居旗户，地亩房庐均被水冲沙压，不堪住种。清廷恐其地旗户流离失所，派员查明"将无碍贡场西北隅闲荒派员划拨，南北长二十里，东西宽四十六里"，拨给被灾旗丁一千八百三十七户，每户得地十二垧，永作旗产。以"被灾甚重无力开垦，间有未谙耕凿者，随即租招旗民各佃开垦租种"，商定予限三年，第四年起科，每垧输纳租粮六斗，十年为期⑤。民国三年（1914年），吉林"江南马家屯有正黄旗贵连佐领下之公田三垧三亩，

---

① 《满洲旧惯调查报告·租权》附录，8页，大同印书馆。
② 《黑龙江志稿》卷八。
③ 《黑龙江述略》卷四，《贡赋》。
④ 《谕折汇存》光绪二十四年三月十八日。
⑤ 《清代吉林档案史料选编·吉林旗人生计》7页。

经民租种十有余年，嗣后改归贵处经理，仍行归民承租发给执照"①。

　　不仅如此，由官经营的八旗随缺、伍田等地，亦多出租与民。宣统二年（1910年）五月，东三省总督锡良说："查奉省八旗官兵随缺、伍田、马厂、园庄等地，坐落各城，为数非少……此项地亩向为旗产，均系承种。"②据《关东州土地旧惯一班》记载光绪二十二年（1896年），金州民人朱永祥租到镶蓝旗兵等随缺地十六日三亩，交押租钱六百吊整，每年纳租钱九十一吊，扣除押租钱四十吊外，每年交现租钱五十一吊，立有租帖，当众言明，如有荒芜官地，抑或迟延，随时撤佃。吉林三姓随缺地自光绪七年（1881年），经前副都统衙门奏请，于城东土龙山迤东，勘拨荒地二万七千垧，招户承领③。拉林镶黄旗二屯旗人的随缺地，"坐落林家窝铺二道林子等处，距屯七八里不等，耕作较远，诸多不便，嗣经满洲等先人公同商议，将地统归一处招佃食租，举本屯乡长经理其事，秋后得租按户均匀分润。当经招有佃户耕种，每年按垧纳租钱一、二吊不等"④。打牲乌拉原有津贴柳通地六处，计地三千多垧，其中有熟地六百多垧，宣统二年（1910年），又丈出浮多熟地一百五十一垧，柳通一千零八十五垧，一律招民佃垦，熟地上则每垧收租粮二石，下则收一石一斗。柳通上则每垧租钱八吊，下则六吊⑤。伯都讷地方咸丰元年（1851年），由珠尔山禁荒内，拨给讷属官兵随缺实地，计一万九千九百一十垧零二亩一分二厘九毫，每垧征租钱五百五十丈。又于光绪七年（1881年），由津贴地内，丈出浮多地四千八百八十九垧七亩一分五厘，每垧年征租钱六百六十六，因"历年既久，佃民习成惯例，将此公田认作己产。"⑥不仅如此，马厂荒地亦均招佃承种。据载："三姓八旗原有马厂荒地，坐落姓城东南四顶子，前距城

　　①《吉林行省档案》1—3—5—1189。

　　②《锡良奏稿》卷七。

　　③《清代吉林档案史料选编·吉林旗人生计》93页。

　　④《吉林行省档案》1（6—1）—281。

　　⑤《吉林行省档案》1（6—1）—245。

　　⑥《清代吉林档案史料选编·吉林旗人生计》89页。

东北旗地研究

六十里许。曾于光绪三十二年（1906年），经前副都统衙门派员勘丈，共丈出荒地一万二千六百七十八坰九亩九分，招佃承种。"①

三、旗地升科纳赋

一般旗地升科纳赋首先始于吉林。光绪二十八年（1902年），吉林将军长顺奏称：

> 吉林旗地向由旗人自占，永不升科。近数十年，旗民私自交产大半归民垦种，而佃户亦辗转兑卖几至无可根查。故往往考诸司册，户名依然，而产业则已更易数姓矣。旗充有地之户生计日绌，民种无租之地欺隐愈浓，诚为一大弊窦。已令将通省旗户自占之地，出卖之地及站丁官庄各地，悉行报明，派员查丈一律开科。②

吉林当局鉴于旗地积弊之深，筹议改革。又因"光绪二十六年，拳祸发生，饷源告匮"，为筹饷起见，"清查通省田赋，凡属旗民新陈各地一律查丈升科"③。为此在省城设立清赋荒务总局，于伯都讷、五常、宾州、双城、延吉、伊通、敦化、阿拉楚喀、退抟拉法两站、拉林等地设立清赋荒务分局，分掌各地清赋放荒事务。由于日俄战争影响，旗地升科至光绪三十一年方始实施。光绪三十三年吉林改为行省，将荒务总局归并新设劝业道衙门，负责督促开垦，严催清赋。

在实施旗地升科过程中制定了《清赋升科章程》。章程明确规定，此次旗地一律升科，所有售与民户之地，自应一并查明给照。"凡民典旗地已满三十年者，不找不赎，归民户升科，其契内仅写当租字样，实例早归民户管业，已满三十年者，准找不赎，归民户升科。未满三十年准找准赎。若由旗户升科者，照内注明限满过户，由民户升科者，照内注明限满作绝。"④表明旗地已完全变为与民地性质一样的私有土地。升科旗地租赋

---

① 《清代吉林档案史料选编·吉林旗人生计》106页。
② 《东三省政略》卷七。
③ 《政府公报》第1064号。
④ 《满洲旧惯调查报告·一般民地》附录，102页，大同印书馆。

拟由光绪三十一年（1905年）起照章经征。据《收租章程》规定："通省各旗署旗户已产地亩，已经奏明，均按七成纳租，各归本管旗佐经征……每垧征收大租钱六百文，小租钱六十文。"[1]如阿勒楚喀所属旗地于光绪三十一年（1905年）奏准升科旗地十四万六千四百七十三垧七亩。按七成扣纳租地十万零二千五百三十一垧五亩九分，每垧征收大租钱六百文，小租钱六十文。每年共征收租钱六万七千六百七十吊零八百四十九文，内大租钱六万一千五百一十八吊九百五十四文解省，小租钱六千一百五十吊八百九十五文为征租经费[2]。宣统元年（1909年），据劝业道呈报，省城及伯都讷、珲春、双城堡、拉林各属旗户续报原无钱并续垦成熟应行升科旗地九万九千零五十垧零五亩六分三厘，遵照奏定章程，按七成核扣，共计纳租实地六万九千三百三十五垧三亩九分三厘四毫[3]。宣统元年（1909年），吉林省升科旗地已有五十八万六千二百零四垧余[4]。宣统三年（1911年），吉林全省升科旗地已达八十三万七千四百余垧。

上述升科的旗地作为自己的产业均由政府发给执照。执照上写明姓名、土地数量、应纳租数等。下录一件旗地执照：

> 吉林将军衙门为发给执照事。照得吉林通省旗户。台站、官庄人等已产地亩遵照奏定章程，均按二八八核垧，准按七成实地纳租。兹据乌拉协署厢蓝旗查报，委官吉顺名下实有己产原熟地陆垧捌亩，按照七成核计扣净实纳租地肆垧柒亩陆分，每垧每年交纳大小租钱陆百陆拾文，不准拖欠。若日后无力耕种辗转兑卖时，须先报明该管佐领处更名注册，以凭换照交纳官租，合行发给印照执业，须至执照者。（土地坐落略）

奉天旗地虽在康熙三十二年（1693年）后就已升科纳赋，但旗地租额

---

①《吉林行省档案》1（7—3）—779。

②《吉林行省档案》1（6—1）—222。

③《吉林行省档案》宣统三年 3—97—2。

④《吉林行省档案》宣统三年 3—97—2。

与民地相比，"定数甚微，不及民地十分之一、二。而官兵随缺地租，其数尤少，且有不照定章交纳者"①。并且旗人"私垦无课之地，所在皆有，各旗界多私收黑租，匿不呈报"②。光绪三十一年（1905年），钦派垦务大臣廷杰办理全省垦务，与前将军赵尔巽等议奉省清赋章程从光绪三十二年（1906年）起在全省全面进行。规定：凡是无课荒熟各地，先令民间自行首报，无论坐落旗界民界统归地方民署勘办，其中熟地不分等则，每亩酌中交地价银一两五钱。一经地户首领，即准认领免予勘丈。至于各项荒地，先准呈报之户承领，分为三等。上等地交银一两五钱，中等交银一两，下等地五钱。无论熟地、荒地均限一月内交清地价，再给大照执业。熟地当年起科，每亩征正课银五分。荒地从自报领之年起至第四年升科，上则地每亩征正课银六分，中则征五分，下则四分，归民署征收③。至光绪三十四年（1908年）十二月，奉省共清出熟地十七万四千八百九十五亩三分四厘，荒地四十七万三千三百八十三亩三分二厘④。奉天所属清赋数量如下表：⑤

地区	熟地	荒地	地区	熟地	荒地
新民府	19061亩6分	34068亩8分	海龙府	13672亩3分	2526亩9分
京同知	2675亩2分	2153亩9分	锦西厅	703亩4分	1782亩8分
凤凰厅	15335亩3分	154亩9分	法库厅	6714亩3分	9444亩6分
盘山厅		608亩3分	复州	4603亩5分	16280亩
辽阳州	3639亩4分	6034亩4分	宁远州	238亩1分	1673亩1分
义州	518亩4分	2924亩6分	承德县	188亩	1561亩3分
抚顺县	163亩8分	1662亩2分	海城县	34亩6分	2710亩4分
盖平县	2061亩8分	13969亩6分	开原县	3257亩6分	1965亩9分
本溪县	2057亩3分	14396亩	镇安县	272亩9分	16221亩2分

①《东三省政略》卷八。
②《东三省政略》卷七。
③《东三省政略》卷七。
④《东三省政略》卷七。
⑤《东三省政略》卷七。

地区	熟地	荒地	地区	熟地	荒地
西安县	38516亩2分	182275亩6分	西丰县	8194亩7分	124177亩1分
铁岭县	11447亩4分	15096亩2分	怀仁县	6816亩8分	
锦县	3442亩7分	6101亩4分	绥中县	909亩3分	2770亩4分
广宁县	3103亩5分	3761亩	辑安县	27266亩3分	
通化县		62亩2分			

在清赋的同时，光绪三十二年（1906年）奉省又颁布了《整顿奉省旗民各地及三园试办章程》。章程规定："旗民买卖册地，向应完纳税银粘给执照管业。现经本军督堂奏定章程，凡有持契投税者，均换给户管收执。"①

黑龙江省旗地升科首推呼兰地区。光绪三十二年（1906年），以呼兰地处膏腴，人烟辐辏，亟须整理。特拟具体办法："将屯站各厂自种之地，照章升科，毋庸交纳押租。其转买与民各地则饬一律升科，并令每垧交纳押租银一两四钱。"②随后派委年满屯官尚福署理呼兰屯官事务，会同知府李鸿桂设局勘办。据同年七月呈报："除呼兰屯丁自种地亩五万二千七百一十五垧三亩一分八厘三毫，呼兰台站丁地区千九百四十垧一亩六分七厘均未征收押租外，现丈出呼兰屯丁出卖与民地四万二千七十九垧五亩八分，站丁出卖与民地一千八百三十七垧二亩四分，二共地四万三千九百一十六垧八亩二分，计收进押租银六万一千四百八十三两五钱四分八厘，又收进经费银九千二百二十二两五钱三分二厘二毫……业饬自光绪三十二年，一律升科。"③

①《地券样式汇集》34 页。

②《黑龙江省奏稿》46 页。

③《黑龙江省奏稿》46 页。

第二节　皇庄王庄的经营与破坏

一、租佃关系进一步发展

皇官庄租佃关系的进一步发展，首先表现在官庄壮丁可将庄地招户佃种。位于奉天的朴家屯直郡王府的庄田，先前由孙姓庄头承领，壮丁孙百龄等二十户领种。咸丰以后，庄田逐渐"代出"（出租佃户），到光绪年间，一律按地亩交纳租银。辽宁省档案馆所藏直郡王府的《收差银帐》详细记载了这一情况。下举一段加以说明：

> 赵老盛代出　孙百龄上地三日，孙明上地一日，地四日，银二两一钱二分
>
> 又代出　孙永富上地一日，孙仓上地半日
>
> 赵佗代出　孙仓上地半日，银二钱六分五厘
>
> 刘昆代出　孙仓上地半日，银二钱六分五厘

由上述档案材料可知，壮丁孙百龄将领种的庄地三日，孙明将领种的庄地一日租给佃户赵老盛佃种，每年交银二两一钱二分。这种情况与先前壮丁只有领种庄地，交纳王粮的义务，没有出租的权利相比，变化是何等之大。类似情况在吉林站丁官地中也有。光绪末年叶赫站西北牛丁官地坐落黄土碱场二十垧零九亩。原佃系民人郑季邦，迨至二十六年转租秦德承种，每年上纳官粮三十三石七斗。站西杨木林子牛丁地，坐落北河崴子二十六垧七亩六分，原佃刘文焕后经刘桂森说和转佃宋文功承种，每年纳粮五十石零一斗[1]。此外皇官庄浮多余地多被入官招民佃种。同治元年（1862年），盛京内务府庄头金福保领地内查出浮多地三百多亩，撤出入

---

① 《清代吉林档案史料选编·吉林驿站》204页。

官，招民人等佃种①。庄头徐承恩原领庄地三千九百亩，余地一千多亩，咸丰三年因欠租被革去庄头职，所领地亩入官由他人佃种②。吉林阿城官庄地，原设官庄三处，每座壮丁十名，每丁拨地十二垧，额地三百六十垧。每年交纳仓石粟谷九百石。因"历年既久，凡界内可垦者皆已带垦成熟。光绪三十四年派员勘丈，统共丈得熟地一千二百一十八垧，比之原额固属浮多甚巨"③，吉林当局将此浮多地亩招民佃种。

不仅如此，有的庄头甚至将庄地公开出租给民人佃种。如户部官田庄头熊兆兰，"承领官田一百七十六亩，在小民屯等招佃张万场耕种纳租，已历多年"，被族人熊继顺等夺田霸种。庄头熊兆兰遂投诉于奉天府审判厅，奉省审判厅判词为"该地仍归熊兆兰招佃耕种，缴纳官租，不许熊继顺等过问。熊继顺等亦即各安本分，毋得强夺耕种，自取咎戾"④。如庄头许春声所领庄地除田庄丁分领一千余亩外，其余一千八百余亩庄地均出租给佃民耕种⑤。皇官庄佃户交租有长租、短租之分。短租者，则系"租种年数或十年八年，或三、四、五年，限满退地，或接续再种，临时再议"⑥。长租即所谓"佃户有名册，地租有租帐，不立合同者，居其多数"⑦。长租一般系佃户永远耕种"不欠租即不准撤佃"。实际上佃户获得了对庄地的永佃权。奉省新民地方佃户陈万山一家世充户部庄头佃户，从乾隆年间始，其"先人垦种官田七日，每年纳官租钱八十八吊七百五十文，至今百有余年，租项分文不欠"。光绪二十一年季长春之父身故，季长春接充庄头。宣统二年（1910年），其弟季芳春"觊觎该地，向陈万山撤靠南二日半为盖房之用"，陈万山不允。即以陈万山霸地等词，赴新民法厅起诉，该厅判为"令

①《内务府来文》同治元年八月。
②《内务府来文》光绪八年十一月。
③《清代吉林档案史料选编·吉林旗务》200 页。
④《盛京时报》宣统三年六月四日。
⑤《政治官报》453 号。
⑥《奉天公署档》第 4148 号。
⑦《盛京时报》宣统二年四月二十六日。

东北旗地研究

陈万山将靠南地两日半交还季芳春自用"。陈万山不服上诉奉天省高等审判厅。法厅经过调查，否定初判。其判词为"查此项地亩既系户部官田，则佃户则为官佃，其人多由昔年招募，其地亦由原佃垦熟，业已世代相承，租则接续宪纳，不特季芳春，不应勒退，即庄头季长春亦未可议撤"，判此地仍旧陈万山照旧承种①。

清末皇官庄的征租额，现据光绪末年盛京户部官庄各地日征租额的调查情况如下：草豆地原额六亩征豆一升七合七勺，征草一束，现每亩折银一厘零九丝，每年共征银六十九两零二分七厘多；米地原额六亩征米二升六合五勺五抄，现每亩折征银一厘七毫，每年共征银三百五十三两四分四厘多；余租地上则地每亩征银八分、七分、六分不等，中则地七分、六分、五分不等，下则地六分、五分、四分不等，每年共征银五百四十九两四钱三分九厘多；升科地每亩征粮三分，每年共征银九两九钱五分四厘；盐庄每庄征盐一万六千斤，每年共征盐四万五千斤；棉庄每庄征棉七百斤，每年共征棉三千五百斤；粮庄每庄征稗粮三百石至百石不等，每年共征粮五千五百六十六石六斗七升多②。

宣统年间礼部官庄应支祭物单如下：

瓜菜园二块，每块地二十日，坐落省城南关外，园头魏永盛、马文元按祭输交瓜子五百四十六条，香瓜一千八百个，西瓜六十六个，稍瓜五十五条，阳白菜九千十二两，蔓菁菜六斤，芹菜二斤，韭菜四斤，葱四斤，白菜五十斤，王瓜五十五个，酸菜十三瓶，咸菜十三瓶。

苏子官地一百二十日，按祭输交苏子六十石；山果官山头目高岩明，壮丁五十五名，夏秋两季输交鲜榛子六斗六升，榛子六石，黑葡萄二石三斗，乾梨二千六百斤，山里红五石。鲜鱼河泡三段，按祭输交鲜鱼共二百七十八尾。鲜果园三块，按夏秋两季输交樱桃二十斤，杏子四百个，李子四百个，葡萄二十斤，大梨八百个。花红园四块，每年秋季输交花红

①《盛京时报》宣统二年四月二十七日。

②《满洲旧惯调查报告·皇产》附录，55页，大同印书馆。

六石。蜜丁三百一十名，每丁交蜜二十八斤，冬季交：捕雉丁三十名，按祭共交雉三百五十四只①。黑龙江省齐齐哈尔城"额设承种公田养育兵三百二十名，水手二十名，向随年分交粮遇满收之年，每名应交额粮二十二仓石，计共应交粮七千四百八十仓石"②。上述皇官庄租佃制的发展对于皇官庄向民地的转化起了推动作用。

二、丁佃抗租霸地及典卖、隐占庄地

清末以来皇官庄内部壮丁和佃户仍遭受沉重的剥削和压迫，迫使丁佃不断展开抗租霸地的斗争。光绪二十九年（1903年），奉省铁岭庄头孙廷珍之子孙厚永领有官地，所余之地由佃户刘焕成等每日交租钱十六吊至六十八吊不等，然而四年抗不交租③。铁岭南北岗子庄头顾克勤的佃户吕喜伶、孙金财等鸣锣聚集众佃户百余人，商谋抗交庄头顾克勤管下的五百日官地租④。睿亲王在辽中县的二千余亩庄地，由佃户金魁廷、金魁聚等人租种。宣统三年（1911年），睿王府硬行向佃户每亩征收压租洋六元，小租洋五角，大大超过了当地租银数目。金聚魁等佃户拒不交租，并将一部分庄地据为己产，将庄地的树木全部出卖，得洋七八千元⑤。分布在海城、复州两地仪亲王府的庄地八千五百多亩，由康庆龄庄头承种，民国元年（1912年），康庆龄前后向各地佃户收地租，各佃户联合抗租不交。庄头康庆龄无奈，只好呈文奉天督办，请求派巡警协助收租⑥。在奉天兴而屯僖亲王府的庄地，向由壮丁张宏峰管理，即"按年包纳清楚"，没有拖欠。民国元年（1912年）冬，张宏峰向所属壮丁征收差银。该属壮丁皆称："此际无君无法，何有王差之说，坚抗不纳。"⑦克勤王府的壮丁王振亚等于民国

---

① 《满洲旧惯调查报告·皇庄》附录，55—56 页，大同印书馆。

② 《清代黑龙江历史档案选编》181 页。

③ 《盛京内务府档》1121 号。

④ 《盛京内务府档》220 号。

⑤ 《京人府堂稿》，为咨行事。

⑥ 《奉天公署档》，康庆龄：《呈请照旧收租案》。

⑦ 《奉天公署档》，张宏峰：《户丁抗差由》。

元年联名上书奉天都督，强烈要求取消差徭。其呈文云："兹因身等差徭，按年付纳，迄今数百载，此中之苦果不堪言状。今则民国成立，五族人民，同邀幸福，而身等之差徭，理应取消。具此呈请都督大人，见身等不应出此差徭，为之取消。窃身等于前清开国拨民于东省，遂自领册地数百亩以自耕食，并未耕种王产，后入克勤郡王府当差……今民国成立，身等同为国民，既不在克勤郡王府当差，而人丁加于册地之税，理应取消，身等恩悯之至。谨奉此呈请都督大人辕下恩准为感。"① 由于丁佃抗租霸地，就使得盛京内务府会计司每年按规定必须向户部呈报当年征收地租钱粮数目的考成册，从光绪三十二年（1906年）起，至宣统元年（1909年），"均以积欠过多，迄今尚未造报奏销"②。吉省的情况也是如此。光绪三十四年（1908年），伯都讷所属三官庄壮丁违抗官租。三姓地方自乾隆时拨壮丁百五十名，分十五官庄，每丁拨地十二垧，供给牛具，每年纳粟谷三十仓石。光绪三十四年（1908年）派人查勘，"官庄报欠之日多，纳粮之年则甚少，以最近十二年通考之，其纳粮者仅二年"③。上述丁佃抗租霸地加剧了皇庄的破坏。

与此同时皇庄地亩被隐占盗卖的现象亦日见严重。光绪三十一年（1905年），清查奉省地亩的垦务大臣廷杰，指责庄头营私舞弊的情形时说："以众佃粮租之半，足敷折支，而其半则为庄头养赡，是直据官田为私产。犹且不足，指地借贷，私兑私典者所在多有。更有包揽余荒，捏作灾歉各情弊。"④ 如内务府庄头李海山于光绪十四年（1888年），因青子河涨水赴内务府销除庄地百余亩，水落后此地重新耕种，但其并不呈报，将之隐占耕种归己⑤。清末三陵户股官庄所属庄头承领官地二十七万余亩，"分

① 《奉天公署档》，王振亚：《为恳请取消差徭事》。
② 《内务府来文》宣统元年七月。
③ 《清代吉林档案史料选编·吉林旗务》194页。
④ 《军督部堂文案处档》第11455号。
⑤ 《辽阳县公署档》16831号。

隶各城，界址混淆，其中隐匿侵占，弊端百出"①。不仅侵占许多，庄头通过盗卖等手段将皇官庄地据为私产。如文献所载："锦州官庄地亩，隐没二百余年，各庄头据为己产，强借、勒押、私典、盗卖，种种弊端，靡所不至，"②庄头俨有地主的资格。光绪二十九年（1903年），内务府庄头徐湛廷等指官地二十日向陈宗荫借用沈市钱三千吊③。光绪三十四年（1908年），盛京户官庄庄头李璞私押官地一百二十一日④，内务府大粮庄头祁永福、孙国增将其两庄土地全部典卖⑤。不仅庄头，许多壮丁佃户也"私相典售，视官地为己有"⑥。光绪八年（1882年），佃户荆守玉将庄头陈德兴所领官地三十余日捏报己产⑦。盛京内务府庄头黄景祺领有官地一百三十亩，坐落在承德县属张当堡村北官粮窑，"于光绪十七八年租与李萃芳等耕种。嗣因新章清赋，李萃芳勾串傅得文，捏以无课闲荒赴承德县报领"⑧。内务府庄头顾克勤在盖平界内"丈出浮多，被佃户孙金财等捏作闲荒报领"⑨。光绪二十八年（1902年），网户旗丁李永亮乘"洋人入境"，庄地管理混乱之际，盗典庄地多处⑩，吉林官庄，据档案记载："十年必九次报歉，绝少收谷之年。其丁壮则死绝逃亡，其地亩则辗转售卖。"当秋后委员查勘分数时，庄丁则"狡诈随意滥捐，凡荒芜不治或势将枯槁者，皆指为官庄……故十年则九歉，公家负收粮之虚名，奸民售逃赋之巧计"⑪。三姓官庄壮丁"盗卖官产，视为理所当然。光绪三十四年（1908年），壮丁刘凤强

---

① 《满洲旧惯调查报告·皇产》附录，9页，大同印书馆。
② 《满洲旧惯调查报告·内务府官庄》附录，20页，大同印书馆。
③ 《盛京时报》光绪三十四年二月十九日。
④ 《盛京时报》光绪三十四年二月十九日。
⑤ 《奉天公署档》4197号。
⑥ 《东三省日报》宣统二年三月二十二日。
⑦ 《盛京内务府档》402号。
⑧ 《满洲旧惯调查报告·内务府官庄》附录，55页，大同印书馆。
⑨ 《满洲旧惯调查报告·内务府官庄》附录，51页，大同印书馆。
⑩ 《会计司堂行簿档》1405号。
⑪ 《清代吉林档案史料选编·吉林旗务》195页。

等三十余名，盗卖官地八百余垧与民人唐国选为业。"①宣统三年（1911年），吉林城正红旗马厂官地佃户卜全有将所种官地兑与何绍艺中地四垧八亩，下地七垧二亩，又兑与张禄下地四垧五亩，呈发林下地三垧②。黑省地方以呼兰官庄为代表。咸丰以来因汉族流民流入呼兰地方日众，官庄"收为赁佣，浸假而私售以地，岁课其租"③，该管官遂不加禁止。光绪十七年（1891年），黑龙江将军依克唐阿、齐齐哈尔城副都统增祺在清丈呼兰等处地亩的告示中云："比年以来，词讼繁兴，日多一日，租赋蒂欠，年复一年……各佃所领之地，往往浮多于数。浮多者即不纳租，而强者遂生觊觎攘夺之念。或以飞照相赖，或以假契相争，不但所余之荒为其所占，甚至原照所有之地，间亦被其所讹。"④光绪三十三年（1907年）清丈出呼兰官屯、站地已典卖与民者竟有四万三千九百多垧⑤。

上述丁佃抗租霸地以及庄头、丁佃侵占、盗典盗卖庄地的历史事实，严重地破坏了皇官庄的体制，使庄园内旧有的剥削制度难以维持。就连统治者也认为"法无久而不变，弊已极而待除"⑥。

---

①《清代吉林档案史料选编·吉林旗务》195页。

②《吉林行省档案》（6—1）—257。

③《黑龙江外纪》卷四。

④《清代黑龙江历史档案选编》125页。

⑤黑龙江全省垦务局档案24—1—79。

⑥《辽阳县公署》5460号。

第三章　清末民初官庄旗地的丈放

第一节　清末东北八旗体制的变化

一、光绪初年奉省官制改革

清代东北为满洲发祥重地，其统治机构不同于内地各省，实行旗民二重体制。旗制体系：（一）"盛京五部"即盛京户、礼、刑、工、兵五部。户部掌征收官庄旗地租税，支办将军衙门的经费，裁判户婚田地诸事。如内务府皇庄有粮、盐、棉等庄，皆设庄头管理，至秋后由户部奏请简派大臣会同征收。礼部掌福陵、昭陵、永陵祭祀，并三陵祭礼之物品、官地瓜菜、鱼泊等供给，皆由礼部监理。刑部掌裁判旗人犯罪事件，并旗人对汉民的犯罪案件。工部掌营造修缮坛庙陵寝宫殿祠宇，并监理采木山场。兵部掌检阅军器、监射、驿传、稽察边门、铨试等。[①]（二）东北三将军的设置。顺治元年（1644年），清兵入关，定鼎北京，以盛京为陪都。清廷任命何洛会为盛京总管[②]。顺治三年（1646年），改总管为昂邦章京，康熙元年（1662年），改为镇守奉天等处将军[③]。乾隆十二年（1747年），改镇守奉天等处将军为镇守盛京等处将军。吉林顺治年间设宁古塔昂邦章京，康熙元年改为镇守宁古塔将军。康熙十五年（1676年），宁古塔将军移驻吉林，乾隆二十二年（1757年），改称吉林将军。黑龙江康熙二十二

276

---

① 《八旗通志初集》卷四十。
② 《奉天通志》卷二十九。
③ 《奉天通志》卷二十九。

年（1683年），任命萨布素为镇守黑龙江等处将军。将军下设副都统、协领、佐领、防御、骁骑校各官管理各地方旗民①。民治体制，盛京五部及将军系统，专治旗兵与旗民，即旗系。为便于理民又设立管理汉民的州县机构。顺治十年（1653年），以辽东为辽阳府设辽阳、海城二县，十四年改奉天府，长官为府尹，下设经历、教授、训导。不久又设府丞、治中、通判等掌锦县、辽阳、海城、盖平、铁岭等所属府州县厅的民政事务。

上述旗民二重系统各有区划，不相混淆。因清廷严禁旗民交产，故旗民二系，各向本官署纳粮贡赋。清中叶以后，大量汉族流民闯入东北，旗民杂处，界址不清，旗民分属于各不相属的统治机构。在处理旗民纠纷中经常产生矛盾，"将军、府尹往往各存意见，以致政令歧出，遇事抵牾"，"历任将军止以武事为重，吏治多未讲求，所以民怨沸腾。"②特别是清末以来旗民比例不断变化，在汉族民人不断增加的趋势下，急需变革这种体制。另一方面，八旗体制本身日见腐朽，吏治废弛，由此导致盗匪横行，社会动荡不安。光绪元年（1875年），刑部尚书崇实与内阁大学生歧元前往奉天、吉林查办事件，"实见地方凋残，缉捕废弛，寇盗充斥"，他们以"奉省目前要务自以练兵筹饷为先，而尤以整治吏治为紧要关键"。而整治吏治"固在地方官，旗界各官积习尤甚"③。因此，整顿吏治势在必行。

光绪元年（1875年）二月，原盛京将军都兴阿因病出缺，清廷命刑部尚书崇实署理盛京将军。谕令云："现在奉天地方伏莽甚多，缉捕巡防均关紧要，著崇实星速前往署任，将地方应办一切事宜，妥为整顿，认真经理，以副委任。"④崇实赴奉就任后，于是年七月奏"奉省积弊七事"，提出"仿督抚之例，以一事权，救弊补偏"的改革措施，并为清廷批准实行，揭开了东三省官制改革的序幕。

---

① 《吉林通志》卷六十。
② 吉林省档案馆档案：《吉林将军铭安奏变通吉林官制增设府厅州县大概章程折》。
③ 《奉天通志》卷四十四。
④ 《奉天通志》卷四十四。

崇实的改革措施，主要是统一事权、对统治机构加强管理和解决旗民分治诸问题。

首先，加强将军权力，削减盛京五部、府尹之权。他认为"奉省积弊由于旗民不和，推其本原实缘大吏之先存意见，将军于地方各官向不兼摄，遇有会办公件，呼应往往不灵。溯建基之初，原与五部隐相兼摄……厥后将军威望渐轻，而五部权力遂重"①。有鉴于此，将盛京将军"改为管理兵刑两部，兼管奉天府尹事务，即仿各省总督体制，例如兵部尚书衔"②，使盛京将军以奉天总督的身份统辖旗民文武，事权归一。这样盛京五部、奉天府尹的大部分权力属于将军，打破了将军只管旗人的旧制。

奉天府尹"察吏安民"，最为重要。历来"兼尹向属户部，而旗民交涉之狱，又须由刑部会办定案……审判每不得自专，往往一事而上制于户部之兼尹，旁牵于刑部之会讯，稽留往复，清理良难"③。崇实奏请"府尹一缺，加二品衔以右副都御史行巡抚事，旗民各务悉归专理，俾与将军一气，不致两岐，以此安民"④。削减盛京五部权力。户部侍郎不再兼奉天府尹，刑部不再管理一般旗民交涉案件，兵部的驿站事务由州县兼理，盛京五部虽仍其旧，只不过是"仍存五部之名，以隆体制而已"⑤。

其次，对旗民地方各官职进行调整。（1）裁奉天府治中一缺。针对"奉省大吏太多，而下僚太少，未免足轻首重"，造成政令不齐的弊端，改治中一缺为奉天驿巡道。辖"阖省驿站及新设捕盗营"的稽察事务。（2）改由州县与城守尉共同办理旗民交涉案件为无论旗民归州县审理。先前规定奉省"旗民交涉之案，各州县与各城守尉等官会同审理"。其弊有如下四端：其一"旗界同居，非亲即友，官中公事，但论私情；"其二，"会办各员，未能和衷，彼此留难，案久悬搁"；其三，"命盗重件遇有旗人则

---

① 《奉天通志》卷四十四。
② 《奉天通志》卷四十四。
③ 《奉天通志》卷四十四。
④ 《奉天通志》卷四十四。
⑤ 《奉天通志》卷四十四。

借强宗为护，托本管为说情之地，抗拒容隐不服查拿"；其四，"捕盗不力，州县官处分綦严，而城守尉佐领等官……指名搪塞，劫掠横行，致无忌惮"①。崇实一改旧制，规定嗣后"奉省地方一切案件无论旗民专归同通州县等官管理，其旗界大小官员，只准经理旗租，缉捕盗贼，此外不得丝毫干预。"②（3）致满汉专缺为满汉兼用。"前因奉省州县各官满汉均有专缺，每有人地未宜碍难更调，又因满汉分管旗民，诸多掣肘。"③他认为"人才贤否，政令得失，不在满汉，而在择人"。奏请满汉兼用"并请加理事同知通判衔，庶可相地择人，旗民并理"④。

上述官制改革仿内地各省建制，给奉省统治机构带来生机。以奉天总督的名义将盛京将军、五部、府尹之权集于一身，改变了先前政出多门的状况。在州县选官上打破满汉界限，以人才贤否作为选官的标准，是加强吏治的一项重要措施。同时，将审理地方案件之权归于州县，削弱了八旗组织对地方行政事务的管理权。因此，这次改革是东三省从八旗体制向民治体制过渡之始，为尔后东三省八旗体制向民治体制全面过渡奠定基础，产生了积极的影响。

吉省继奉省之后于光绪四年（1878年）也开始改革。是年九月初九日，吉林将军铭安上《变通官制增设府厅州县大概章程》。章程中云："查奉省官制，经前署将军崇实奏请增改旧章后，吏治民风大有起色。是因时立制，原无历久不变之规"。指出吉林三厅，向因专管旗人户婚各事，皆用理事人员，"今即民户众多，政务殷繁，专从前情形不同，应请与新设之同通州县，均照奉天新章，加理事衔，满汉兼用，以广材路"⑤。以此整顿吏治，以清地方。黑省官制改革较晚，光绪三十年，署黑龙江将军达桂

①《奉天通志》卷四十四。

②《奉天通志》卷四十四。

③《奉天通志》卷四十四。

④《奉天通志》卷四十四。

⑤吉林省档案馆档案：《吉林将军铭安奏变通吉林官制增设府厅州县大概章程折》。

等以黑龙江省属境辽阔，非添设地方各官，不足以资治理，奏请"拟于齐齐哈尔省、呼兰、绥化、通肯各处及札赉特蒙荒添设道府同通州县正佐各缺"①。

二、清末东北三省八旗体制的全面改革

清末以来，大清帝国内外危机进一步加深，龙兴之地面临日俄瓜分的危险，加之天灾频仍，百姓流离，人民反抗情绪与日俱增。为此，急需采取措施加强统治。光绪三十年（1904年）四月，命户部尚书赵尔巽为盛京将军兼东三省总督。同年五月将盛京"五部事务著归盛京将军兼管"。八月上谕内阁"奉天府府尹兼巡抚一缺，著即裁撤，所有府尹原管事务均著责成赵尔巽悉心经理"②。是年最重要的改革措施是从法律上承认旗民交产的合理性。同年十月盛京将军赵尔巽上奏："奉天省旗民不准交产，名为遵守定章，实滋流弊，请嗣后不分旗民，得以互相买卖。"③标志奉省旗制改革进入新阶段的是光绪三十二年（1906年）四月，赵尔巽奏《更定奉省官制折》。其改革方案如下：（1）合盛京将军、奉天总督及原五部、府尹之政于一署，称为盛京行部，以行省大臣一员总理庶务。（2）盛京行部附设综核处，内分十局分理诸务。内务局掌对外交涉事宜；吏治局掌官吏升迁考绩；督练局掌训练新军等事。以上四局由刑部大臣统之，以参议一人佐之。财政局、司法局、学务局、巡警局、农工局、商矿局各设长官一人，由参议、副参议任之。局下分科，科下设一、二、三等执事官及司译、司医、司计官④等。

上述诸改革措施未及施行，赵尔巽调任四川总督，以徐世昌为东三省总督。是年三月谕内阁：

> 东三省吏治因循民生困苦，亟应认真整顿，以除积弊而专责成。盛

---

①黑龙江省档案馆档案全宗20，271卷。

②《奉天通志》卷四十九。

③《奉天通志》卷四十四。

④《复县公署档》光绪三十二年四月。

京将军著改为东三省总督兼管三省将军事务，随时分驻三省行台。奉天、吉林、黑龙江各设巡抚一缺，以资治理。①

同年四月，东三省总督徐世昌、奉天巡抚唐绍仪、吉林巡抚朱家宝、黑龙江巡抚段芝贵联衔上奏"定东三省官制"。

新官制规定：奉、吉、黑三省"拟各建行省公署，以总督为长官，巡抚为次官"②。至此八旗将军制为行省制所代替，将军衙门为行省公署所代替，总督为三省之长，巡抚为本省之长，三省公署堂印由总督佩带，巡抚为总督副手，以"收相维相助之效，而无内地督抚同城之弊"③。

行省公署内分设承宣、咨议二厅，"承宣厅禀承督抚，掌一省机要，总汇考核用人各事，设左参赞一人；咨议厅掌议定法令章制各事，设右参赞一人，统领七司并率议员等研究行政事宜。"七司为交涉、旗务、民政、提学、度支、蒙务、劝业各司。每司设司使三人，总办司事。司下设科，每科设佥事一员，办理科务。科下设一、二、三等科员。

七司职掌如下：交涉司掌办理外交事务，下设互市、界约、和合、庶务四科。旗务司办理旗署各事，下设军衡、稽赋、仪制、营造。庶务五科。民政司掌办理民治、巡警、缉捕等事，下设民治，疆理、营缮、户籍、庶务五科，自治局、工程局隶之。度支司掌办理财赋诸事，下设会计、粮租、俸饷、税务、庶务五科。提学司办理教育诸事，下设总务、普通、专门、实业、图书、会计六科，法政、师范高等以下学堂隶之。劝业司掌办理农工商、邮电、航路、垦矿等事。蒙务司掌办理蒙古各部各事。奉天辖科尔沁六旗，吉林辖郭尔罗斯前旗，黑龙江辖郭尔罗斯后旗、札赉特、杜尔伯特三旗④。

徐世昌所奏东三省行省官制章程上奏获准"如议所行"。但在施行过程

---

①《清德宗实录》卷五百七十一。
②《奉天通志》卷四十四。
③《复县公署档》光绪三十三年四月。
④《复县公署档》光绪三十三年四月。

中，因"奉天规律颇具，事务至繁，拟请左右参赞及各司司使即准设立。吉江两省事务较简，拟先不备设"①。奉天省公署及各司设置后，十一月，徐世昌奏改黑龙江官制，先设民政、提法、提学、度支四司。十二月奏改吉林官制，设民政、度支、交涉、提学、提法五司及劝业道②。同时，设奉天高等审判厅于省城，设地方审判厅于承德，附设地方检察厅及初级审判检察厅各厅。上述诸项改革旗制的措施是在赵尔巽拟定的改革方案基础上进行的，它克服"督抚各不相属，司院互不相扰"的弊端，明确规定各级的隶属关系，设立了各种民治机构，为清代地方官制改革提供了新的模式。

清末东三省旗制改革对清末东北政治经济产生了深远影响。

首先，旗制改革使东三省由旗制体制转为民治体制，有利于清除积弊。东三省体制改革后，八旗组织的管理形式基本被废弃，设立民政官员专门管理地方行政事务，以清除腐朽的八旗制度带来的弊病。在官制改革中，由于地方府州县普遍设立，招徕汉族流民，发展生产，开垦土地，促进了东北农业的发展。

其次，改革废除了旗民分治形式，有利于经济发展和民族融合。体制改革前，清廷为保持旗人的特权，坚持"旗民不交产，满汉不通婚"的政策。旗人民人分属旗署民署，严重影响了民族间的融合。设立行省后，"旗民分治"的问题已不复存在。光绪三十一年十月，正式废除了"旗人地亩不准民人典买"的禁令，"嗣后不分旗民，得以互相买卖"③。彻底废除了"旗民分治"的政策，取消旗人的部分特权。上层建筑方面的改革，根基于经济发展，反过来必将给予旗地生产关系以巨大的影响。清末民初官庄旗地的丈放，正是在这一背景下进行的。

①《复县公署档》光绪三十三年四月。
②《盛京时报》光绪三十三年十一月二十日。
③《奉天通志》卷四十四。

第二节　官庄旗地的丈放

一、皇官庄的丈放

皇官庄的丈放，始于锦州粮庄。光绪三十一年（1905年），垦务大臣廷杰来奉督办垦务，锦州官庄原为京都内务府庄粮衙门所管"大粮庄头二百一十六名，各领官地四五千亩不等"。先前蒙古每年进马二万余匹，夏则于大凌河马厂牧放，冬则分交各庄头喂养。光绪二十九年（1903年），"马厂放而马变价，各庄头养马官差已同虚设，坐拥官地，辗转典售，积弊滋丛。"①垦务大臣廷杰查明此项官庄地亩名实不符，于是会同将军赵尔巽奏裁庄粮衙门并各庄头额缺，将官庄地一律丈放收价。在上《奉省垦务通筹办法》的奏疏中，廷杰陈述了先丈放锦州官庄的理由。他说："奉省现垦各项地亩，有隶围牧者，有系王公勋旧庄厂者，有系八旗官地及民人产业者。国初拨放多崇宽大，后来占辟辗缪日多……惟廷杰前奏户部，内务府庄头等地积弊日深，自应及早清厘，以裕经赋。现清厘各项地亩，即从此入手，一切办法如有应按原奏酌量变通者，随时奏咨办理，俟该处官粮庄头等地办清，再推及他处。"②光绪三十一年（1905年）七月在锦州设丈放局，廷杰以侍郎官衔为钦差垦务大臣，管理丈放事宜。选海龙府知府孙寿昌为总办，掌文案收支等事。下设二个分局，每局设监绳委员八名，归总局管辖，具体负责丈放工作。同年十一月制定了《勘丈奉天锦州府官庄旗民各地章程》十八款。主要内容：（一）官庄土地庄头优先缴价承领，领地后仍由原佃租种，不准庄头无故增租夺佃；（二）庄头无力承领，再

---

① 《东三省政略》卷七，《财政》。

② 《谕折汇存》光绪三十一年十二月十九日。

尽原佃报领，原佃如已转佃者，地归转佃之户；（三）丈放价格。出放地亩定为上中下三等，地膏腴者为上等，平衍者为中等，洼下而兼有砂碛者为下等。上等地每亩缴库平银二两一钱，中等地一两四钱，下等地七钱。（四）丈放后领地升科，赴各府厅州县完粮。（五）如有浮多，准地户赴本管州县首报[①]。自章程颁布之日起，锦州官庄开始全面丈放。

丈放办法。先派丈放委员驰赴各官庄勘明地段。再分派监绳委员传集地户，指明四至，挖立标杆，督同绳役丈量。绳丈之法，以五尺为一弓，三十八弓为一绳，二百四十弓为一亩，二百四十亩为一方。规定：每员每日熟地以一千二百亩为率，生荒日丈八方。丈竣由监绳委员编列字号，分为上中下三等绘图送局，即日发给地户小照，以凭交价[②]。实际上勘明地段最为棘手。因官庄庄地零星散处锦属七厅州县，"与旗民业地处处犬牙相错，更兼四至段落茫然无依据，各庄平日只知按帐收租并不知地段所地，无从确指"[③]。各庄头据为己产，强借勒押私典盗卖，种种弊端，靡所不至，几于一地有一地之辖辏，一户有一户之纠缠。[④]欲调查各界底册，"以兵燹之后，荡然无存"，全凭丈放委员、绳役等"或印证地邻，或推求界线苦心筹画，竭力经营"[⑤]。

丈放原则"先尽庄头承领，庄头无力承领则尽佃户"[⑥]。规定庄头有购买官庄土地的优先权。所以，有的庄头一闻丈放庄地"恐失所据，百计阻挠"，或者"往往勾串富商巨贾，借钱包领，以为转卖分肥地步"[⑦]，造成"豪强者垄断居奇，贫弱者辗转亏折"[⑧]的严重局面。而佃户也"惟恐失业，不得不出全力以与之抗，甚至桀骜不逊，聚众拦绳，操纵稍一失宜，

---

①《奉天公署档》第4231号。

②《东三省政略》卷七，《财政》。

③《政治官报》第740号。

④《政治官报》第740号。

⑤《政治官报》第740号。

⑥《东三省政略》卷七，《财政》。

⑦《政治官报》第740号。

⑧《东三省政略》卷七，《财政》。

即至酿成事变。"①甚至出现丁佃聚众赴清丈局请愿的事件。据文献记载：锦州庄头许春声名下有官地三千余亩，其"佃户百余人，均系开始垦荒之刨山户，与佃种熟地者不同，再四赴局吁恳准伊等各领数亩，以资存活，情形实为可怜。"②对于庄头来说，因庄地浩繁，无力全部承领，亦不得不"出具无力承领甘结。"③在这种情况下，清廷只好准予丁佃分领，从而使部分丁佃也承领部分庄地。

垦务委员会对丈放后的土地，分为三等，绘图送局，交承领银后，发给印照，注明领地人身份、承领地亩数目、等级、应纳课赋。下举一份清政府发给的光绪三十年报领者的执照如下：

> 钦命镇守盛京等处将军尚书衔总督奉天旗民地方军务兼理粮饷赵（尔巽）发给印照事。照得本军部堂奏准丈放锦州府属官庄各地，现经督饬委员丈实亩数，划清界址。据领户吴殿魁系正黄旗人，遵章纳价承领下则官庄地壹佰柒拾伍亩贰分，坐落宁远州，地名花圈屯处。每年应纳课赋正耗银两，应照此次奏定章程办理，令行发给印照，付该领户收执永远为业，不准抗欠课赋。如欲将地典卖他人，亟应遵照税契章程，随时赴地方衙门报明过户推收，毋得隐匿干咎，须至执照者。④

这份执照可以反映以下几个问题：第一，承领一百七十五亩二分下则官庄地。第二，应纳课赋，执照末尾注明"每年正课库平银每亩六分"。第三，承认承领者对庄地的土地所有权。即"发给印照，付该领户收执，永远为业。第四，领户对庄地有出卖的权力。"如欲将地典卖他人……随时赴地方衙门报明过户"手续。皇官庄丈放以后，土地所有权转归私人所有，买卖自由，摆脱了皇室官府的控制。

宣统元年（1909年），锦州粮庄基本上丈放完毕，共丈放"庄地

---

①《政治官报》第740号。

②《政治官报》第453号。

③《政治官报》第453号。

④《满洲旧惯调查报告·内务府官庄》附录，21—22页，大同印书馆。

一百三十五万六千七百余亩"。应收"地价库平银一百八十二万一千余
两"①。至此,锦州府属官庄地亩一律丈放,缴价升科,所有庄头全部裁
撤,随之所设管庄机构撤销,原主事、笔帖式、催长等内务府管庄人员相
应补放地方官府的州同、州判、县丞等官。

应当指出,锦州官庄土地虽丈放归私人所有,其课赋仍然供应皇室,每
年庄田名下仓粮折粮二万七千二百余亩,"如数拨解内务府上驷院"②。

盛京内务府庄地丈放始于光绪三十四年(1908年)。最初查丈盛京粮
庄浮多地亩。清中叶以来,内务府庄田浮多地亩虽然屡次清查,始终未彻
底解决。如文献所云:"此项庄地,年湮代远,强者任意霸占","既不纳
粮,又不应差,厚利所在,遂为庄佃互争之点,连年缠讼,爬梳不清。"③
尤其是各庄头,借此浮多,私收黑租,造成内务府庄田内部极为混乱。所
谓"递年以来,或经庄头指此浮多,以庄出名责成佃户敛财报科者有之,
或因各佃垦种之地反被该庄增租夺佃者有之,或指浮多田庄亲为己产,私
收黑租者有之。近来多因各庄肆行剥削,渔肉佃民,论案繁兴"④。有鉴于
此,清廷决定丈放盛京内务府庄地。光绪三十三年(1907年)末,清廷任
韩承烈为内务府庄地清丈委员。因时届隆冬,冰天雪地,难以查丈,拖至
翌年春季正式开始。此次查丈主要仿照丈放锦州官庄的办法。具体规定如
下:(一)止丈庄田浮多地亩以及与各项旗民册地毗连之处。(二)允许
庄头佃户分别承领。(三)查出之地分上中下三则。上则地亩收银二两一
钱,中则地一两四钱,下则地七钱。此外加收手续费(经费、照费)一百
文⑤。是年三月开始查丈。但由于清丈机构多次变化,先归清赋局管理,
后归旗务处,后又划归度支司管理,致使查丈工作进展迟缓。辛亥革命爆
发,清帝逊位,查丈盛京内务府浮多庄地工作搁置下来。

---

①《满洲旧惯调查报告·内务府官庄》附录,19页,大同印书馆。
②《内务府来文》光绪三十四年十二月八日。
③《东三省日报》民国三年十二月十一日。
④《奉天公署档》第1089号。
⑤《奉天公署档》第4329号。

民国政府成立后，由于资产阶级的软弱和妥协，清廷对官庄的所有权仍受到保护。在南京临时政府与清廷签订的《优待皇室八款》中，明确规定："大清皇帝辞位之后，其原有之私产，由中华民国特别保护"，在《清皇族待遇七条》中亦明文规定："清皇族私产一体保护。"①即皇室仍享有对庄地的所有权。但是辛亥革命以后，皇室因丧失了全国最高统治者的特权地位，面对"庄佃视（庄地）为己产，皇室难沾实惠"②的窘困局面，急需款项支付各项费用，决定继续丈放皇庄土地。而民国政府也图借此搜括民财。为此，盛京内务府办事处呈奉天都督批准丈放庄地的咨文中云："现值国体变更，此项官地系属皇室私产，尤应及时清查……发给租执各照。"③

民国元年（1912年）十二月，民国政府颁布《清查庄地试办章程》，主要内容是：（一）盛京内务府庄地分西南北三路查丈，每路派委员四人，书记员、绳弓由各路委员各自雇用。（二）庄头应将承领官地，无论原额、浮多呈报，不得隐匿。（三）承领时先尽庄头。如庄头有逾限、隐匿、无力缴费等，准丁佃承领。（四）承领正额庄地发给执照，承领浮多地发给租照④。

民国初年对庄地的清丈，旨在厘定正额皇产，丈放浮多庄地，发放庄佃租照，为他日丈放的根据（凭照领地）。然而庄头将庄地视为私产，虽试办章程对庄头十分优待，但他们仍采取各种手段，与丈地委员互相勾结，狼狈为奸，渔肉佃民。民国二年（1913年）初，旗务处派员清理内务府庄田，规定："凡庄头受佃户押价，如能抽赎归庄（头）领照，不能归佃（户）领照，未受押价者，虽佃户执有旗务处租照，仍应给庄头执照。"⑤佃农不得租照，丈放时即不能领地，因此佃农激烈反对。而庄头"暗结委员，愚弄小民"，数十万佃户面临"流离失所"，佃户不得不联合起来进行

---

① 《临时公报》宣统三年十二月二十六日。

② 《东三省公报》民国四年一月二十八日。

③ 《辽阳县公署档》第14607号。

④ 《奉天公署档》第4212号。

⑤ 《东三省公报》民国二年八月十四日。

斗争。当内务府委员到各地清丈，与庄头"勾合设谋害佃"勒索作弊时，佃农王九峰等"首倡保产会"，法库、铁岭、辽阳、沈阳、海城、盖平、辽中、庄河、新民九县佃民纷纷响应，每县各举代表二人领导斗争，"群起来奉控诉"，并向省议会提出《清丈皇室官地应归庄佃分领》的议案。王九峰会同各县代表连连呈词，详述佃农费尽心血垦荒辟野原由，揭露庄头增租夺地虐佃典地的行径。请求"取缔庄头，脱除中饱，俾得裕国便民"。对此议案，奉天省议会进行了认真讨论。大多数议员的意见如下述：议员李友兰说：

> 此案是庄佃胶辖，关系极重，一不审慎，则隐患兹多。现内务府所拟章程，闻先尽庄头报领，查此项地为东三省与直隶所特有，然庄头不过八十余户，而佃户不止数十万家，如一任庄头将此地得去，则数十万之生命，将流离失所，以多数与少数比，万不能不设法保全多数，况庄头多年丰富，又能运动，何患不得便宜。

齐大昌议员赞成李君之说，他说："本会如不为多数佃户设法保障，一任庄头与内务府勾通拨弄，前途恐不堪设想。"总而言之大多数议员认为"民国成立之后，断不能给庄头以如此之便宜"，"省议会当为多数佃户设法保障"，支持佃农提出的庄佃分领的议案①。在议员们的倡议下，奉省撤回内务府所派的各路委员，暂停清丈，另订新法。新定清理章程十五条，核心是："庄（头）种庄（头）领，佃（户）种佃（户）领"，因为绝大多数庄地系佃户租种，庄头自种者少，实际上这个规定是宣布了租照基本上归佃农领取。但新章未得实施，张作霖上台掌奉省军政大权。张作霖执政后，为独霸东三省，横征暴敛，搜刮于民，其榨取的重要目标就是盛京内务府皇庄。与此同时，许多庄头乘张作霖执政之机，冀翻前颁庄佃分领之案，捏称："带地投充，本系己产，若许佃户领种，顿失生业，"② 要求废除奉省前定丈放章程。军阀政府以保护庄头地主利益为天职，以虐民敛财

---

① 《奉天省公报》第580号，民国二年十月三十日。

② 《奉天公署档》第4197号。

为急务，民国三年十二月批示，取消前章，规定庄地原额"仍归原主承租领种，其余私垦浮多，一律收归国有，变价充公"①。佃农代表一再请愿上书，据理力争，痛言取消前章，会使庄头愈来愈富，佃户愈来愈穷，希愿维持前章。而军阀政府以"小民为可愚，使地归庄领而统绪一清，则浮多易于着手，可为国家敛数百万元之款"②。不准佃户所请。在这种情况下，民国二年（1913年）五月，奉天全省官地清丈局拟定了《丈放内务府庄地章程》。该章程得到内务、财政两部和袁世凯的批准，经北京内务府核复照办，于民国四年（1915年）五月颁布实行。章程规定：正额、浮多一并丈放，正额地价拨解皇室，浮多价款收归国有。庄地先尽庄头交价承领，庄头无力领取，准原佃承领。出典之地，限期抽赎，逾期归佃价领。上则地每亩地价大洋七元，中则五元，下则三元。丈放的庄地，一律于当年升科③。

民国四年（1915年），丈放内务府庄地章程充分体现了军阀政府对土地的掠夺。浮多地归为国有，实则由张作霖独占，不仅可以从粮庄浮多地上得到地价，"敛数万之款"，而且可以源源不断地从这部分土地上攫取财富，榨取农民。为此军阀政府在奉天全省设立了官地清丈局，以孙葆瑢为局长、金梁为副局长兼坐办，下设三科。局内有督办一员，总办一员，坐办一员，科长三员。民国四年（1915年）开始丈放工作。

关于丈放的庄地，据《奉天公署档》统计，1920年丈放三陵衙门官地二万一千八百三十四亩，1921年丈放二千四百七十八亩，1922年丈放一万七千九百四十七亩，1923年丈放一万一千一百三十二亩，1924年丈放一百一十二亩。从1920年到1924年丈放内务府官地三万三千三百八十五亩。到二十年代末，盛京内务府各项官地的膏腴之田"争先价领殆尽。所余未收价及后丈之地，或因土质瘠薄，或因则高价重，领户或存观望之

---

①《奉天公署档》第1089号。

②《奉天公署档》第1089号。

③《奉天公署档》第1089号。

心"①。

吉林省的官地种类繁多，有官庄、马厂、随缺地、公田等，民国元年
（1912年），吉林旗务处呈请丈放。民国元年《政府公报》载："兹查吉省
向设官庄各地产，自前清咸同以来，因库帑支绌，筹备军需，迭经前吉林
将军奏请放荒充饷，均已售产归民。凉水泉、喀萨哩及大通七处包套地，
亦于光绪、宣统年间陆续开放，专作筹划旗人生计。"②吉省民国年间丈放
的地目，首先是出放六旗马厂官地。该地原是清初朝廷拨给吉林六旗养马
放牧地亩，后因官马被陆续裁撤，嘉庆年间便开始招民开垦佃耕。宣统元
年（1909年），吉省旗务处奏请勘丈六旗马厂官地。其呈文云："照得吉
林六旗马厂官荒，原备牧放官马，练习骑射之需。嗣于嘉庆年间，将此项
马匹陆续裁撤，准将荒厂招垦输租，以及制兵犒赏之用。近几百年地亩则
日见滋生，额租则只仍旧惯。现值时艰款绌，筹措万难，若不清丈升科，
何以维持正供。"③随即定章程如下：（一）六旗马厂分作二路，派正副委
员各一员，带同书役绳弓，逐段切实履勘。（二）查丈时，注明某佃原领
若干，丈出浮多若干，尚有余荒若干，务宜分晰据实填写清册呈报以凭查
核。（三）丈出浮多地亩，原佃不愿领种准其地邻接领，但必携原佃赴旗
务处声明，确属两相情愿，始准接领。（四）勘丈之时，每至一旗先调取
该旗承催历年收租底册，与佃户原照核兑清晰以免蒙混。（五）原佃因子
孙析居，将所领之地按支分劈并未换照，仍应携同族人来处，呈请分给执
照。（六）原照因年久遗失，应由该委员就近查明遗失原因，邻右甘结呈
报，饬令该佃来旗务处领换执照。派伯都讷佐领德英阿、镶黄旗佐领德云
勘丈正白二旗马厂官地，与拉林佐领景荃、鸟枪营骁骑校安荣勘丈镶黄、
正黄、镶蓝、正蓝四旗马厂官地④。宣统二年（1910年），仅浮多地就查

①《奉天公署档》第4326号。

②《政治公报》第203号。

③《清代吉林档案史料选编·吉林旗务》191页。

④《清代吉林档案史料选编·吉林旗务》191—192页。

出近万垧，分别按地定租，分佃给各民户。宣统三年（1911年）将该处官地一律订价出放，所得地价款，留作筹划旗人生计之用。再次清丈乌拉凉水泉子、喀萨哩等处官庄地亩。该处地亩原系乌拉翼领、协领两署官庄，总共约二万四千多垧，于嘉庆年间曾经奏准招佃开垦，所得地租作为乌拉旗署经费的补贴。宣统三年（1911年），旗务处经呈准将该地全部清查出放，收取地价[1]。此外系三姓官庄的丈放。三姓官庄最初设于乾隆年间，当时由官府拨壮丁150名，分为官庄15屯，每丁拨地十二垧，每年每丁按规定向官府纳粮三十名。后来官庄内人口繁衍，垦地日渐增多，光绪三十二年（1906年）勘丈已有熟地一万五千垧。丁佃们只顾自己开垦私田，使大量庄田荒芜。光绪三十四年，竟出现庄丁刘凤强等三十余人，将庄地八百垧盗卖给外来民户唐国选等，成为轰动当时的盗卖旗产案。鉴于此种情况，清政府决定先将官庄的江北部分五千余垧熟地变价售放。宣统二年，东北路道王湖等人又进一步提出，应将江南部分官庄地一万三千余垧一并订价出放。

光绪三十二年（1906年），黑龙江省巡抚程德全奏请将全省"各地官屯一律裁撤，所有屯丁致归民籍，派员前往清丈"[2]。光绪三十四年（1908年），墨尔根所属六站丁地全部丈放升科，共丈放墨尔根站熟地六百七十八垧七亩，科落儿站熟地八千六百四十九垧八亩，喀尔塔尔奚站熟地五千八百八十九亩，库木儿熟地一千五百二十四垧八亩，额雨儿站熟地五百八十六垧九亩，黑龙江站熟地三百六十二垧四亩，共计一万七千六百九千二垧一亩。宣统元年（1909年），又丈放特木得黑等站丁地于一万六千六百六十垧[3]。

二、一般旗地的丈放

民国元年（1912年）八月，奉省临时参议会议决定："八旗官兵随缺伍

① 《清代吉林档案史料选编·吉林旗务》6页。
② 《黑龙江省全省垦务局档案》22—1—79。
③ 《黑龙江省全省垦务局档案》22—1—31。

田，不能拨作官兵私产，应归国有，"①开始筹备丈放。翌年设立奉天省丈放官地总局。不久将该局附设于东三省屯垦总局，负责丈放该项旗地。因随缺伍田等地多数由民户佃种，地租由旗署汇总催收分配，各旗官兵并不直接与土地发生关系，因此丈放原则为"佃不失地，兵得生计"。地价分为上中下及下则减半四等。上则每亩地价小银元六元，中则五元，下则四元，每地价一元附收经费五分，每地一亩附收照费五分。所收地价及经照各费以四成资助八旗官兵生计，六成为奉省行征收入。设监绳员十六名，以博大宽宏整齐严肃精勤果毅敬信和平十六字为绳名。从民国二年（1913年）到民国七年（1918年），奉省屯垦局丈放随缺伍田。据《奉天全省官地清丈局兼屯垦局报告书》统计，列表如下：

年份	亩数	年份	亩数
1913年	23210亩	1914年	608642亩
1915年	388949亩	1916年	308578亩
1917年	165842亩	1918年	102707亩
1919年	81169亩		

该局从民国二年（1913年）至民国五年（1916年），丈放随缺、伍田等地共收地价钱二百三十万五百九十七元，银五十八两；经费钱十一万七千五百二十九元，银二两九钱，照费钱一钱四分五厘②。据《奉天全省官地清丈局兼屯垦局报告书》载，民国六年（1917年），收入为六十三万三千九百三十元；民国七年（1918年），收入为六十四万八千七百九十六元；民国八年（1919年），收入为七十八万七千九百二十一元。这些收入绝大部分被军阀政府所吞没，拨给八旗官兵的微不足道。此外民国二年（1913年）至民国五年（1916年），屯垦局还丈放了锦县小陵河夹河滩、宋家甸两处兵领余租升科地三千四百三十六亩，巨流河路记两旗兵领充公入官地二千余亩，广宁六旗公廠等处兵领公产地五千二百七十五亩。上述四项面地基本按照丈放随缺

①《奉天公署档》第4147号。
②《奉天公署档》第4467号。

地、伍田地章程办理①。

吉省各旗所属旗地，据文献记载："自清室鼎革，八旗及鸟枪营等署，悉停公务，故是等土地一律变卖，其未垦者，则放荒招领，其已垦者，则变价发卖。"民国三年（1914年），吉省旗务处声称"愿将向归旗属之随缺、津贴、马厂、公田、官庄、牧马、校场以及生荒、浮额等地，无论新陈，悉听派员勘定，一律出放"②。同年五月五常堡旗务承办处呈文将所属之霍伦川随缺地亩自光绪三十二年经五常荒务分局勘丈后，迄今五年之欠，不无续垦浮多，应请晓谕该外佃户并派员履勘③。同年六月《三姓旗务分处为将随缺旗产拍卖收价作筹划生计之用的呈文》中云："查三姓应售旗产有随缺额地二万七千零八十垧，又随缺科地二万三千三百垧零九分，备系租赋地一千二百八十八垧八亩，办公津贴地二千垧，学田地三千垧。再锦（富锦）署原放随缺地七千三百八十垧，办公生息地四千六百八十九垧四亩四分，公田地五千六百七十垧，"④共计七万四千四百多垧，将"所有随缺各项旗产应及时拍卖放归民产，所收地价，以作筹划生计之用"⑤。同年三姓承办处将依兰府城东门外空地二千八百八十方丈，"向系八旗箭厅教场废址，现在整顿商务该处逼近城中，地当孔道，改为市廛商务，可期发达，即派委勘丈，分别上中下三等收价"⑥。民国五年（1916年），吉省制定，《修正变卖吉林省旗署官产章程》，规定："凡土地向归旗署，以官署名义经理租佃未经正式卖放，并未经省部批准免价升科给照有案者，无论何项名称，均依本章程行之。"丈放的旗产名目繁多。据吉林巡案使公署批示，有"随缺地、津贴办公地、生息地、马厂、公田、义地，以及旗有户

①《奉天公署档》第4467号。
②《满洲旧惯调查报告·一般民地》附录，103—14页，大同印书馆。
③《吉林行省档案》2—1。
④《吉林行省档案》2—37。
⑤《吉林行省档案》2—37。
⑥《吉林行省档案》2—120。

产地基等类"①。勘丈变卖的原则："先尽原佃交价，买留否即放别户。"②
关于勘丈变卖价格，民国七年（1918年）吉省颁布《变卖官兵粮租随缺地
办法》，规定：随缺地"归兵丁承领者，每垧收价九元；归佃户承领者，
由佃户交价每垧大洋二十元。除扣留官价九元及二成经费一元八角外，下
余九元二角发给官兵，作为佃户向兵丁买得地东所有权之代价③。吉省勘丈
变卖旗产数量如下表④：

城别＼地别	故场地	公田地	随缺地	津贴办公地	马厂地	生荒地
省城					9265垧5亩	
宁古塔	11垧6亩	15垧				
伯都讷	635垧3亩	19910垧2亩	4889垧7亩			
三姓			30070垧			
富克锦		10359垧4亩				
双城堡		902垧7亩	10541垧3亩			
五常堡			5112垧		44垧3亩	
乌拉				凉水泉办公地 2000垧 喀萨哩办公地 4369垧8亩		
额穆赫索罗		109垧				
合计	122983垧					

上表所列各地旗产数量仅表明为宣统三年以前的数量，并非全部。当时
变卖勘丈旗产也包括旗署荒地。如民国三年勘放座落扶余、榆树二县津贴
浮多荒地约二万垧，双城堡旗屯牧荒约一万二千多垧，拉林附近双滨晾网
地约共一万七千垧，旗屯牧荒约共一万垧，全计六万余垧⑤。

黑龙江省清末曾将旗产官荒免价勘放拨给旗民。光绪二十三年（1897
年），黑龙江将军恩泽在开放通肯、克音、汤旺河、观音山地方的报告

①《清代吉林档案史料选编·吉林旗人生计》94页。
②《清代吉林档案史料选编·吉林旗人生计》94页。
③《土地关系之旧法规·吉林省之部》99—101页。
④《清代吉林档案史料选编·吉林旗人生计》97页。
⑤《清代吉林档案史料选编·吉林旗人生计》96页。

云："通肯荒地九十九万坰，先行分设旗屯，俟通肯全数放竣，再将克音荒地十二万九千坰放给旗户承领，即招民户补之，汤旺河观音山两处勘丈完竣，无论旗民一律招垦，"[1]从光绪三十年（1904年）至宣统三年（1911年），出放旗产官荒约六百数十万坰。黑省当局对备价勘丈的土[2]地填写三联单，其中一联给承领者作为信票换取土地执照的根据。信票全文：

> 发给信票事，照得××佃自备荒价承领××荒地××坰，照章扣除三成，实以七成计算，每地一坰征缴荒价库平银××，共计征纳银××，本局如数收讫，为此给予信票，仰该佃限××日内，执赴处所呈验明确，以便挨次照数拨地，换给四至绳弓邻右图址小照收执可也，须至票者。[3]

其他二联即是存根、查验保留官署。承领者凭信票即可引换土地执照。土地执照也称小照。

> 内容如下："发给小照事，今勘得户××，原居××旗界早占地××，准其永远为业，合行发给四至地图小照。为此照仰该户收执可也，须至小照者。"[4]

民国元年（1912年），东兴镇旗兵屯田区内土地丈放允许旗民认领，发给小照。又据档案记载：民国二年（1913年），龙江县将旗民生计地"发归县署，布告限日开垦，愈限不垦，即由县丈放招户"，以得价资助旗丁生计。

三、王庄的丈放

清末民初八旗王公贵族庄地的丈放与丁佃的抗租占地斗争密切结合在一起。据《奉天公报》云："自共和国成立后，各庄佃对王公时生野心，抗租不交者有之，私自税契者有之，听地方团体主使附合观望者有之，甚至有

---

①《谕折汇存》光绪三十三年一月九日。
②《黑龙江时报》民国元年十一月一日。
③《满洲旧惯调查报告·一般民地》221页，大同印书馆。
④《黑龙江省垦务要览》。

为王公府产已划归国有者，一唱百和，殊于秋收地租大有窒碍。"民国二年（1913年）三月，肃王府壮丁李芳等，联名上书省议会，要求取消差银，其他王府丁佃也纷纷响应。对此奉天省议会通过议案，"将各王府所属壮丁人地差银议准一体取消"①。民国二年（1913年）初，仪亲王府庄头康庆龄呈称："庄头之租久受拖累，积年累欠四千余元。今赴该处收租……该处土豪姜学易串通各佃户，将三年租项均行横住，不容交收，王府租差归为无着。"②肃王府在盖平县的庄头张成德等"自国体变更以来，以李府声势今非昔比，故皆起心藐视，非特连年拖欠租款，现在并欲将府产悉行吞没"。礼王府在海城、盖平等县的丁佃也联合起来拒不交租。礼王府属下壮丁项玉有"倡言立会"，并向众丁佃"大声疾呼，谓此项王租系属丁差，今民国成立，理宜取消。如本村有敢偷交租者，立有重罚，并即驱逐屯外，如王府有敢来收租者，即群起而次，非达到破坏目的不止"。众佃户听之"遂一唱百和，群相抗霸"。王府派去征租官役见丁佃"来势凶猛，恐生不测"，急忙向礼王府禀报此事，呈述壮丁、佃户抗租的情形："项玉有等，于本门上收租之前，遣派心腹多人，四出演说，散布张单，引诱入会，其与梧树屯毗连四方台等村，暨凡在海城县内者，固被伊鼓吹胁从，即隔境如盖平等，亦到处纠合，取为一气，顽抗不交，缠讼至今，羽党林立，若在危而采，颠而不扶，则东省各租尚堪设想耶。"③由此可见，不仅海城县梧树屯的租粮收不上来，海城县的其他村屯以及盖平县的租粮也成问题。顺承郡王府在辽阳、沈阳、海城、本溪等地的丁佃也"竟将王产视为己有，不但额租连年拖欠，抑且有自行税契转售之事"④。奉恩镇国公魁璋在开原县属清河沟等处的丁佃从民国二年起一直"抗纳丁差"。该府在辽阳县由壮丁曾

---

① 《奉天公报》624号。

② 《奉天公署档》第4149号。

③ 《宗人府堂稿》，引自杨学琛《清代八旗王公兴衰史》384页，辽宁人民出版社，1986年版。

④ 《宗人府堂稿》，引自杨学琛《清代八旗王公兴衰史》385页，辽宁人民出版社，1986年版。

昭臣等领种的庄地有万亩之多。所属丁佃"同心霸领，合谋伙抗丁差，缠讼七年"①。面对丁佃风起云涌的抗租霸地斗争，请看民国二年十二月九日的《大总统命令》，全文为：

> 共和肇造，溥海同麻。回溯改革之初，实由大清孝定景皇后应天顺人，始臻天下大公之盛，凡属皇族懿亲自应上体仁慈优加待遇，本大总统前次颁布优待皇室条件，曾申明清皇族私产一体保护，自应遵照办理。兹据清礼亲王世铎等呈称，奉天临时省议会轻徇新民县议事会议员现充辅国公奎瑛府壮丁于景瀛等之请，擅将各王府所属壮丁人地差银议准一体取消，并组织公民保产会，将应交各银抗不交纳，恳请迅赐保护各等请。披阅之余，殊堪骇诧。查大清王公勋戚授产之法，除其赋税，免其差徭，盖以优赉王公，与承种其地之该壮丁等毫无关系，该壮丁等于各王府缴纳此项银两，均有历年征收册籍可凭，何得以国体变更意存侵蚀，似此任意违抗，殊失孝定景皇后与民休息之心，益乖本大总统一视同仁之旨。著奉天民政长将该省该会议决案行知取消，一面饬知地方官，谕令各王公府所属各壮丁等仍照旧缴纳，毋得藉词违抗。并著各省民政长通饬各属。嗣后，凡清皇族私产，应遵照前颁优待条件，一体认真保护，并严行晓谕各处壮丁人等，照旧缴纳丁粮，务期同奠新基，各安旧业，本大总统有厚望焉。此令。②

这篇以袁世凯名义发布的命令，实质内容是民国政府对王公庄地的保护，对丁佃抗租霸地斗争的压制。民国政府认为王庄的土地是皇帝赐与王公贵族的私有财产，八旗王公对庄地具有所有权、征租权、庄地与丁佃"毫无关系"。丁佃承种庄地，交纳王粮"有历年征发册籍可考"，而丁佃因"国体变更"抗租霸地纯属"任意违抗"。因此，饬令各王公所属丁佃对王庄"一体认真保护""严行各处壮丁人等，照旧缴纳丁粮"。然而袁大总统令亦只不过是一纸空文。广大丁佃抗租占地斗争愈加发展扩大。所谓"抗租

① 《奉天公署档》第4150号。
② 《奉天公报》第642号。

霸地之案，指不胜数"①。

在丁佃此起彼伏的抗租霸地斗争的冲击下，八旗王公贵族失去先前的威风，面对既难收租，又难保地，经济生活日益恶化的窘困局面，便希图通过变卖庄地来扭转入不敷出的困境。仪亲王永璇的曾孙镇国公毓岐，于民国三年（1914年）在出卖庄地的呈文中云："有上赏先祖仪亲王册地八千五百零八亩，坐落在奉天海城、复州两县界内熊岳、牛庄等地方，历归本府大粮庄头康庄龄承种。现因生计艰迫，现状难支，又兼庄佃等屡抗租额，任意拖欠，欲将此项地亩概行出售。"②由此档案材料可知，由于丁佃抗租霸地的斗争，使王公贵族"生计艰迫"正是王公贵族变卖庄地的主要原因。宗室宝琦在辽阳城北小旗杆堡有一处庄地，由马文礼领种，纳有小租。民国二年（1913年），宝琦将该地"折卖归民完全管业，立有折卖契约。因该地系民先人领名占有，所有权在民，该宗室得价"③。民国三年（1914年），奉恩镇国公魁璋呈请将坐落奉天宁远县属西北乡沙河子、团瓢子、薛家屯、郭家屯、破台子，以及绥中县城后等六处庄地放归原佃承领④。王公贵族自行出售庄地的行为，遭到丁佃强烈反对。淳亲王允祐七世孙溥堃，因"窘迫难度"，派人前往奉省绥中、宁远、锦县等地勘卖庄地时，绥中县壮丁冯林等设立保产会，聚众三百余人，殴打前来卖地者。奉恩镇国公在出售辽中县庄地时，"该庄佃等际兹民国，藐视王公，兼彼时假伪立保产会声势，恃众阻挠，始终不肯价领，颇有视为己产之心"⑤。

各地王公贵族单独变卖庄地的计划受到丁佃抵制后，便想联合起来，成立清产处，出卖庄地，并呈请民国政府给予保护。民国政府为了维护王公利益，掠夺民财，从民国四年（1915年）始，由奉省官地清丈局制定"查丈王公庄地办法八条"，后改二十一条称《奉天官地清丈局改订丈放王公

①《奉天公署档》第4150号。
②引自杨学琛《清代八旗王公兴衰史》385页，辽宁人民出版社，1986年版。
③《奉天公署档》第4156号。
④《奉天公署档》第4150号。
⑤《奉天公署档》第4150号。

庄地章程》。主要内容如下：（一）凡坐落奉省各县属各项王公庄地，均应依照本章程交局丈放。（二）清丈各庄地时，比较清丈地册原亩数归王府得价，如丈有浮多之地，尽数拨归国有。（三）各王公庄地庄种归庄承领，佃种归佃承领。（四）各项庄地，上则地每亩收地价大洋八元，中则每亩收地价大洋六元，下则每亩收地价大洋四元，减则每亩收地价大洋二元。（五）所收庄地，基地价款，以二成拨归国有，以八成收归各王公名下存款帐簿，专储备领，浮多地价尽数拨归国有。

清代东北八旗王公庄地所在地，西起绥中，东迄兴京（今新宾县），南自复州，北至开原，分散清末奉天所属二十一个府、厅、州、县，共一百九十余所。据"奉天官地清丈局"档案记载各地区丈放庄地数量如下：

地区	土地额	地区	土地额
承德县（沈阳）	770790亩9分2厘	辽阳	127498亩3分
海城	191126亩6分3厘	盖平	112730亩1分4厘
营口	53888亩6分5厘	新民	224926亩2分7厘
铁岭	73969亩6分6厘	本溪	7106亩6分
法库	34590亩4分	黑山	158585亩5分3厘
广宁	102978亩4分6厘	义州	76707亩9分5厘
抚顺	101140亩8分	锦县	276237亩3分9厘
辽中	36598亩7分	锦西	110718亩4分9厘
宁远	216869亩2分6厘	绥中	25867亩9分7厘
开原	256亩	兴京	2473亩9分
复州	714亩2分		
合计	2705774亩6分6厘		

按上表所示共丈放庄地二百七十万五千七百七十余亩。超过清末皇庄在盛京土地额一百十四万五千余亩之数。

清末民初八旗王公庄地的丈放使王公贵族得到了实惠，奉系军阀得到了好处。根据官地清丈局改订丈放王公庄地章程，王公贵族得八成正额地价。如庄亲王府在奉省庄地，仅原额地就达七万余亩，按每亩以中则地大洋六元定价，地价就得大洋四十多万元，除去二成归军阀政府，实际可得三十多万元。这样就使王公贵族获得大量收入，因此王公贵族均呈送册簿到局要求官地清丈。而奉系军阀政府在丈放王庄中更是偏得好处。按章程规定："浮多地价尽数拨归国有"即归奉系军阀腰包。所谓"浮多"，多是王公倚恃权势侵占的民田或壮丁开垦的荒地、牧场等，数量极大。如和硕果亲王允礼的庄头吴国汉领有庄地三千四百六十五日三亩，到乾隆二十八年查丈时浮多地为七百六十九日，即几十年内增加四千六百多亩①。民国六年（1917年），奉省财政厅总括王庄原额、浮多情形时说："此项圈地（王府）均系前清国初时拨给垦种，迄今二百余年，从未清丈，其中侵占浮多者，尤难数计。"可见这些"尤难数计"的浮多地对奉系军阀政府是多么惊人的收入。不仅如此，对王公庄地原额地价也要提取二成，又可敛银无算。广大丁佃备价领地的血汗银，源源不断地流入王公贵族和奉系军阀的私囊。

①奉省一日为六亩。

征引参考文献

一、中文文献

《三朝辽事实录》 长白丛书本

《朝鲜李朝实录》 东洋文化研究所刊本

《清实录》 中华书局本

《满文老档》 辽宁大学历史系铅印本

《满文老档秘录》 民国七年本

《钦定大清会典事例》 光绪三十年本

《殊域周咨录》 故宫博物院图书馆印本

《清太祖武皇帝实录》 故宫博物院排印本

《燃藜室记述》 辽宁大学历史系铅印本

《山中闻见录》 长白丛书本

《皇朝通典》 浙江古籍出版社影印本

《皇朝通志》 浙江古籍出版社影印本

《清朝文献通考》 浙江古籍出版社影印本

《清朝续文献通考》 浙江古籍出版社影印本

《八旗通志》初集 东北师大出版社点校本

《八旗通志》续集 吉林文史出版社点校本

《盛京通鉴》 满蒙丛书本

《盛京典制备考》 满蒙丛书本

《东三省政略》 长白丛书本

《筹辽硕画》 满蒙丛书本

《皇朝经世文编》 道光七年刊本

《旗军志》 辽海丛书本

《户部则例》 同治十二年刊本

《清史稿》 中华书局点校本

《明史》 中华书局点校本

《辽东志》 辽海丛书本

《大明一统志》 明万历杨氏归仁斋刊本

《宾州府政书》 宣统二年刊本

《龙沙纪略》 黑龙江人民出版社点校本

《柳边纪略》 长白丛书吉林纪略本

《宁古塔纪略》 长白丛书吉林纪略本

《清代的旗地》 中华书局点校本

《扈从东巡日录》 长白丛书本

《塔子沟纪略》 辽海丛书本

《绝域纪略》 长白丛书本

《建州纪程图记》 辽大历史系铅印本

《建州闻见录》 辽大历史系铅印本

《沈阳日记》 辽海丛书本

《星湖僿说类选》 朝鲜古书刊行会本

《大清一统志》 四部丛刊本

《明代辽东档案》 辽沈书社印本

《满洲源流考》 辽宁民族出版社印本

《盛京通志》 乾隆元年刊行

《盛京通志》 乾隆四十八年刊行

《沈阳状启》　辽大历史系铅印本

《奉天通志》　东北文史丛书编辑委员会点校本

《承德县志》　宣统二年刊本

《沈阳县志》　辽海丛书本

《盛京疆域考》　辽海丛书本

《铁岭县志》　辽海丛书本

《开原县志》　辽海丛书本

《盖平县志》　辽海丛书本

《海城县志》　辽海丛书本

《锦州府志》　辽海丛书本

《辽阳州志》　辽海丛书本

《岫岩县志》　辽海丛书本

《义县志》　辽海丛书本

《辽阳县志》　民国十九年本

《吉林通志》　长白丛书本

《吉林志略》　长白丛书本

《吉林外纪》　长白丛书本

《黑龙江外纪》　黑龙江人民出版社点校本

《黑龙江述略》　黑龙江人民出版社点校本

《黑龙江地略》　小方壶斋舆地丛钞本

《黑龙江志稿》　黑水丛书本

《呼兰府志》　民国四年刊本

《石渠余纪》　北京古籍出版社点校本

《清初史料丛刊初编》　辽大历史系铅印本

《奉天财政沿革利弊说明书》　民国经济学会本

《朝鲜李朝实录中的中国史料》　中华书局本

《朝鲜文献中的中国东北史料》　长白丛书本

《清代东北参务》　长白丛书本

《清实录东北史料全辑》　长白丛书本

《吉林旗务》　天津古籍出版社本

《清史列传》　中华书局点校本

《吉林农业档案》　长白丛书本

《清代档案史料丛编》　中华书局本

《三姓副都统衙门满文档案译编》　辽沈书社本

《黑龙江设治》　黑龙江档案馆编

《吉林旗人生计》　天津古籍出版社本

《清史资料》　中华书局本

《清代黑龙江档案选编》　黑龙江出版社本

《东华录》　中华书局点校本

《刑科题本》　中国第一历史档案馆藏

《内务府呈稿》　中国第一历史档案馆藏

《内务府来文》　中国第一历史档案馆藏

《内务府奏案》　中国第一历史档案馆藏

《军机录副》　中国第一历史档案馆藏

《会计司呈稿》　中国第一历史档案馆藏

《都虞司呈稿》　中国第一历史档案馆藏

《内务府奏销档》　中国第一历史档案馆藏

《庄头处呈稿》　中国第一历史档案馆藏

《兵科题本》　中国第一历史档案馆藏

《宁古塔副都统衙门档案》　中国第一历史档案馆藏

《珲春副都统衙门档案》　中国第一历史档案馆藏》　长白丛书选本

《阿拉楚喀副都统衙门档案》　中国第一历史档案馆藏

《户部地亩档册》　中国科学院图书馆藏

《八旗户籍口粮册》　中国科学院图书馆藏

《盛京内务府稿档》　辽宁省档案馆藏

《奉天省公署档》　辽宁省档案馆藏

《辽阳县公署档》　辽宁省档案馆藏

《吉林将军衙门档》　吉林省档案馆藏

《黑龙江将军衙门档》　黑龙江省档案馆藏

《黑龙江全省垦务档》　黑龙江省档案馆藏

二、中文论著

《论东北经济史在中国经济史中的地位》　孔经纬著　吉林大学学报　1985年4期

《八旗生计问题述略》　李乔著　中国人民大学明清史复印资料1985年4期

《论清朝的旗饷政策及其影响》　郑川水著　中国人民大学明清史复印资料　1985年4期

《清初牛录的类别》　郭成康著　史学集刊　1985年4期

《清代旗地制度始末》　刘景泉著　中国人民大学明清史复印资料1985年6期

《京旗"苏拉"移驻考辨》　王革生著　史学集刊　1985年4期

《战后日本学者研究清入关前史概况》　冯年臻著　清史研究通讯1984年2期

《日本对清入关前史研究》　薛虹著　东北师大学报　1985年4期

《清前期满族旗地经营方式的考察》　何溥莹著　中国人民大学明清史复印资料　1985年5期。

《从乾隆刑科题本看东北旗地的经营方式》　何溥莹著　中国社会经济研究　1985年1期

《从《黑图档》看康熙朝盛京皇庄的赋役制度》　关嘉录著　中国史研究　1984年2期

《论八旗制度》 李旭著 中华文史论丛 5辑

《八旗建立前满洲牛录人口初探》 陈佳华、傅克东著 中央民院学报 1981年1期

《八旗制度中的满汉关系 陈佳华、傅克东著》 民族研究 1980年6期

《牛录、城守官、姓长——清初东北地方行政机构》 郑天挺著 社会科学战线 1982年3期

《清入关前八旗土地制度试探》 金成基著 清史论丛 1辑

《八旗户籍制度初探》 傅克东著 民族研究 1983年6期

《八旗制度研究述略》 陈佳华著 社会科学研究辑刊 1984年5期

《关于八旗制度的几个问题》 周远廉著 清史论丛3辑

《论清代旗地的形成演变及性质》 左云鹏著 历史研究 1961年5期

《清代旗地的性质及变化》 杨学琛著 历史研究 1963年3期

《试论清初旗地的形成及性质》 杨德泉著 扬州师院学报 1963年3期

《清代旗地性质初探》 王钟翰著 文史19 1979年6辑

《清初的圈地运动及旗地生产关系的转化》 李华著 文史 1980年8辑

《清初至甲午战前东北官田旗地经营和民佃以及民地的发展》 孔经纬著 吉林大学学报 1978年5—6期

《清代东北旗地的几个问题》 张璇如著 学术研究丛刊 1980年1期

《顺雍康三朝八旗丁额浅析》 安双成著 历史档案 1983年2期

《八旗奴仆分档开户问题》 孟昭信著 清史研究通讯 1984年2期

《清代盛京地方的八旗驻防》 杨余练著 东北地方史研究 1984年创刊号

《清代旗兵和余丁的地位和反抗斗争》 杨学琛著 民族团结 1963年9期

《清代皇庄的几个问题》 周远廉 杨学琛著 历史研究 1965年3期

《清代八旗制度产生的历史条件》 刁书仁著 北方文物 1990年2期

《论清康熙中叶前东北旗地的特征》 刁书仁著 吉林师院学报 1988年2期

《清中叶吉省民地略论》 刁书仁著 东北地方史研究 1990年1期

《论顺康时期的吉林官庄》 刁书仁著 吉林师院学报 1989年3期

《论清乾嘉时期东北旗地的补救措施》 刁书仁著 东北师大学报 1990年2期

《乾嘉时期东北新设旗地考略》 刁书仁著 吉林师院学报 1990年2期

《论康熙中叶以后东北旗地的发展及生产关系的变化》 刁书仁著 中国史研究 1989年2期

《康乾时期流民出关移垦与东北旗地的变化》 刁书仁著 社会科学战线 1990年3期

《清嘉道时期双城堡、伯都讷屯垦略论》 刁书仁著 清史研究通讯 1990年3期

《清代伯都讷地区的开发》 刁书仁著 史学集刊 1991年4期

《论清代东北旗界的设立及管理》 刁书仁著 吉林师院学报1991年3—4期

《嘉道时期东北民典旗地略论》 刁书仁著 社会科学辑刊 1991年6期

《清代吉林开发的历史特点》 刁书仁著 中国农史 1992年1期

《论清代东北旗庄内部结构及其变化》 刁书仁著 吉林师院学报1992年2期

《清代统治东北之二重体系》 金毓黻著 东北集刊 1941年10月2期

《清初宁古塔将军的设置和抗俄斗争》 孙秀仁等著 学习与探索 1979年4期130页

《清代边疆和少数民族地区政治制度》 赵希鼎著 社会科学战线 1980年3期 135页

《清太宗时期的"新满洲"问题》 刘景宪等著 历史档案 1981年4期 133页

《努尔哈赤时期八旗左右翼小考》 白新良著 历史档案 1981年4期 133页

《八旗汉军考略》 陈佳华著 民族研究 1981年5期

《清代前朝的八旗制度》 周远廉著 社会科学辑刊 1981年6期

《辛亥革命与八旗制度的崩溃——略论辛亥革命对满族的影响》 郑川水著 辽宁大学学报 1982年1期

《清入关前八旗旗主贝勒的演变》 李鸿彬等著 社会科学战线1982年1期

《清代前期的佐领》 傅克东等著 社会科学战线 1982年1期

《清代吉林地区的封禁》 关克笑著 东北史研究 1983年第1辑

《清代江左旗屯所在地区和村屯的变化》 郭燕顺著 黑龙江文物丛刊 1983年3期

《吉林乌拉锡伯世管佐领源流考》 赵志强等著 历史档案 1983年4期

《满洲"牛录"考释》 木川著 社会科学辑刊 1981年4期

《清初满洲牛录的特征》 陈佳华等著 民族研究通讯 1982年3期

《在清初维护祖国统一战争中的黑龙江八旗兵》 刘邦厚著 北方论丛 1983年6期

《东三省京旗屯垦始末》 刘选民著 禹贡 1936年10月6卷3，4期

《清代汉人拓植东北述略》 龚维航著 禹贡 1936年10月6卷3期

《满族未入关前的经济生活——清代的八旗生计问题之一斑马奉琛著》 食货 1935年2月1卷6期

《清初满汉社会经济冲突之一斑》 马奉琛著 食货 1936年8—10月

2卷6，8，9期

　　《清代东北之屯垦与移民》　肖一山著　东北集刊　1942年8月4
期　1943年7月5期

　　《我对清末"移民实边"政策的一些看法》　何志著　内蒙古日报
1962年1月23日

　　《清代东北的封禁与开垦》　李普国著　吉林大学社会科学学报1962
年1期

　　《清初至甲午战前东北官田旗地的经营和民佃以及民地的发展》　孔经
纬著　历史研究　1963年4期

　　《呼兰——清代江省的粮仓》　鞠殿义著　学术研究丛刊　1980年4期

　　《清初流人及其对黑龙江地区开发的贡献》　李兴盛著　学习与探
索　1980年5期

　　《清初、中期黑龙江省的土地开发》　孙占文著　北方论丛　1981年1
期

　　《清代黑龙江地区土地开发概述》　孙占文　吴文衔著　东北考古与历
史　1982年1期

　　《清初黑龙江地区土地发展概述》　孙占文　吴文衔著　中国经济史论
文集（下）　1982年1月

　　《民国时期黑龙江省的土地开发》　孙占文著　北方文物　1982年5期

　　《满族在东北经济发展中的地位》　赵铎著　中国经济史论文集
（下）　1982年1月

　　《清代东北蒙地开发概述》　田志和著　中国经济史论文集（下）
1982年1月

　　《清代东北流民》　田志和著　东北史研究　1983年1辑

　　《十九世纪八十年代宁古塔、三姓、珲春等地的土地开发》　董万仑
著　中国经济史论文集（下）　1982年1月

　　《入关前满族的社会经济概论》　滕绍箴著　中国史研究　1982年1期

《清代东北噶珊考》　丛佩远等著　学术研究丛刊　1982年4期

《清代民国伪满时期东北社会经济的演变》　孔经纬著　史学集刊　1982年4期

《后金初期采猎业的经济地位》　刘庆华著　东北史研究　1983年1辑

《清初封禁与招民开垦》　张璇如著　社会科学战线　1983年2期

《满族未统治中国前的社会形态》　张维华、文史哲著　1954年10期

《满族在努尔哈赤时代的社会经济形态》　王钟翰著　中国民族问题研究集刊　1956年5期

《有关满族史的若干问题的处理意见》　傅乐焕等著　光明日报1962年6月19日

《清入关前满洲族的社会性质》　郑天挺著　历史研究　1962年6期

《试论入关前满族社会迅速变化的原因》　邓中绵著　哈尔滨师院学报　1963年2期

《公元十五世纪到十七世纪中叶建州女真族社会性质的探讨》　李洵著　吉林师大学报　1978年4期

《从"诸申"身份的变化看入关前满族的社会性质》　周远廉著　社会科学辑刊　1979年1期

《清入关前满族的社会性质》　李鸿彬著　社会科学辑刊　1979年2期

《满族入关前社会性质初探》　何溥莹著　社会科学辑刊　1979年3期

《关于满族从奴隶制向封建制过渡的问题》　周远廉著　中央民族学院学报　1980年1期

《再论满族入关前的社会性质》　赵展著　东北师大学报　1980年4期

《满族入关前社会性质讨论综述》　张璇如著　民族研究　1982年6期
关于满族形成中的几个问题》　王钟翰著　社会科学战线1981年1期

《从阿哈和诸申看进入辽沈以前的满族社会形态》　汪茂和著　南开史学　1982年1期

《早期满族社会的阿哈身分问题》　汪茂和著　南开学报　1982年5期

东北旗地研究

《满族婚俗考》　宋德胤著　牡丹江师院学报　1983年2期

《试谈满族的民族意识》　吴桂荣著　牡丹江师院学报　1983年2期

《满族共同体的形成与民族融合》　朱诚如著　辽宁师院学报1983年2期

《从十五世纪建州女真阶级关系的变化看奴隶制生产关系之确立》　李景兰著　清史研究通讯　1983年4期

三、日文论著

《满洲发达史》修订本　稻叶岩吉著　1935年东京

《清朝全史》　稻叶岩吉著　1920年东京

《入关前的清朝》　泉廉治著　1924年大连

《东北部满洲的沿岸——以宁古塔为中心》　哈调资料41　哈尔滨　1925年

《满洲地志》三册　守田利远著　1906年东京

《满洲地志》七册　关东都督府陆军经理部　1911年

《满洲旧惯调查报告·内务府官庄》　天海谦三郎著　"满铁"调查课　1914年大连

《"满洲"旧惯调查报告·皇产》　天海谦三郎著　"满铁"调查课　1915年大连

《满洲旧惯调查报告·蒙地》　龟渊龙长著　"满铁"调查课　1914年大连

《满洲旧惯调查报告·一般民地上中下》　龟渊龙长著　"满铁"调查课　1915年大连

《满洲旧惯调查报告·典的惯习》　宫内季子著　"满铁"调查课　1913年大连

《满洲旧惯调查报告·押的惯习》　宫内季子著　"满铁"调查课　1913年大连

《满洲旧惯调查报告·租权》　眇田熊右卫门著　1914年大连

《关东州土地旧惯一斑》　天海谦三郎龟渊龙长著　"满铁"调查课　1914年大连

《关东州土地制度论》　松木吉五郎著　1922年大连

《朝鲜孝宗朝的两次满洲出兵》　稻叶岩吉著　青丘学丛15—16　1933年

《满洲社会经济史的诸问题》　大上末广著　东亚7—10，11　1933年

《满洲的土地形态和地租形态》　大上末广著　"满铁"调查月报13—3，4，5　1932年

《清代的土地所有关系》　柴三九男著　历史学研究2—6　1933年

《前清宗室的所领地禁卖》　稻叶岩吉著　外交时报43—11　1926年

《关于清皇族庄园所有权》　天海谦三郎著　资料汇存11　1922年

《清代满洲流人考》　有高岩著　三宅博士古稀祝贺纪念论文集　1928年

《满洲的京旗屯垦》　有高岩著　史潮4—3　1933年

《清朝的满洲统治与支那人移住》　矢野仁一著　支那17—3　1926年

《清末北满洲海伦拜泉地方的土地开发》　柴三九男著　史观　1932年

《呼兰地方植民的发达》　柴三九男著　史观6　1933年

《黑龙江省的开垦》　龟渊龙长著　资料汇存9　1915年

《在满洲的支那劳动移民》　调查时报7—8　1926年

《满洲汉民族的地位》　稻叶岩吉著　东亚6—8　1932年

《满洲社会史的剖面》　稻叶岩吉著　东亚5—8　1932年

《满洲史研究的现状》　稻叶岩吉著　青丘学丛27　1937年

《清初史研究的展望》　今西春秋著　东洋史研究1—1　1935年

《有关清初史的二三问题》　江岛寿雄著　史渊42　1949年

《清朝崛兴史研究》　神田信夫著　明治大学人文科学研究20

东北旗地研究

《满洲氏族的过去》 白鸟库吉著 东洋时报 1909年

《二道河子旧老城时代的满族社会》 布村一夫著 收书月报89 1943年

《明末清初的满洲氏族及其源流》 三田村泰助著 东洋史研究19—2 1960年

《明末清初的满洲社会——通论"氏族社会的解体说"》 布村一夫著 书香19 1960年

《明末女真和八旗的统治轮廓》 中山八郎著 历史学研究5—2 1935年

《建州女真社会结构的考察》 河内良弘著 明代满蒙史研究 1963年

《以建州、海西两女真为中心的满洲时代》 鸳渊一著 世界历史大系11 1935年

《清太祖时代的八旗制度》 田中宏己著 防卫大学校纪要33

《论清初八旗制度的创立》 鸳渊一著 史学杂志50—7 1939年

《清初的政治与社会——入关前的八旗与汉人问题》 北村敬直著 东洋史研究10—4 1949年

《"八旗"渊源试释》 中山八郎著 人文研究10—10 1959年

《清朝八旗制度的变化》 细谷良夫著 东洋学报51—1 1968年

《论清初八固山额真》 鸳渊一著 山下先生还历纪念东洋史论文集 1938年

《清初固山额真年表考》 阿南惟敬著 防卫大学校纪要15 1967年

《关于八旗创立初期的牛录组织——牛录的创立》 百濑弘 青木富太郎著 东亚论丛 1940年

《八旗满洲牛录的研究》 户田茂喜著 史学杂志51—7 1940年

《国初满洲八旗牛录的研究》 阿南惟敬著 防卫大学校纪要13 1966年

《清初牛录额真考》　阿南惟敬著　防卫大学校纪要16　1968年

《论清初"辛者库"牛录》　户田茂喜著　史学杂志52—7　1941年

《清朝中期的八旗户籍法的变革——以开户为中心》　细谷良夫著　集刊东洋学15　1966年

《八旗审丁户口册的成立及其背景》　细谷良夫著　集刊东洋学10　1965年

《清初的疆域——以申忠一的《建州纪程图记》为中心》　三田村泰助著　朝鲜学报36　1965年

《满洲国创立过程的考察》　三田村泰助著　东洋史研究2—2　1936年

《清朝姓氏考》　内藤虎次郎著　内藤湖南全集7　1970年

《敕书和屯庄——清朝勃兴时的社会经济史概观》　日本史学11　1952年

《马奉琛著《满族入关前之经济生活》　池田孝　"满铁"调查月报17　1937年

《赫图阿拉城结构的轮廓》　户田茂喜著　山下先生还历纪念东洋史论文集　1938年

《访问清朝的发祥地赫图阿拉》　古贺一海著　观光东亚5　1938年

《赫图阿拉纪行——兴京老城的今昔》　鸳渊一著　史学研究12　1941年

《清朝旗民关系的考察》　浦廉一著　史学杂志49—7　1938年

《关于清代罪犯之流放边疆》　川久保悌郎著　弘前大学人文社会15　1958年

《清代满洲流人考》　有高岩著　三宅博士古稀祝贺中国史论集　1929年

《论清初的兵制》　栖木野宣著　东方学33　1967年

《关于清初兵制的若干考察》　中山八郎著　和田博士还历纪念东洋史

论丛 1951年

　　《清朝满洲驻防的特殊性的考察》 周藤吉之著 东方学报11—1 1940年

　　《关于清代的驻防八旗》 北山康夫著 羽田博士颂寿纪念东洋史论丛 1950年

　　《关于盛京、吉林、黑龙江等处标注战迹舆图》 和田清著 东亚史论丛17 1969年

　　《有关清初黑龙江俄清冲突的概况——顺治年间的冲突》 阿南惟敬著 清初军事史论考 1980年

　　《有关清初黑龙江俄清冲突的概况——康熙年间的冲突》 阿南惟敬著

　　《清初的奴隶》 田中克己著 帝塚山学院短期大学研究年报 1956年

　　《清初的阿哈——以天命朝为中心》 石桥秀雄著 史苑28 1968年

　　《清初的诸申——以天命朝为中心》 石桥秀雄著 史草5 1964年

　　《清初对汉人的政策——以太祖出进辽东时代为主》 石桥秀雄著 史草2 1961年

　　《清代满汉的经济融合》 野原四郎著 历史学研究5—2 1935年

　　《清初社会的经济基础》 柴三九男著 史学杂志50 1939年

　　《围绕清初土地制度的诸问题》 柴三九男著 史学杂志49—7 1938年

　　《旧满洲的土地形态与地租形态》 大上末广著 "满铁"调查月报13—4 1933年

　　《清朝旗地的构成》 周藤吉之著 社会经济史学11—11 1942年

　　《清朝入关前旗地的发展过程》 周藤吉之著 东方学报12—12 1941年

　　《清朝初期旗地的发展过程》 周藤吉之著 史学杂志52—6 1941年

　　《清初的旗地》 柴三九男著 史学杂志46 1935年

《有关清初旗地的满文老档记事（上）》　鸳渊一著　史林23—1　1938年

《有关清初旗地的满文老档记事（下）》　鸳渊一著　史林23—2　1938年

《清初旗地考》　鸳渊一著　内陆亚洲史论集　1964年

《清皇族庄园的所有权》　天海谦三郎著　资料汇存　1922年

《清内务府庄园》　村松祐次著　经济学研究12　1968年

《关于清代东三省八旗庄园庄头的一个考察——以带地投充庄头为中心》　江夏由树著　社会经济史学46　1980年

《满洲的京旗屯垦》　有高岩著　史潮4—3　1934年

《满洲旗地奴隶制庄园的形成、崩溃与汉人殖民》　石田兴平著　彦根论丛32　1956年

《满洲的圈地制的变迁与租佃制的进展》　石田兴平著　彦根论丛52　1959年

《满洲的旗地典卖与租佃制的形成》　石田兴平著　彦根论丛52　1959年

《清代吉林黑龙江的旗地政策》　周藤吉之著　清代满洲土地政策的研究　1944年

《清代畿辅旗地的形成过程》　周藤吉之著　东方学报15　1941年

《畿辅旗地的形成和性质》　细谷良夫著　工业高等专门学校研究纪要　1967年

《清朝中期的畿辅旗地政策——特别以有关雍正乾隆年间制度上表现出来的防止旗地崩溃、救济旗人的政策为中心》　石桥秀雄著　东洋学报39　1956年

《清朝中期旗地的租佃关系——以户部地亩档册的介绍为中心》　周藤吉之著　东方学报12—1　1941年

《关于以雍正朝为中心的官庄庄头》　佐藤圭四郎著　集刊东洋学

20　1968年

　　《旗租小考——以乾隆末期以后为中心有关旗地的"取租册档"及"差银册档"》　村松祐次著　东洋学报45—3　1962年

　　《清朝初期的投充及其起源》　周藤吉之著　东方学报13—3　1943年

　　《满洲的封禁政策》　川久保悌郎著　图说世界文化史大系19　1959年

　　《清代中叶满洲封禁的历史意义》　柴三九男著　史观26　1941年

　　《论清代满蒙的封禁　柴三九男著》　史学杂志48　1937年

　　《清朝的满洲统治与中国人移住》　矢野仁一著　支那17　1926年

　　《中国人移住满洲（上下）》　何廉著　越智元治译　支那23　1932年

　　《满洲移民考（上下）》　中村如峰著　满蒙11　1930年

　　《满洲移民的现状与将来》　杉野忠夫著　亚细亚问题讲座4　1939年

　　《清朝的满洲殖民及对旗人政策》　周藤吉之著　服部报公会研究报告9　1941年

　　《从历史上看满洲移民》　有高岩著　史潮9　1939年

　　《从历史上看满洲移民问题》　有高岩著　地政学1　1942年

　　《关于十七世纪以后的汉人移住满洲》　三上次男著　国民的历史1—1　1947年

　　《清代满洲开发的一个考察》　村上弘著　骏合史学9　1959年

　　《关于清代满洲的内地化的一个考察（上下）》　川久保悌郎著　历史教育4—11　1956年

　　《清代北满的屯垦——以双城堡屯田的预察报告为中心》　米仓二郎著　东亚人文学报4—2　1941年

　　《清朝对黑龙江省的经营　水原重光著　日本史学3　1950年

　　《关于清代黑龙江省的开发　北山康夫著　书香15

　　《黑龙江将军特普钦的土地开放政策　柴三九男著　史学杂志45—

7　1934年

《满洲殖民的效果——关于黑龙江将军特普钦的土地开放　柴三九男著　史观13　1937年

《满洲的农业生产关系的成立》　石田兴平著　彦根论丛48——49　1958年

《黑龙江省的开垦》　龟渊龙长著　资料汇存9　1915年

《清末吉林省西北部的开发》　川久保悌郎著　满洲史研究　1935年

《呼兰地方移民的发达》　柴三九男著　史观19　1938年

《近代满洲农业社会的变革过程》　大上末广著　历史学研究　1935年

《关于清代满洲的交通路线》　园田一龟著　东洋学报38　1955年

《盛京路程图　黑田源次》　观光东亚5——12　1938年

《谈清代满洲粮米的漕运》　周藤吉之著　东亚论丛3　1941年

《明末满洲村落的诸形态》　江岛寿雄著　史渊32　1944年

《旧满洲乡村统治的形态》　栗林宜夫著　社会文化史学15　1978年

《北满村镇社会的结构》　山室周平著　法律时报21——3　1949年

《关于满洲民族的两种看法》　稻叶岩吉著　东亚经济研究　13——4　1929年

《关于明末清初满族的考察》　布村一夫著　书香15——12　1943年

《满洲各民族的潜在意识》　稻叶岩吉著　东亚　7——11　1934年

《满洲各民族的民族性格的研究》　安倍三郎著　研究期报　1943年

《家族制的研究——构成满洲社会的基础》　三田村泰助著　明代满蒙史研究　1963年

《家族制的研究　三田村泰助》　立命馆文学　1964年

《近代东部满洲民族考》　岛田好著　满洲学报5　1937年

《八旗通志·旗分志"镶黄旗"考》　阿南惟敬著　防卫大学校纪要22　1971年

《八旗通志的宗室王公传》 神田信夫著 大类伸博士喜寿纪念史学论文集

《满洲东部国境的界牌》 浅海正三著 历史教育13 1939年

《清代满洲围场》 川久保悌郎著 史学杂志50 1939年

内务府东北庄田所在地一览表

庄别	庄田所在地	管庄人	备　考
粮庄	辽阳县　八挂头	庄玉昶	
粮庄	辽阳县　八挂头	边振魁	
粮庄	辽阳县　西干河子	祈作林	
粮庄	辽阳县　东干河子	何凤九	
粮庄	辽阳县　后石桥子	陈玉文	
粮庄	辽阳县　东马蜂台	马士全	
粮庄	辽阳县　西马蜂台	黄自龄	
粮庄	辽阳县　鲇鱼泡	萧魁士	
粮庄	辽阳县　景而屯	李海山	
粮庄	辽阳县　下王家	王振邦	
粮庄	辽阳县　西八里庄	张德润	
粮庄	辽阳县　娥眉庄	应　隆	
粮庄	辽阳县　刘二堡	田雨公	
粮庄	辽阳县　达道湾	陈明高	
粮庄	辽阳县　双楼台	徐宝恩	
粮庄	辽阳县　高丽堡	苏宝文	
粮庄	辽阳县　高丽堡	朴文魁	
粮庄	辽阳县　笔管堡	苏正化	
粮庄	辽阳县　笔管堡	苏正绪	
粮庄	辽阳县　笔管堡	李成枝	
粮庄	辽阳县　笔管堡	周岐山	

庄别	庄田所在地	管庄人	备　考
粮庄	海城县　新开河	王恩俊	
粮庄	海城县　牛庄西关	舒培畲	
粮庄	海城县　交界台	徐百福	
粮庄	海城县　后柳河子	徐雨亭	
粮庄	海城县　粮窝	徐芳亭	
粮庄	海城县　魏家屯	魏元恺	
粮庄	铁岭县　蔡家坝	黄守奎	
粮庄	铁岭县　蔡牛堡子	孙国增	
粮庄	铁岭县　小河口	张献芝	
粮庄	铁岭县　红崖咀	罗君卿	
粮庄	铁岭县　后孤山子	汪宝贵	
粮庄	铁岭县　景家荒地	王德元	
粮庄	铁岭县　古城子	徐俊普	
粮庄	铁岭县　诸民屯	施谦德	
粮庄	铁岭县　官粮窖	王正殿	
粮庄	铁岭县　黄河子	陈绍先	
粮庄	铁岭县　孙家泡	陈绳武	
粮庄	法库县　路房身	萧明山	
粮庄	法库县　花牛堡子	申景兴	
粮庄	法库县　大狼洞子	苏正韬	
粮庄	法库县　獐子草沟	祈永福	
粮庄	法库县　东喇嘛河子	高书林	
粮庄	法库县　后孤家子	徐广珍	
粮庄	法库县　后孤家子	夏玉仑	
粮庄	盖平县　桑家台	顾克勤	
粮庄	盖平县　兴隆屯	德恩绵	
粮庄	盖平县　贝家坊	苏得绵	

庄别	庄田所在地	管庄人	备　考
粮庄	庄河县　二台子	徐伯黻	
粮庄	庄河县　二台子	徐湛廷	
粮庄	北镇县　沙河子	王万年	
粮庄	北镇县　沙河子	吴文奎	
粮庄	黑山县　小于什堡	蔡长青	
粮庄	黑山县　小于什堡	张国兴	
粮庄	黑山县　小于什堡	张德祥	
粮庄	新民县　高台子	张国森	
粮庄	沈阳县　张当堡	黄景祺	
粮庄	沈阳县　张当堡	董永修	
粮庄	沈阳县　张当堡	董庆凯	
棉庄	盖平县　二台子	任玉本	隶属镶黄旗
棉庄	海城县　高家峪	赵文秉	隶属镶黄旗
棉庄	海城县　西柳公屯	赵秉盛	隶属镶黄旗
棉庄	海城县　大道八里河子	蒋德顺	同上
棉庄	海城县　山后	吕成富	同上
棉庄	海城县　小河	赵开盛	同上
棉庄	海城县　古城子	赵清泰	同上
棉庄	海城县　朱家屯	朱有堂	同上
棉庄	海城县　感王寨	赵大信	同上
棉庄	辽阳县　单家堡子	单正贺	隶属正白旗
棉庄	辽阳县　单家堡子	单正维	同上
棉庄	辽阳县　向阳寺	张永贵	同上
棉庄	辽阳县　向阳寺	李全满	同上
棉庄	辽阳县　向阳寺	叶长均	同上
棉庄	辽阳县　山咀子	岳永俊	
棉庄	辽阳县　大安平	谷万增	

庄别	庄田所在地	管庄人	备　考
棉庄	辽阳县　营房子	单廷庚	
棉庄	辽阳县　萧夹河	萧起春	
棉庄	辽阳县　黑牛圈	崔凤岐	
盐庄	盖平县　红花峪	李希勤	
盐庄	海城县　西柳公屯	赵立库	
盐庄	海城县　坯墙八里河	李荫元	
果园	辽阳县　西三里庄	耿悦贤	属正白旗
果园	辽阳县　西三里庄	张宝德	属正黄旗
果园	辽阳县　南林子	陈广善	同上
果园	辽阳县　后三块石	邹长福	属镶黄旗
果园	辽阳县　南八里庄	乔换章	同上
果园	辽阳县　硝堡	赵子臣	同上
果园	辽阳县　杨家林子	杨润堂	同上
果园	辽阳县　七岭子	金万成	同上
果园	铁岭县　果子园	李向魁	属正黄旗
果园	开原县　马家寨	李萃廷	属正白旗
果园	开原县　梅家寨	祝成功	属正黄旗
果园	开原县　小红石	刘显	同上
果园	北镇县	鄂德谊	属镶黄旗
横樿林	辽阳县　蛤喇坑子	张廷吉	
横樿林	辽阳县　唐马寨	巴传武	
横樿林	辽阳县　唐马寨	张德新	
渔泡	辽阳县	黄成安	
渔泡	辽阳县	徐春喜	
渔泡	海城县	赵用霖	

（据《满洲旧惯调查报告·内务府官庄》附录制作）

奉天旗地表

地亩＼驻防	米　地	草豆地	升科地	余租地	其余各地	合计
奉天	三千六百三十七日	三十七万三千二百日	七千三百二十六日	五千一百三十日		三十八万九千二百九十三日
辽阳	九万五千二十日					九万五千二十日
		六万零四百二十余亩	十万八千八百六十亩			十六万九千二百八十余亩
岫岩	六万二千八百日					六万二千八百日
			二万七千二百亩	七万零三百五十亩		九万七千五百五十亩
广宁	十五万余日					十七万余日
			八万六千三百亩	二十五万四百十亩		三十三万六千七百一十亩
牛庄	十九万五千八百一十日					十九万五千八百一十日
			六万四千六百四十亩	十五万三千四百亩		二十一万八千零四十亩

地亩\驻防	米　地	草豆地	升科地	余租地	其余各地	合计
铁岭开原	九万三千三百日					九万三千三百日
			十二万九千四百五十亩	十一万五百二十余亩	征银地二千四百六十余亩	二十三万九千九百五十七十余亩 征银地二千四百六十余亩
兴京	九千五百四十日	六千三百七十余日				一万五千九百一十余日
			二万三千九百三十亩	六千四百七十余亩		三万零四百余亩
凤凰	四万五千五百六十日					四万五千五百六十日
			七万四千六百二十亩	八万五千一百一十亩		十五万九千七百三十亩
金州	七万零九百二十日					七万零九百二十日
			五千二百四十亩	七万三千五百亩		七万八千七百四十亩
复州	三万五千六百七十亩		五千九百十亩	五万二千八百亩		九万四千三百八十亩
盖州	七万四千九百日					七万四千九百日
			九千八百四十亩	二万八千七百五十亩		三万八千五百九十亩

地亩\驻防	米 地	草豆地	升科地	余租地	其余各地	合计
熊岳	五万七千三百二十亩		一千四百亩	五万二千六百九十亩		十一万一千四百一十亩
锦州	十六万六千一百日					十六万六千一百口
			一万四千二百四十亩	九万二千八百五十亩	试垦地十三万九千四百四十亩	十万七千零九十亩试垦地十三万九千四百四十亩
宁远	七万九千三百日					七万九千零三百日
义州	十一万二千零七十日					十一万二千七十日
			四千三百六十亩	十三万零九百亩		十三万五千二百六十亩
统计	一百十七万八千九百五十七日	三十七万九千五百七十余日	七千三百二十六日	五千一百三十日		一百五十七万九百八十三日
	九万二千九百九十亩		五十万七千五百六十余亩	一百二十一万六千六百一十余亩	十四万一千九百余亩	一百九十五万九千六十余亩

*原书如此

（摘自《东三省政略》卷八，旗务，奉天省）

奉天旗地租赋表

租赋＼驻防	米 地	草豆地	升科地	余租地	其余各项地	合 计
奉天	折钱二千四百七十三串六百六十文	折钱三十一万七千二百二十串	钱一万六千一百一十七串	钱一万一千三百八十六串		三十四万七千一百九十六串一百六十文
辽阳	米二千五百二十二石		钱三千六百二十余串	钱六千四百八十余串		米二千五百二十二石 钱一万零一百串
岫岩	米一千六百十七石		钱一千六百三十串	钱三千五百十串		米一千六百十七石 钱五千一百四十串
广宁	米四千四百五十五石		钱五千一百七十串	钱一万五千余串		米四千四百五十五石 钱二万零一百七十余串
牛庄	米五千一百九十八石		钱三千八百七十串	钱九千二百串		米五千一百九十八石 钱一万三千零七十串
铁岭开原	米三千四百七十七石		钱七千七百六十余串	钱五千五百七十串	征银地银一百二十三两	米三千四百七十七石 银一百二十三两钱一万三千三百三十串
兴京	米二百五十三石零	豆一千一百九十石 草每日一束	钱一千四百八十余串	钱六百一十余串		米二百五十三石零 豆一千一百九十石 草每日一束 钱二千零九十余串
凤凰	米一千二百九石零		钱四千四百七十串	钱四千六百二十串		米一千二百九石零 钱九千零九十串
金州	米一千八百八十三石		钱三百十串	钱五千一百四十七串		米一千八百八十三石 钱五千四百五十七串

租赋＼驻防	米　地	草豆地	升科地	余租地	其余各项地	合　计
复州	米九百四十七石		钱三百五十串	钱三千六百九十八串		米九百四十七石 钱四千零四十八串
盖州	米一千九百九十九石		钱五百九十串	钱二千零三十串		米一千九百九十九石 钱二千六百二十串
熊岳	米一千五百二十石		钱八十串	钱三千六百八十串		一千五百二十石 钱三千七百六十串
锦州	米四千四百十石		钱八百五十串	钱六千四百七十串	试垦地五千五百七十两	米四千四百十石 钱七千三百二十串 试垦地五千五百七十两
宁远	米二千一百石					米二千一百石
义州	米三千石		钱二百六十串	钱九千一百六十串		米三千石 钱九千四百二十串
统计	钱二千四百七十三串一百六十文 米三万四千五百六十九石	三十一万七千二百二十串 豆一千一百九十石 草每日一束	四万六千五百五十七串	八万六千五百六十一串	五千六百九十三两	银五千六百九十三两 钱四十五万二千八百一十一串一百六十文 米三万四千五百六十九石 豆一千一百九十石 草每日一束

（摘自《东三省政略》卷八，旗务，奉天省）

奉天省官荒旗产丈放一览表

名称	设局处所	丈放年分	放地总数	丈地方法	分等定价	收价总数	现时收数	分定科则	升科年限
前放东流围荒	总局设省城行局设东平县	光绪二十七年三月开办三十一年四月报竣	荒地一百十六万七千二百七十亩城镇基地二千四百六十亩零九分	五尺为一弓三十八号为一绳二百四十号为一亩	不分等则每亩收库平银一两二钱	地价库平银一百四十五万一千零二十九两	事竣局裁现无收数二正一耗		熟地当年生地三年草甸五年
前放西流围荒	总局设省城行局设西丰县平正通达四分局分驻各围	光绪二十九年七月开办三十一年十二月报竣	荒地三百零二万二千零三十亩零四分六厘 城镇基地九千七百五十八亩八分	同上	同上	地价库平银一百十八万六千七百九十八两三钱五分	同上	同上	同上
大凌河牧场	局设广宁县	光绪二十七年六月开办二十八年十一月报竣	各项牧地五十万九千四百九十亩六分	同上	分上中下碱卤凡四等上地二两一钱中地一两四钱下地七钱山荒分三等：二钱五分，一钱七分，八分四厘。	地价库平银五十四万三千三百五十四两八钱余	同上	上地四分中地三分下地二分碱地一分山荒一分	熟地生荒均三年
盘蛇驿垦务	局设盘山厅	光绪二十九年九月开办三十三年五月报竣	各等地五十七万四千二百十一亩三分	同上	熟地分上中两等：上等二两一钱，中等一两四钱，荒地上中下三等。	地价库平银三十二万一千零八十九两五钱九分余	同上	上地三分中地二分下地二分免征耗羡	熟地当年荒地三年

名称	设局处所	丈放年分	放地总数	丈地方法	分等定价	收价总数	现时收数	分定科则	升科年限
锦属归公地	局设锦县	光绪三十一年二月开办三十三年九月报竣	各地二十一万三千七百七十亩零九分	同上	分上中下碱卤四等：上等二两一钱，中等一两四钱，下等七钱。碱卤二钱八分。	地价库平银三十二万八千二百九十一两二钱四分	光绪三十三年地价库平银十七万八千八百五十两余 三十四年库平银二千八百三十三两余	上地四分中地三分下地二分碱洼地二分免征耗羡	熟地当年荒地三年碱洼地五年
锦州官庄	总局设省城光绪三十三年八月裁撤行局设锦州府平正两分局分驻锦属各州县	光绪三十一年十一月开办现未竣事	各等地一百零四万一千五百六十亩余，镇基地六百五十六分	同上	分上中下三等：上地二两一钱，中地一两四钱，下地七钱。	地价库平银一百八十万九千七百二十九两余	光绪三十三年地价库平银五十六万五千一百七十六两余，三十四年三十七万六千四百一十三两余	上地八分中地七分下地六分	熟地当年荒地三年
彰武	总局设彰武县分局设县属哈尔套街	光绪三十二年三月开办 三十四年五月撤局改为彰武县兼办	各等地二百六十三万七千四百九十九亩余	同上	熟荒两等，熟地六钱六分，荒地三钱三分。	地价库平银十七万两	光绪三十三年地价库平银四万零六十二两余三十四年三千两	不分等则每亩概征正课二分耗银一分	同上

（摘自《东三省政略》卷七，财政，奉天省）

奉天全省地亩旗署民署经征表

旗署经征		民署经征	
余租地	一百三十三万一千二百九十九亩零	民人红册地	一百六十七万六千六百七十二亩三分五厘五毫
升科地	五十九万九千九百九十八亩零	全征银两地	八万五千九百五十一亩九分四厘六毫
伍田地	三十五万五千六百五十二亩零	退圈米豆地	六十四万五千七百九十八亩二分三厘
红册地	一千四百三十万零九千八百四十七亩零	民人余地	四十八万五千四百一十五亩三分四厘七毫一丝
随缺地	一十六万八千九百五十九万零	加赋余地	一万五千二百二十四亩八分一厘五毫
银米兼征地	二万六千五百三十二亩零	首报私开地	十四万五千六百零八亩六分零五毫
民人加赋地	五万一千八百六十七亩零	续增首报地	五万六千七百九十四亩九分九厘
试垦地	七十七万二千一百三十四亩零	民典旗人余地	二十四万九千七百一十二亩四分五厘七毫六丝
三陵官庄地	二十七万四千九百二十三亩零	永远征租地	一万七千六百三十亩零二分四厘
内务府官庄地	七万三千五百二十七亩零	暂行征租地	二万四千八百六十二亩零六厘四毫
大凌河牧场地	五十万零九千四百九十亩零	寡独养赡地	三百七十五亩九分
		东边升科地	二百零七万七千二百零六亩一分二厘九毫九丝

旗署经征		民署经征	
		东边苇塘地	五万六千五百八十六亩七分九厘
		东流围荒地	一百一十六万七千二百七十亩
		西流围荒地	二百九十八万五千七百亩
		锦属二十二处归公地	二十八万二千三百三十一亩一分
		科尔沁镇国公旗荒地	二十四万一千四百五十八垧七亩
		札萨克图王旗荒地	六十二万五千零五垧
		续放札萨克王旗余荒地	十二万七千二百三十三垧五亩二分
		彰武升科地	二十三万二千七百七十八亩五分
		盘蛇驿牧场升科地	五十四万四千六百九十三亩二分八厘八毫
总数	一千八百四十七万四千二百二十八亩	总数	二千零六十八万七千五百八十四亩九分五厘七毫六丝七忽五微

（摘自《东三省政略》卷七，财政，奉天省）

吉林全省旗地升科分年奏报原地扣成数目表

名称	年次	原报地数	扣成地数
省城满蒙汉旗	光绪三十一年	六六一一四垧	四六二七九、八〇〇垧
	光绪三十二年	一〇一四一五、一〇〇	七〇九九〇、五七〇
	光绪三十三年	一一三九、八〇〇	七九七、八六〇
	宣统元年	四五二、七四〇	三一六、九一八
官庄处	光绪三十二年	一三六、二〇〇	九五二、一四〇
	光绪三十三年	二一、二〇〇	一四、八四〇
水师营	光绪三十一年	一二〇五、七〇〇	八四三、九九〇
	光绪三十二年	二九九七、一〇〇	二〇九七、九七〇
五城副都统	光绪三十一年	六一一六〇、八〇〇	四二八一二、五六〇
	光绪三十二年	一七七〇〇九、二〇〇	一二三九〇六、四四〇
	光绪三十三年	二八二九三、七〇〇	一九八〇五、五九〇
	宣统元年	二〇六六八、五〇〇	一四四六七、九五〇
伊通佐领	光绪三十二年	一〇五六七、	七三九六、九〇〇
	光绪三十三年	一六、八〇〇	一一、七六〇
四边门	光绪三十一年	二四五三七、八〇〇	一七一七六、四六〇
	光绪三十二年	一八四〇六、三〇〇	一二八八四、四一〇
	光绪三十三年	六五、五〇〇	四五、八五〇
西北两路驿站	光绪三十二年	一〇四八六八、二〇〇	七三四〇七、七四〇
	光绪三十三年	一五一二、九〇〇	一〇五九、〇三〇
	宣统元年	一三〇三、三〇〇	九一二、三一〇
额穆赫索	光绪三十二年	八四六二、	五九二三、四〇〇
罗佐领	宣统元年	二八、	一九、六〇〇
拉林协领	光绪三十二年	七二二六三、二〇〇	五〇五八四、二四〇
	光绪三十三年	二三五五、一〇〇	一六四八、五七〇
乌拉协领	光绪三十三年	一七八二五、一〇〇	一二四七七、五七〇
乌拉翼领	光绪三十三年	四二四五三、四〇〇	二九七一七、三八〇
统计		七六六五〇二、六四〇	五三六五五一、八四八

备考：旗地升科，凡报勘原无钱粮各项旗地，遵照奏定章程，俱按七成折扣。实地统自光绪三十一年起一律升科，每垧每年征钱六百文。

（摘自《东三省政略》卷七，财政，吉林省）

黑龙江全省旗屯官庄表

地名	官庄处数	壮丁名额	屯长名额	岁交粮数	备考
齐齐哈尔	30	300	30	7500石	
墨尔根	15	150	15	3750石	
黑龙江	40	400	40	10000石	
呼兰	51	510	51	12750石	以上每庄给牛六头
合计					

　　黑龙江省清初时，地居边徼，土旷人稀，满、蒙居民以畋猎游牧为主，无丁口、土田之赋。康熙二十五年，出征罗刹，事定之后，安置满、汉官兵，驻防于齐齐哈尔、黑龙江、墨尔根、呼兰四城。创设旗屯官庄一百三十六处，每庄给牛六头，额定壮丁一千三百六十名，每名岁交仓粮二十五石附表一，犹古粟米之征，此江省租赋之权舆。

（摘自《黑龙江志稿》）